새벽강단 9

로마서~갈라디아서

예루살렘

새벽강단 9 〈로마서~데살로니가서〉

1판 1쇄 발행	2006. 02. 10
1판 6쇄 발행	2015. 02. 10.

엮은이	김한순
펴낸이	박성숙
펴낸곳	도서출판 예루살렘
주소	(10252) 경기도 고양시 일산동구 고봉로 776-92
전화ㅣ팩스	031)976-8972, 8973 ㅣ 031)976-8974
이메일	jerusalem80@naver.com
출판등록	1980년 5월 24일(제 16-75호)

ISBN 978-89-7210-432-2 03230
책값 뒤표지에 있습니다.

ⓒ 이 출판물은 저작권법에 의해 보호를 받는 저작물이므로
무단 전재와 복제를 할 수 없습니다.

도서출판 예루살렘은 하나님을 사랑하며 하나님 말씀대로 순종하며 살기를 원하는
청소년, 성도, 목회자들을 문서로 섬기며 이를 위하여 기도하며 정성을 다하여
모든 사역과 책을 기획, 편집, 출판하고 있습니다.

오직 성령이 너희에게 임하시면 너희가 권능을 받고
예루살렘과 온 유대와 사마리아와 땅끝까지 이르러 내 증인이 되리라(행 1:8)

머리말

설교는 하나님 나라(The Kingdom of God)와 교회운동을 일으키는 힘(power)이 있습니다. 이런 의미에서 설교는 생명을 살리고 영혼을 살리는 예수 그리스도의 메시지입니다.

만사에 부족한 사람이 하나님의 소명(召命)을 받고 교회에 헌신한지 20여년 세월이 흘러갔습니다.

많은 고난과 어려움 속에서도 목회할 수 있도록 지금까지 나를 살려주신 하나님께 진심으로 감사를 드립니다.

이 책에 담긴(새벽 강단) 요약설교는 때로는 은밀한 골방에서 깊은 산상에서 무릎 꿇고 기도하다가 영감 받은 하나님의 말씀을 본 교회 강단에서 사랑하는 성도들에게 전해 드리고 그 핵심만 간단히 추려서 이 책(새벽강단)을 내어 놓게 되었습니다.

이 책을 접하는 목회자들께는 영적 목회를 하시는데 재료가 되시길 바라고 신학생들에게는 연구재료가 되고 성도들에게는 은혜가 되시길 기도합니다.

이 책이 나오기까지 물심양면으로 기도하며 도와주신 분들 그리고 이 책의 편집과 출판에 이르기까지 수고해주신 도서출판 예루살렘 윤희구 사장님, 직원들께 진심으로 감사드립니다.

김한순 목사

차 례

머리말 ... 3

로마서

- 예수 그리스도의 종 1:1 ... 13
- 복음의 능력 1:16~17 ... 14
- 행한대로 갚으시는 하나님 2:1~8 ... 15
- 그 행한대로 보응하시는 하나님 2:6~8 ... 16
- 신실하신 하나님 3:1~8 ... 17
- 의인이 없나니 하나도 없다 3:9~18 ... 18
- 하나님의 영광 3:23~24 ... 19
- 자랑할 것이 무엇인가? 4:1~2 ... 20
- 아브라함의 신앙 4:18~25 ... 21
- 하나님으로부터 화평을 누리자 5:1~2 ... 22
- 성도의 삶(Ⅰ) 5:1~5 ... 23
- 성도의 삶(Ⅱ) 5:12~21 ... 24
- 예수와 연합된 성도 6:5~11 ... 25
- 성도의 생활(의의 병기로 드리라) 6:12~14 ... 26
- 죄값은 사망이니라 6:23 ... 27
- 율법에서 자유 7:1~13 ... 28
- 성령의 사람 8:1~4 ... 29
- 예수 그리스도 안에 있는 자 8:1 ... 30
- 예수 안에 있는 자 8:1~30 ... 31
- 성도의 축복과 특권 8:31~39 ... 32
- 바울의 신앙관 9:1~3 ... 33
- 말씀의 능력 10:9~10 ... 34
- 남은 자의 구원 11:1~10 ... 35
- 알파와 오메가이신 하나님 11:33~36 ... 36
- 거룩한 산제사 12:1 ... 37
- 성도의 생활 12:12 ... 38
- 선으로 악을 이기라 12:21 ... 39
- 성도의 삶 13:1~7 ... 40

- 성도의 생활(이때를 알라) 13:11~14 　　　　　　　41
- 모든 영광을 하나님께 14:7~9 　　　　　　　　　42
- 성도의 삶 14:13~16 　　　　　　　　　　　　　43
- 성도의 사명과 의무 15:1~6 　　　　　　　　　　44
- 신앙의 사람(브리스길라와 아굴라) 16:3~5 　　　45
- 자기 목이라도 내어 놓았나니16:4 　　　　　　　46

고린도전서

- 하나님의 교회 1:1~3 　　　　　　　　　　　　　49
- 교회에 대한 바울의 감사 1:4~9 　　　　　　　　50
- 온전히 합하라 1:10~17 　　　　　　　　　　　　51
- 그리스도 십자가의 도 1:18~25 　　　　　　　　52
- 하나님의 능력 2:1~5 　　　　　　　　　　　　　53
- 성령의 능력을 받자 2:11~16 　　　　　　　　　　54
- 하나님의 지혜 2:6~16 　　　　　　　　　　　　55
- 어린아이를 대함과 같이 하노라 3:1~3 　　　　　56
- 고린도 교회의 분쟁 3:4~9 　　　　　　　　　　　57
- 하나님의 사역 3:1~15 　　　　　　　　　　　　58
- 하나님의 성전인 성도 3:16 　　　　　　　　　　59
- 일꾼의 사명 4:1~5 　　　　　　　　　　　　　　60
- 내가 너희를 낳았음이라 4:14~21 　　　　　　　61
- 고린도 교회의 책망 5:1~8 　　　　　　　　　　62
- 불의한 자를 용납하지 말라 5:9~13 　　　　　　63
- 너희 몸은 너희의 것이 아니라 6:19~20 　　　　64
- 기독교의 결혼문제 7:1~7 　　　　　　　　　　　65
- 성도의 지식과 사랑 8:1~3 　　　　　　　　　　66
- 성도의 사명(상 얻기까지 싸우라) 9:24~27 　　　67
- 성도의 사명(넘어질까 조심하라) 10:11~13 　　　68
- 성도의 사명(하나님의 영광을 위하여 하라) 10:23~33 　69
- 성도의 생활(나를 기념하라) 11:17~34 　　　　　70
- 성령의 은사 12:4~11 　　　　　　　　　　　　　71
- 더 큰 은사를 사모하라 12:28~31 　　　　　　　72
- 성도의 생활 13:1~13 　　　　　　　　　　　　　73
- 방언의 은사 14:1~19 　　　　　　　　　　　　　74
- 예언의 은사 14:1~15 　　　　　　　　　　　　　75

- 바울의 신앙 15:1~34　　　　　　　　　　　76
- 하나님의 은혜로 된 것이니 15:10　　　　　77
- 성령의 사람이 되자 15:35~41　　　　　　78
- 성도의 생활(주의 일에 힘쓰라) 15:57~58　　79
- 아굴라와 브리스길라의 신앙 16:19　　　　80
- 바울의 마지막 부탁 16:14　　　　　　　　81

고린도후서

- 바울의 인사 1:1　　　　　　　　　　　　85
- 위로의 하나님 1:3~7　　　　　　　　　　86
- 기도의 능력 1:10~11　　　　　　　　　　87
- 열린 문 2:12　　　　　　　　　　　　　　88
- 성도의 사명(그리스도의 향기) 2:17　　　　89
- 성도의 사명 3:1~11　　　　　　　　　　　90
- 낙심하지 말라 4:1~2　　　　　　　　　　91
- 하나님의 능력 4:7~15　　　　　　　　　　92
- 그리스도의 사랑이 우리를 강권하시는도다 5:11~14　　93
- 새로운 피조물 5:17　　　　　　　　　　　94
- 은혜를 헛되이 받지 말라 6:1~2　　　　　　95
- 멍에를 같이 하지말라 6:11~18　　　　　　96
- 자신을 깨끗이 하자 7:1　　　　　　　　　97
- 마음으로 우리를 영접하라 7:2　　　　　　98
- 주 예수 그리스도의 은혜 8:1　　　　　　　99
- 연보(헌금)을 어떻게 할 것인가? 9:1~7　　100
- 말할 수 없는 은사 9:14~15　　　　　　　101
- 성도의 영적싸움 10:3~6　　　　　　　　102
- 주 안에서 자랑할찌니라 10:12~18　　　　103
- 신앙의 정절을 지키자 11:2~4　　　　　　104
- 내 은혜가 네게 족하도다 12:9　　　　　　105
- 자신을 시험하라 13:5~10　　　　　　　　106
- 바울의 마지막 축복기도 13:11~13　　　　107

에베소서

- 바울의 문안과 인사 1:1　　　　　　　　　111

- 그리스도 안에서 1:3 … 112
- 예정론이란 무엇인가? 1:3~6 … 113
- 하늘에 속한 신령한 축복 1:3~14 … 114
- 바울의 기도 1:15~23 … 115
- 충만한 교회 1:23 … 116
- 하나님의 사랑 2:1~5 … 117
- 오직 은혜의 선물 2:4~8 … 118
- 성도의 사명 2:13~16 … 119
- 하나님의 권속 2:19 … 120
- 성도의 특징 3:1~7 … 121
- 그리스도의 사랑 3:18~19 … 122
- 바울의 기도 3:14~19 … 123
- 성도의 생활과 삶 4:1~3 … 124
- 성령 안에서 하나 4:4~6 … 125
- 사도의 사명 4:11-12 … 126
- 새사람을 입으라 4:17~24 … 127
- 사랑 가운데서 행하라 5:1~2 … 128
- 세월을 아끼라 5:5~17 … 129
- 성령의 충만을 받으라 5:18 … 130
- 부모에 대한 효도 6:1~3 … 131
- 마귀와 싸워 이기려면 6:10~18 … 132
- 성도의 삶 6:12 … 133

빌립보서

- 그리스도 예수 안에서 1:1 … 137
- 문안과 인사 1:1~2 … 138
- 바울의 감사 1:3~11 … 139
- 바울의 기도 1:9~11 … 140
- 바울의 사명 1:19~21 … 141
- 복음에 합당한 생활 1:27~30 … 142
- 성도의 사명 2:1~4 … 143
- 예수의 마음을 품자 2:5~11 … 144
- 모든 일을 원망과 시비가 없이하라 2:12~14 … 145
- 바울과 두 제자 2:19~24 … 146
- 에바브로디도의 충성 2:25~30 … 147

- 주 안에서 기뻐하라 3:1~2 … 148
- 모든 것을 해로 여기라 3:3~9 … 149
- 달려가는 신앙 3:10~16 … 150
- 우리의 시민권은 하늘에 있다 3:20 … 151
- 주 안에서 살리라 4:1 … 152
- 성도의 사명 4:2~3 … 153
- 항상 기뻐하라 4:4 … 154
- 바울의 기도 4:5~7 … 155
- 하나님께 아뢰라 4:6 … 156
- 하나님의 평강 4:7~9 … 157
- 내게 능력주시는 자 안에서 4:13 … 158
- 성도의 헌금 4:18 … 159
- 감사하는 성도가 받을 축복 4:14~20 … 160
- 가이사 사람들 4:21~23 … 161

골로새서

- 성도는 어떤 사람인가? 1:1~2 … 165
- 바울의 감사기도 1:3~6 … 166
- 에바브라의 신앙 1:7~8 … 167
- 골로새 교회를 위한 바울의 기도 1:7~8 … 168
- 교회의 성장비결이란 1:9~12 … 169
- 구속의 유래 1:13~14 … 170
- 그리스도의 능력 1:15~23 … 171
- 바울의 세 가지 부탁 1:23 … 172
- 그리스도의 남은 고난 1:24 … 173
- 내가 교회의 일꾼이 된 것은 1:25 … 174
- 일꾼의 사명 1:24~29 … 175
- 하나님의 비밀 1:26~27 … 176
- 바울의 염려 2:1~5 … 177
- 예수를 주로 받았으니 2:6~7 … 178
- 이단을 경계하라 2:8~10 … 179
- 할례와 무할례 2:11~13 … 180
- 성도의 신앙승리 2:14~15 … 181
- 그리스도의 능력 2:8~15 … 182
- 이스라엘의 3대 절기 2:16~17 … 183

- 성도의 신앙생활 2:16~23　　　　　　　　　　　　184
- 위엣것을 찾으라(1) 3:1~2　　　　　　　　　　　　185
- 위엣것을 찾으라(2) 3:1~9　　　　　　　　　　　　186
- 지체를 죽이라 3:5~11　　　　　　　　　　　　　　187
- 그리스도의 평강이 너희 마음을 주장하게 하라 3:15　188
- 무슨 일을 하든지 3:22~25　　　　　　　　　　　　189
- 감사함으로 깨어있으라 4:1~4　　　　　　　　　　190
- 우리를 위하여 기도하라 4:3　　　　　　　　　　　191
- 응답되는 기도 4:2~8　　　　　　　　　　　　　　192
- 세월을 아끼라 4:5　　　　　　　　　　　　　　　193
- 너희 말에 소금을 치라 4:6　　　　　　　　　　　　194
- 형제 오네시모 4:7~9　　　　　　　　　　　　　　195
- 에바브라의 신앙 4:12~13　　　　　　　　　　　　196
- 누가의 신앙 4:14　　　　　　　　　　　　　　　197
- 바울의 동역자 4:10~18　　　　　　　　　　　　　198

데살로니가서

- 데살로니가전서 서론 1:1　　　　　　　　　　　　201
- 교역자의 마음에 드는 성도 1:1~3　　　　　　　　202
- 소문난 교회 1:5~10　　　　　　　　　　　　　　203
- 바울의 전도 2:1~5　　　　　　　　　　　　　　　204
- 말씀의 능력 2:13　　　　　　　　　　　　　　　　205
- 신앙부흥운동 2:13~16　　　　　　　　　　　　　206
- 성도의 사명 3:1~7　　　　　　　　　　　　　　　207
- 바울의 기도(Ⅰ) 3:9~17　　　　　　　　　　　　　208
- 바울의 기도(Ⅱ) 3:10~13　　　　　　　　　　　　209
- 성도의 생활 4:11~12　　　　　　　　　　　　　　210
- 성도의 죽음 4:13~14　　　　　　　　　　　　　　211
- 주의 날 5:1~11　　　　　　　　　　　　　　　　212
- 성도의 삶 5:16~18　　　　　　　　　　　　　　　213
- 악은 모양이라도 버리라 5:19~22　　　　　　　　　214
- 바울의 축복기도 5:23~28　　　　　　　　　　　　215
- 고난의 결과 후1:1~4　　　　　　　　　　　　　　216
- 하나님의 공의 1:5~12　　　　　　　　　　　　　217
- 불법의 사람이 나타나리니 2:1~3　　　　　　　　　218

- 그리스도의 재림심판 2:8~12 · 219
- 바울의 감사와 기도 2:13~17 · 220
- 바울의 확신과 기도 3:1~5 · 221
- 부지런히 일하라 3:6~12 · 222
- 바울의 고별사 3:13~15 · 223
- 바울의 축도 3:16~18 · 224

갈라디아서

- 하나님의 은혜로 사도된 바울 1:1 · 227
- 갈라디아 교회의 위기 1:6 · 228
- 하나님의 종은 1:1~10 · 229
- 참된 복음 1:11~12 · 230
- 바울의 신앙 1:15~17 · 231
- 교회의 기둥 2:1~10 · 232
- 믿음으로 얻는 의 2:16 · 233
- 내 안에 그리스도께서 사신 것이라 2:20 · · · · · · · · · · · · · · · 234
- 바울의 삶 2:18~21 · 235
- 어리석은 갈라디아 사람 3:1~3 · 236
- 약속하신 성령을 받자 3:3,5,14 · 237
- 누가 너희를 꾀더냐 3:1~11 · 238
- 믿음이 온 후로는 3:25~29 · 239
- 갈라디아 교회에 대한 바울의 사랑 4:12~18 · · · · · · · · · · · · 240
- 약속하신 자녀에게 축복 4:21~31 · · · · · · · · · · · · · · · · · · · 241
- 사랑으로 서로 종노릇하라 5:13 · 242
- 성령을 좇아 행하라 5:16~24 · 243
- 성령을 좇아 사는 삶 5:22~26 · 244
- 성도의 생활 6:1~5 · 245
- 신령한 교회 6:6~10 · 246
- 심은대로 거두리라 6:7~9 · 247

로마서

예수 그리스도의 종 | 복음의 능력 | 행한대로 갚으시는 하나님 | 그 행한대로 보응하시는 하나님 | 신실하신 하나님 | 의인이 없나니 하나도 없다 | 하나님의 영광 | 자랑할 것이 무엇인가? | 아브라함의 신앙 | 하나님으로부터 화평을 누리자 | 성도의 삶(Ⅰ)| 성도의 삶(Ⅱ) | 예수와 연합된 성도 | 성도의 생활(의의 병기로 드리라) | 죄값은 사망이니라 | 율법에서 자유 | 성령의 사람 | 예수 그리스도 안에 있는 자 | 예수 안에 있는 자 | 성도의 축복과 특권 | 바울의 신앙관 | 말씀의 능력 | 남은 자의 구원 | 알파와 오메가이신 하나님 | 거룩한 산제사 | 성도의 생활 | 선으로 악을 이기라 | 성도의 삶 | 성도의 생활(이때를 알라) | 모든 영광을 하나님께 | 성도의 삶 | 성도의 사명과 의무 | 신앙의 사람(브리스길라와 아굴라) | 자기 목이라도 내어 놓았나니

로마서 1장 1절

예수 그리스도의 종

본 서신은 사도 바울의 저작이다. 이레니우스(Irenaeus A.D. 140-200)를 비롯한 초대 교부들은 하나같이 본 서신의 저자가 바울임을 명백히 밝히고 있다. 본 서신을 사도 바울이 고린도에서 기록하였다. 바울이 고린도의 동쪽 항구인 겐그레아에 있는 교회 일꾼 뵈뵈에게 본 서신을 전달케 했다(롬 16:1,2). 본 서신의 기록 연대는 A.D.57-58년경에 썼다. 바울은 A.D.52년 봄에 가이사랴와 예루살렘에 갔으며 돌아오는 길에 안디옥에서 겨울을 지냈다. 그후 그는 A.D.53년 봄에 에베소로 가서 3년간 목회를 시작하였다(행 20:31). 그후 A.D.57년 말에 그는 고린도에서 석달을 보냈는데(행 20:3), 아마 그때 본 서신을 기록했으리라고 본다. 그가 오순절까지는 (A.D.58년 봄) 예루살렘에 도착하려고 힘썼으므로(행 20:16) 본 서신은 분명히 A.D.58년 초기에 완성되었으리라 추정된다.

본서는 구원에 이르는 도리를 가장 체계적이고도 선명하게 밝힌 책으로서 기독교의 뿌리가 되는 제반 신학적 주제를 망라하고 있다. 이신칭의(justification by faith), 오직 믿음으로 의롭다 함을 받는다는 것은 본 서신의 중심 주제이다. 여기서 '믿음' 이란 인간의 의지적인 믿음이 아니라 예수 그리스도 안에 있는 구속으로 말미암아 하나님께서 은혜로 주신 믿음을 말한다(롬 3:24, 엡 2:8). 사도 바울은 자신을 가리켜 "예수 그리스도의 종" 이라고 했다(롬 1:1). 종이란 말은 둘로스($\delta o \hat{u} \lambda o s$)로 문자 그대로 주인에게 복종하는 노예란 뜻이다.

I. 종은 영광스러운 사명이다(출 33:11, 민 12:8, 시 116:16).

종은 ① 자기 소유가 없으며, ② 자유나 권리가 없으며(롬 14:7-8), ③ 죽도록 충성하며(고전 4:1-2), ④ 이름 없이 빛도 없이 교회를 위해 충성하는 것이다(계 2:10).

II. 바울은 사도로 부름을 받았다(1절).

여기 "부르심을 받았다" (클레토스, $\kappa \lambda \eta \tau \acute{o} s$)는 소명을 의미한다. 여기 "택정함을 입었으니" (아포리스메노스, $\dot{\alpha} \phi \omega \rho \iota \sigma \mu \acute{e} \nu o s$)는 구별되었다는 뜻이다(행 9:1). "나의 나된 것은 하나님의 은혜로 되었으니" (고전 15:10) 결국 예수 그리스도의 종은 축복을 받았다(사 43:1-2, 갈 5:17, 마 25:14-30).

로마서 1장 16-17절

복음의 능력

오늘 말씀에 "…이 복음은 모든 믿는 자에게 구원을 주시는 하나님의 능력"이라고 했다.

I. 믿는 자에게 구원을 주시는 하나님의 능력이다.

여기 '능력'은 뒤나미스($δύναμις$)로 '힘, 세력'을 의미한다. '능력' 이란 하나님의 신적 능력 표적을 의미한다(행 6:8). 하나님의 나라는 말에 있지 않고 오직 능력에 있다(고전 4:20). "내게 능력 주시는 자 안에서 내가 모든 것을 할 수 있느니라"(빌 4:13). 복음의 능력을 소유합시다.

II. 거듭나게 하는 하나님의 능력이다.

복음은 능력이 있어 성도를 성화시키는 능력이 있다. 시편 18:7절에 "여호와의 말씀은 완전하여 영혼을 소생케 한다"고 했다. 요한복음 3:16절에 "…저를 믿는 자마다 멸망치 않고 영생을 얻게 하셨다"고 하였다. "믿는 자에게 구원을 주시는 하나님의 능력이라" "오직 의인은 믿음으로 말미암아 살리라"(17절). 이 말씀은 하박국 2:4절을 인용한 말씀이다. "내가 복음을 부끄러워 아니 하노라"(16절). 참으로 복음은 능력이요, 힘이요, 생명의 위력이 있다.

III. 의롭게 살게 하는 하나님의 능력이다.

'하나님의 의' 여기 '의'는 조직신학적으로 '공유의 속성(Communicable Attributes)'에 속한다. 여기 "의인의 삶"을 살게 한다는 것은 ① 그가 복음을 정직하게 받아들임으로서 그 안에 성령께서 역사하심으로 그가 담대하게 주의 복음을 전파하고 즐거운 삶을 살게 된다는 것이다. ② 복음을 그들의 삶속에 받아들이고 하나님의 능력을 힘입는 삶을 살아간다는 것이다(롬 12:1-2). 이것이 복음의 능력이다. "하나님의 나라"는 바로 이런 사람들을 통하여 확장되는 것이다. '복음'은 믿는 자에게 구원을 주시는 하나님의 능력이요, 복음은 바울을, 루터를, 칼빈을, 웨슬레를, 아우구스티누스를 탄생시킨 능력이 있다. '복음'은 기쁜 소식이요, 좋은 소식이다(사 40:9, 52:7, 눅 2:10, 롬 10:15). 바울은 '의'를 구원과 항상 연관지었다. 즉 '의'는 구원의 조건이 되며 '구원'은 의롭게 됨으로써 가능하다.

로마서 2장 1-8절

행한대로 갚으시는 하나님

우리 속담에 "콩 심은 데 콩 나고 팥 심은데 팥 난다."는 말이 있다. 이 말의 뜻은 세상의 모든 일이 뿌린 대로 거두게 된다는 것을 말한 것이다. 또 '인과응보'란 말도 있다. 오늘 본문에 말씀을 보면 하나님께서는 성도들이 생각하고 행동하는 것에 따라서 갚으신다고 하셨다.

I. 우리가 남을 판단하면 정죄를 받는다(1-3절).

본문 1절에 "그러므로 남을 판단하는 사람아…"라고 했다. 3절에도 "아아 사람을 판단하는 자여"라고 말했다. 예수님도 "비판을 받지 아니 하려거든 비판하지 말라 너희의 비판하는 그 비판으로 너희가 비판을 받을 것이요" 또한 "어찌하여 형제의 눈 속에 있는 티는 보고 네 눈 속에 있는 들보는 깨닫지 못하느냐"고 말씀하셨다. 본문에 '남을 판단하는 사람아'라고 말한 것은 유대인들을 가리킨다. 사도 바울은 판단하는 너희들 역시 죄인이라고 말하고 있다. 우리 인간은 완전하지 못하다. 남을 함부로 판단하면 하나님의 무서운 정죄를 피할 길이 없다(전 12:14).

II. 참고 선을 행하는 자에게 영생을 주신다(6-7절).

하나님은 우리의 마음을 깊이 통찰하고 계신다(잠 24:12). 그래서 하나님은 각 사람의 행위대로 보응하신다(시 62:12). 여기 6절에 '보응하시되'는 아포도세이($\acute{\alpha}\pi o\delta\omega\sigma\varepsilon\iota$)로 모든 보상을 의미한다. 믿는 자에게는 선한 상급이 주어지겠지만 불신자는 그 형편에 따라 형벌을 받는다(고후 5:10). 여기 "참고 선을 행한다"는 말은 성도가 영광의 면류관을 향해 끊임없이 달음질해 나가는 것으로(빌 3:12) 이는 이신칭의의 가르침과 불과분리의 가르침에 있다(마 24:14, 골 1:23, 히 3:14, 계 2:10).

III. 진리를 좇지 않고 불의를 좇는 자에게 노를 발하신다(8절).

여기 "진리를 좇지 아니하고 불의를 좇는 자" 진리와 의는 상호 보충적인 관계로 씌어진 반면(엡 4:24) 진리와 불의는 상반적인 관계로 씌어졌다(롬 1:18, 고전 13:6, 살후 2:12). "노와 분으로 하시리라" 여기 '노'에 해당하는 뒤모스($\theta\upsilon\mu\acute{o}\varsigma$)는 보통 '분노'로 번역되지만 '진노'는 오르게($\acute{o}\rho\gamma\acute{\eta}$)와 특별한 구별없이 사용할 수 있다. 사도 바울이 이렇게 유사한 두 단어를 사용한 것은 하나님께서 불순종하는 자들에 대하여 무시무시한 진노로 보응하시는 사실을 강조하기 위함이다.

로마서 2장 6-8절

그 행한대로 보응하시는 하나님

하나님은 공의로우시고 전능하신 신이다. 공의로우신 하나님은 각 사람에게 그 행한 대로 보응하신다.

I. 선을 행하는 자에게는 영생을 주신다(롬 2:7).

"참고 선을 행하여 영광과 존귀와 썩지 아니함을 구하는 자에게는 영생으로 갚으시고" '성도의 선행' 이란 예수를 떠나서는 있을 수 없으며 오직 그와 연합된 가운데서 비롯될 수 있다. 즉 그리스도와 연합된 삶이 성령을 따라 사는 것이며(갈 5:16-18, 6:8), 그렇게 될 때 성령의 아홉 가지 열매 가운데 선이 나온다(갈 5:22,23). 그리고 이 열매는 낙심하지 않고 참고 인내하며 행할 때 거두게 된다(갈 6:7). '영생으로 행하시고' 는 조엔 아이오니온($\zeta\omega\grave{\eta}\nu\ \alpha i\dot{\omega}\nu\iota o\nu$)으로 여기서 영생은 언제나 그리스도 예수 안에서만 찾을 수 있으며(롬 6:23), 그를 믿는 자들에만 베푸시는 하나님의 은혜이다(요 1:12, 3:15). "선을 행하는 각 사람에게는 영광과 존귀와 평강이 있겠다"고(롬 2:10) 했다.

II. 악을 행하는 자에게는 노와 분으로 갚으신다(롬 2:8).

"오직 당을 지어 진리를 좇지 아니하고 불의를 좇는 자에게는 노와 분으로 하시리라" 여기 '당을 지어'($\tau o\hat{\iota}s\ \dot{\epsilon}\xi\ \dot{\epsilon}\rho\iota\theta\epsilon\acute{\iota}\alpha s$)는 "이기적인 욕망을 따라 논쟁에 가담하는 자들"을 의미한다. 자신에게 이익이 되는 편에 가담한다. 이런 자들은 교회 발전에 큰 암초가 된다. 여기 '진리를 좇지 아니하고' 예수님은 말씀하시기를 "내가 곧 길이요, 진리요 생명이다"(요 14:6)고 말씀하셨다.

여기 '불의를 좇는 자' 는 하나님의 말씀을 거스리고 공의와 법을 어기고 나쁜 길로 치우쳐 가니 그들이 곧 불의를 좇는 자다. 이런 사람들에게는 노와 분으로 갚으신다고 선포하셨다. 노는 마음속에 노여움의 정을 말하고, 분은 그것이 밖으로 나타나는 행동을 말한다. 하나님은 행한대로 갚으신다(갈 6:7).

"노와 분으로 하시리라" 여기 '노' 에 해당하는 '뒤모스($\theta\upsilon\mu\acute{o}s$)' 는 보통 "분노"로 번역되지만 '진노' 에 해당하는 '오르게($\dot{o}\rho\gamma\eta$)' 와 구별없이 사용된다. 하나님께서는 우리 인간의 마음을 깊이 통찰하고 계신다(잠 24:12). 그래서 그분께서는 더욱 더 각 사람의 행위대로 보응하신다(시 62:12).

로마서 3장 1-8절

신실하신 하나님

유대인들은 하나님의 약속을 받았음에도 불구하고 진정한 의미에서의 백성에서 제외된 것은 그들의 불신앙에 기인한 것이기에 하나님께서 약속에 신실하지 못했다는 논리는 있을 수 없다(3절). 이스라엘 백성이 하나님 말씀에 불성실하거나 불신앙의 삶을 살 때 하나님께서 그들에게 하신 약속을 취소하실 수 있다는 것을 말씀하신 적은 있다(신 8:18-20, 사 2:19-21). 그렇지만 그들의 불신앙으로 인해 하나님의 약속에 포함된 것을 특히 메시아 예언들이 무효될 수는 없다.

I. 오직 하나님은 참되시다(4절).

"오직 하나님은 참되시다" 여기 '참'은 알레데스($ἀληθής$)로 '하나님의 살아있는 말씀' 로기아($λόγια$), '미쁘심' 피스티스($πίστις$), '의' 디카이오스($δίκαιος$)와 함께 연결되어 서로 보충적으로 하나님의 속성을 보여준다. '참'이라고 하는 것은 하나님 자신의 목적과 약속은 일관성이 있으므로 변하지 않는다는 것을 의미한다. 이처럼 변하지 않는 참되신 하나님의 속성 때문에 사람의 믿음이나 진실 여부에 관계없이 하나님의 신실하심은 영원히 동일하다(시 100:5).

II. 사람은 다 거짓되다(4절).

"너희는 너희 아비 마귀에게서 났으니…이는 저가 거짓말쟁이요 거짓의 아비가 되었음이라"(요 8:44). 사람의 거짓된 것이 무엇인가? ① 거짓 마음을 품으며(렘 17:9), ② 거짓말을 하고(엡 4:25), ③ 거짓 맹세를 하며(레 19:12), ④ 거짓 증거하고(신 5:20), ⑤ 거짓 선을 행하고(마 6:2), ⑥ 거짓 선지자(벧후 2:1), ⑦ 거짓을 일삼는다(딤후 1:5, 욥 41:9, 벧전 1:22, 갈 5:25-26). "그런즉 거짓을 버리고 이웃과 더불어 참된 것을 하라"(엡 4:25) 만물과 인간이 다 거짓되되 우리 하나님은 참되시고 신실하시다. 그러므로 우리 성도는 진실한 삶을 살아가야 한다.

우리 기독교인이 세상 사람보다 더 나을 것이 무엇인가?

우리는 세상과는 구별된 하나님의 선민이요 하나님의 거룩한 백성이요, 하나님의 자녀요, 예수 그리스도의 구속함을 받은 성도라고 자부한다. 바울은 "사람은 거짓되나 하나님은 진실하느니라"라고 했다. 하나님이 불의하시냐, 결코 그럴 수 없다고 바울은 강조한다.

로마서 3장 9-18절

의인이 없나니 하나도 없다

오늘 본문에 바울은 모든 인생이 죄 아래 존재하고 있음을 소상히 밝히고 있다. 하나님의 뜻을 어긴 최초의 인간으로 인해 모든 인간은 캄캄한 죄악 속에 갇힌 노예 상태로 살게 되었음을 말하고 있다.

I. 의인은 하나도 없다(10절).

하나님께서는 인간을 지으실 때 당신의 의로운 속성을 인간에게 부여하셨다. 때문에 인간은 본질적으로 의로움을 추구하고 살게 되어 있었다. 그러나 어리석은 인간은 하나님의 뜻을 저버림으로써 이 본질적인 의를 근본적으로 상실하고 말았다. 이후로 인간은 더 이상 의롭지 않으며 의를 추구할 수 있는 힘을 가지고 있지 않게 되었다. 아무리 인간이 스스로 선을 행하고 높은 윤리를 추구한다고 해도 그것은 하나님의 뜻이신 '의' 안에 존재하는 것이 아니기 때문에 하나님이 원하시는 의가 될 수 없는 일이다. '의인'은 디카이오스($\delta\iota\kappa\alpha\iota o\varsigma$)는 하나도 없음을 의미한다. "의인은 없나니 하나도 없다"는 말씀은 시편 14:1-3의 말씀을 인용한 것이다. 이 말씀은 이방인도 유대인도 죄인인 동시에 온 세계 인류는 다함께 죄악의 심연에 빠져 있음을 의미한다. 로마서 5:12절에 "한 사람으로 말미암아 사망이 왔나니…"

II. 하나님을 두려워하지 않았다(11절).

인간은 본래 하나님의 형상대로 지음을 받았기에 그 마음속에 하나님을 이미 알고 있다. 그래서 하나님을 두려워하는 마음으로 경외하며 살도록 되어있다. 그러나 죄 아래 있는 인간은 그 마음속에 하나님을 알고 있으면서도 하나님을 두려워하지 않고 도리어 하나님을 거스려 죄악된 행동을 거침없이 행한다. 여기 "깨닫는 자도 없고" 여기 '깨닫는'은 쉬니온($\sigma\upsilon\nu\iota\omega\nu$)으로 하나님에 대한 지식이 아니라 하나님과 영적인 교통을 하여 체득한 직접적인 지식과 체험을 의미한다. 즉 하나님을 아는 직접적인 지식이며 깨달음을 의미한다. "저희 목구멍은 열린 무덤이요"(13절). 인간은 입을 통해서 온갖 더러운 것을 토해내며 그로인해 수많은 사람을 죽일 수 있다. 불이 수많은 나무를 태울 수 있듯이 인간의 혀도 자신의 영혼뿐 아니라 다른 사람의 영혼도 죽일 수 있는 불과 같다(약 3:5,6).

로마서 3장 23-24절

하나님의 영광

하나님께서는 예수 그리스도를 내세워 인간을 구원하시고자 하였다. 그렇다면 예수 그리스도는 누구이며, 그는 어떤 역할을 담당하셨는가? 하나님의 아들이신 예수께서는 인간이 되어 세상에 오셨고 십자가에서 죽으시고 부활하셨다. 예수께서는 인간 때문에 세상에 오셨고 십자가에서 죽으시고 부활하셨다. 많은 사람의 대속물, 뤼트론(λύτρον)로 주시고자 하신 것이다(막 10:45). 본문 말씀을 통하여 하나님의 영광이란 제목으로 은혜를 나누고자 한다.

I. 하나님의 영광에 이르지 못하더니(23절)

하나님의 영광은 하나님의 형상을 따라서 피조된 인간의 원상태 혹은 본래적 상태를 의미하는 말이다(고전 11:7). 여기 '이르지 못한다' 라는 말은 부족, 결핍의 뜻으로서 하나님의 영광을 누릴 자격이 부족하다, 자격을 상실했다는 뜻이다(마 19:20, 눅 15:14). 칼빈은 "하나님께 영광을 돌리지 못한 것이라"고 했다. 그리고 밤비(Barnby)가 이를 지지했다(눅 17:18, 행 12:23, 고전 10:31, 고후 4:15). 또 렌스키(Lenski)는 "하나님께서 부여하신 영광, 존귀, 또는 칭찬을 받지 못한 것이라"고 했다. 헨드릭슨(Hendriksen)은 하나님의 형상에 일치된 삶을 살지 못한 것이라"고 했다(고전 11:7, 고후 3:18, 8:23).

II. 그리스도 안에 구속(24절)

여기 '구속' (Redemption)은 정당한 몸값을 치르고 노예를 자유인으로 풀어줄 때 사용되는 말이다. 즉 '속전을 지불하고 노예를 사는 것' 을 의미한다. "하나님의 은혜로 값없이" '값없이' 란 말은 에베소서 2:18에 언급된 '하나님의 선물' 이란 의미이다. 결국 사람은 하나님의 은혜로 구원받게 된다. 바울에게 있어서 예수님의 십자가 은혜는 인간을 의롭다 인정하는 것이요, 예수의 십자가는 하나님의 구원 사업의 시작인 동시에 완성이다. 인간은 죄로 인하여 하나님과 적대관계에 놓이게 되었으며(롬 1:18, 5:10), 하나님과 화평을 누리기 위해서는 화목제물이 필요했다(25절). 화목제물은 인간 편에서 드릴 수 있는 것이 아니라 하나님 편에서 할 수 있는 것이다. 이에 하나님께서 제물을 예비하셨는데, 그가 곧 예수 그리스도이시다. 한 사람이 모든 사람을 대신하여 죽으셨다. 그분은 본래 죄가 없으셨으나(고후 5:21) 아버지의 뜻에 따라(롬 5:19, 빌 2:8) 인간의 죄를 속량하신 것이다(24절, 막 19:45). 이것이 바로 그리스도의 십자가의 대속적 의미이다. "하나님의 영광"을 위해 삽시다.

로마서 4장 1-2절

자랑할 것이 무엇인가?

"그런즉 자랑할 데가 어디 있느뇨"(롬 3:27) 있을 수가 없느니라 무슨 방법으로냐? 행위로냐? 아니라 오직 믿음의 법으로니라. 여기서 사도 바울은 자랑할 데가 어디 있나? 요즘 많은 사람들은 자랑을 많이 한다. 새 옷, 새 차, 새 집, 출신학교, 돈 자랑, 지위 자랑, 자녀 자랑을 한다. 그런데 사도 바울은 우리에게는 자랑할 것이 없다고 했다. 이 모든 것은 내게서 난 것이 아니요 하나님이 주신 것이 때문이다. 사도 바울은 자랑할 것이 많이 있었다. 그런데도 오직 십자가만 자랑했다(빌 3:1).

1. 예수 십자가만 자랑하자.

사도 바울은 특별한 은혜를 많이 받은 사람이다(고후 12:1-5). 그러나 그것을 자랑으로 삼지 않고 더욱 겸손했으며, 자기의 연약함 외에 자랑할 것이 없다고 했다. 그러면서 오직 예수만 자랑했다. "행위로서 얻었으면"(2절) 이 말은 아브라함시대에는 아직 하나님께서 율법을 주시지 않았으나 바울은 율법의 원리 곧 행함의 원리를 아브라함시대까지 적용시키고 있다.

이로써 바울은 ① 믿음의 원리가 예수 그리스도로부터 시작된 것이 아니라 이미 율법이 주어지기 이전부터 시작되었음을 보여주고 있으며, ② 행위의 원리가 단순히 모세에 의해서 주어진 율법에만 국한된 것이 아님을 암시해주고 있다.

"만일…의롭다 하심을 얻었으면"(2절) 유대 랍비 신학에서는 아브라함의 육신적 혈통이 구원에 있어서 특권을 누릴 수 있다고 생각하였다(눅 3:8). 그들의 혼합주의(Syncretism) 즉 율법과 믿음, 순종과 공로, 행위와 보상 등의 혼동은 바울 당시에 이르러 형식과 본질이라는 관점에서 분명하게 구분되었다.

"하나님 앞에서는 없느니라"(2절) 그토록 고귀한 아브라함도 본질적으로는 타락한 인간이었으므로 하나님 앞에서는 원칙적으로 내놓을 것이 없었다. 즉 만일 아브라함이 행위로써 의롭다 하심을 얻었으면 하나님 앞에서도 자랑할 것이 있겠으나 그렇지 못하기 때문에 하나님 앞에서 자랑할 것이 없다. 우리 예수만 자랑하면서 맡은 사명 감당하자(고전 4:1-2). 어디 가서나 그리스도 예수와 그의 복음만 자랑하자.

로마서 4장 18-25절

아브라함의 신앙

I. 아브라함은 바랄 수 없는 중에 바라고 믿었다.

하나님께서 일찍이 아브라함에게 "너는 너의 본토 친척 아비 집을 떠나 내가 네게 지시할 땅으로 가라 내가 너로 큰 민족을 이루고 네게 복을 주어 네 이름을 창대케 하리라 너는 복의 근원이 될찌라"(창 12:1-2). 그때 아브라함의 나이 75세에도 불구하고 "여호와의 말씀을 좇아갔다"(창 12:4). 아무 것도 보장된 것이 없고 바라는 것이 없음에도 아브라함은 하나님 말씀만 의지하고 길을 떠난 것이다. "그러나 아브라함은 바랄 수 없는 중에도 믿었으니"(18절) 아브라함은 인간적으로 볼 때는 불가능한 것이었지만 그러나 소망을 가지고 믿고 떠났다. 이것이 신앙이다.

II. 아브라함은 하나님의 약속을 철저히 믿었다.

사실 정든 집과 보금자리를 등지고 떠나는 아브라함의 마음은 많은 갈등도 있었을 것이다. 그러나 하나님을 더욱 신뢰했기에 그 갈등을 극복할 수 있었다. 많은 어려움과 고통을 겪으면서도 하나님의 약속을 끝까지 믿고 신뢰했기에 믿음으로 떠날 수가 있었다. "바랄 수 없는 중에도 믿었으니"(18절) 이것이 신앙이다. 아브라함은 믿음으로 하나님을 바랐기 때문에 소망이 성취된 뒤에도 하나님께 영광을 돌릴 수 있었다(20절). "의심치 않고"(20절) '의심하다'라는 디에크리테($διεκρίθη$)는 디아크리노($διακρίνω$)의 부정과거 수동태로서 아브라함이 의심하지 않는 행위가 개인의 능동적인 행위에 의한 것이 아님을 의미한다. 디아크리노는 가려내다(마 16:3), 구별하다(약 2:4) 또는 스스로 마음에 갈등을 일으키다(14:23, 막 11:23)라는 의미인데, 본 절에서는 아브라함의 확신과 반대 개념으로 사용되었다. "믿음에 견고하여져서"(20절) 아브라함이 믿음으로 하나님의 약속을 강하게 붙들었다는 의미이다.

III. 아브라함은 믿음의 조상이 되었다(21절).

"약속하신 것을 능히 이루실 줄을 확신했다"(창 18:14,19). 여기 "약속하신 것은 많은 민족의 조상이 되리라"(17절) "네 후손이 이같으리라"(18절) 고 하신 것이다. 여기 "능히 이루실 줄을 확신하였으니"는 능치 못할 것이 없는 여호와 하나님(창 18:14)에 대한 확신이며, 또한 "나 여호와가 아브라함에게 대하여 말한 일을 이루려 함이라"(창 18:19)는 말씀에 대한 확신이기도 하다.

로마서 5장 1-2절

하나님으로부터 화평을 누리자

"…우리가 믿음으로 의롭다하심을 얻었은즉" 여기서 우리는 칭의의 결과에 대한 바울의 진술에 대하여 살펴보기에 앞서 '믿음' 피스티스(πίστις) 자체에 대한 성격 규정이 필요하다. 일반적으로 믿음은 하나님의 은혜에 따른 선물이다. 이 믿음은 전적으로 하나님의 은혜이며, 인간의 행위가 될 수 없다. 이 믿음에 대해 불트만(R. Bultmann)은 그리스도의 십자가를 받아들이는 것으로서 믿음은 옛 자아 대신 새로운 자아가 형성되는 순종의 자유로운 행위라고 말했다. 따라서 하나님의 적극적인 개입이 없이는 인간은 믿음을 가질 수 없다. 그런고로 믿음의 근원은 하나님이시다(엡 2:1-10).

I. 성도들이 누리는 축복(1절)

사도 바울은 예수 그리스도를 믿음으로 의롭게 된 사람들이 누리게 되는 첫째 축복은 하나님과의 화평이라고 했다. 여기 '화평' 에이레네(είρήνη)란 말은 진노아래 있던 인간이 그리스도 안에서 하나님과 화목케 되었다는 뜻이다. 골로새서 1:20절에서는 "그리스도께서 십자가의 피로 화평을 이루셨다." 에베소서 2:14절에서는 "예수 그리스도는 믿는 자의 화평이 되신다"고 했다. 이것이 성도의 축복이다.

II. 은혜에 들어감을 얻는 축복(2절)

'예배' 하는 자가 "하나님께 가까이 나간다"는 뜻과 "인도함을 받는다"는 의미를 지니고 있다. 이것은 하나님과의 화평을 얻은 자가 은혜의 자리에 들어간다. 우리 성도는 예수 그리스도의 구속을 통하여 믿음으로 은혜의 자리에 나가게 된다(엡 2:18). 그리스도 예수의 화해사역을 통하여 믿음으로 하나님께 나아가게 된다. 율법에 의해 정죄함을 받은 자들은 그 누구도 하나님과 평화를 누릴 수 없으나 믿음으로 말미암아 칭의함을 받은 자들은 유대인이나 이방인을 막론하고 하나님을 가까이 대할 수 있는 축복을 얻게 된다. "우리가 아직 죄인 되었을 때 그리스도께서 우리를 위하여 죽으심으로 하나님께서 우리에게 자기의 사랑을 확증하셨느니라" 그러므로 우리가 믿음으로 의롭다하심을 얻었은즉 우리 주 예수 그리스도로 말미암아 하나님으로 더불어 화평을 누리자. 여기 '들어감' 이란 말은 프로사고겐(προσαγωγήν)으로 접근, 인도를 의미한다. 성도는 그리스도의 은혜로 말미암아 그를 구원주로 믿고 그의 자녀가 되었으며, 그분에 의해 존귀하심과 영광 중에 계신 하나님 아버지께 인도함을 받고 있다.

로마서 5장 1-5절

성도의 삶(Ⅰ)

우리가 잘 아는 성(聖) 프란시스는 '평화의 기도'로 유명하다. 그러나 더욱 유명한 것은 평생을 아무것도 소유하지 않은 채 예수 그리스도를 따르는 삶을 살았기 때문이다.

Ⅰ. 하나님과 화평을 누려야 한다(1절).

"…우리 주 예수 그리스도로 말미암아 하나님과 더불어 화평을 누리자." 예수 그리스도는 죄인된 인간과 의로우신 하나님 안에 평화의 관계를 맺게 해주는 주체이시다. 여기 '화평' 이란 말은 에이레네($εἰρήνη$) 진노아래 있던 인간이 그리스도 안에서 하나님과 화평케 되었음을 의미한다(골 1:20, 엡 2:14). 다시 말해서 인간은 하나님과 더불어 새로운 평화를 누리게 된 것이다. 하나님과 더불어 평화를 나누는 깊은 영적 교제가 이루어진 것이다. 이렇게 하나님과 평화를 누리는 성도는 형제들과 이웃들과 가정에 평화를 나눈다.

Ⅱ. 하나님의 영광을 위해 산다(2절).

"…하나님의 영광을 바라고 즐거워하느니라." 하나님의 크신 은혜로 의로움을 입은 성도들이 가지는 생활은 이제 자신을 위하거나 세상을 위한 것이 아니다. 옛사람을 벗어버리고 새사람으로 새 삶을 살아야 한다. 오직 하나님의 영광을 위해 살아가야 한다. 바울도, 칼빈도 그렇게 살았다. 칼빈은 자신의 종교개혁사상을 "오직 하나님의 영광을 위하여"라는 말에 근거했다. 오직 하나님을 의지하며 선을 행하면서 하나님만을 기뻐한다. 오직 자신의 길을 여호와께 맡긴다(잠 16:3). 하나님을 의지하면 그분께서는 모든 것을 이루어주신다(시 37:3-6). 예수님도 "너희는 먼저 그의 나라와 그의 의를 구하라"고 했다.

Ⅲ. 환난 중에도 즐거워한다(3절).

"우리가 환난 중에도 즐거워하나니…" 여기 '환난' 은 들맆세신($θλίψεσιν$)은 들리보($θλίβω$)의 여성명사이다. 원래 들리보는 포도즙 틀에서 포도즙을 짜내듯이 피와 땀과 눈물을 짜낸다는 의미이다. 여기서 바울은 믿음으로 하나님의 은혜에 들어가게 된 즐거움이 복음으로 인해 받게 되는 핍박과 환난보다 훨씬 큼을 강조하고 있다. 성도가 괴로움과 슬픔이 많음에도 불구하고 모든 환난을 극복하고 즐거워할 수 있는 것은 내세의 소망이 있기 때문이요(요 14:1-3), 그리스도 안에서 즐거움과 기쁨은 영원하기 때문이다(고후 4:18).

로마서 5장 12-21절

성도의 삶(Ⅱ)

아담은 최초의 인간인 동시에 모든 우주와 만물의 대표자로 창조된 자였다. 즉 하나님이 창조한 인간의 전형이었다. 그런 아담의 타락으로 인하여 아담은 물론 모든 피조물까지 죄의 형벌에 떨게 되었다(롬 8:22). 그러나 예수 그리스도가 죄의 대가로 죽으심으로 만인이 생명을 얻게 되었다.

Ⅰ. 한 사람의 죄로 인하여 사망아래 있게 되었다.

"…죄로 인하여 사망이 왔나니"(12절) 사도 바울은 여기서 하나님께서 아담에게 "선악을 알게 하는 나무의 실과는 먹지 말라 네가 먹는 날에는 정녕 죽으리라"(창 2:17)고 하셨던 명령을 염두에 둔것 같다. 여기서 '사망'은 ① 육체적인 죽음, ② 하나님과의 관계 단절(엡 2:1, 5:14, 골 2:13, 딤전 5:6, 계 3:1), ③ 지옥의 형벌로 영원한 죽음을 의미한다(계 21:8). "이와같이 모든 사람이 죄를 지었으므로 사망이 모든 사람에게 이르렀느니라"의 '사망'은 영과 육의 분리에 의한 육신의 사망과 하나님의 심판에 의한 영적 사망 중 전자를 주로 가리키는 반면 17절과 21절의 사망은 주로 후자를 가리킨다.

Ⅱ. 예수 그리스도로 인하여 인류는 새생명을 얻게 되었다(17-19절).

"…많은 사람이 정죄에 이른 것같이"(18절). 여기 '많은 사람'은 모든 사람을 가리킨다. 아담 한 사람의 범죄는 세상에 사망 권세를 가져왔고, 전 인류는 이 사망권세에 눌려 종노릇을 하게 되었다. 그러나 "한 사람의 의로운 행동으로 말미암아 새 생명에 이르렀느니라."(18절) 여기 '한 사람'은 예수 그리스도를 가리킨다. '성육신'(Incarnation)하신 예수 그리스도를 가리킨다. 하나님은 인간에게 새 생명의 길을 주셨다. 태초부터 존재했던 말씀의 육신이 되어 인간 세계를 구속하러 오신 것이다.

Ⅲ. 하나님과 바른 관계를 맺던 성도는 영원히 산다.

생명이신 그리스도께서 이 땅에 오셔서 우리를 구속하시고 구원하여 주셨다. 하나님과 바른 관계를 맺게 해 주셨다. 그러므로 사망과 죄악의 구속에서 해방된 성도는 하나님의 자녀로 영원히 살게 되었다. "누가 우리를 그리스도의 사랑에서 끊으리요." 우리의 권세는 하늘에 있다(요 1:12).

로마서 6장 5-11절

예수와 연합된 성도

오늘 본문에서는 예수와 함께 죽고 예수와 함께 살아나는 믿음의 사람들에 관해서 말하고 있다.

I. 예수와 연합된 성도는 옛사람은 십자가에 못 박힌 자이다(5-6절).

"우리 옛사람이 예수와 함께 십자가에 못 박힌 것은"(6절) "예수와 함께 십자가에 못 박힌 것"은 3절에 기록된 대로 우리가 세례(침례)를 받음으로써 그리스도와 함께 합한다는 뜻이다(갈 2:20). 이제 우리 성도는 더 이상 육체의 욕심을 따라 살지 아니하고 하나님의 선하신 뜻을 따라 생활하는 삶을 살아가야 한다(고후 4:11, 골 2:20). 사도 바울은 "옛사람을 벗어버리고 새사람을 입으라"고(엡 4:24) 했다. 이제 우리 성도는 예수와 함께 죽고 새 생명을 소유하게 되었으니 하나님의 거룩한 백성으로 당당하게 살아가야 한다. 우리는 죄에게 종노릇하지 않는다. 이제는 종이 아니라 해방된 자유인이다.

II. 성도는 예수와 함께 영원히 산다(6-7절).

예수와 함께 옛사람을 십자가에 못 박았으니 예수와 함께 새롭게 살아난 존재이다. 예수와 함께 사는 존재란 무슨 뜻인가? ① 마지막 날 예수와 함께 부활의 영광을 맞이하는 존재란 말이다. ② 예수와 함께 산다는 것은 지금부터 영원까지 모든 과정 속에서 예수와 함께 삶을 살아간다는 말이다. 예수 그리스도의 보혈의 공로로 새 생명을 얻은 성도는 그 순간부터 영화로운 존재로 완전히 승화하는 그날까지 예수와 함께 성화의 길을 간다. 현재적 존재로서 성화의 과정으로서 삶을 살아간다는 말이다.

III. 죄에 대하여 죽은 자는 하나님께 대해서는 산 자다(9-11절).

"죄에 대하여 죽은 자요" 이 말은 죄의 세력으로부터 놓임을 받아 자유를 누림을 말한다. 이에 대해 칼빈은 말하기를 "그리스도와 연합하여 죄의 노예상태에서 해방된 성도는 영적 자유를 얻은 만큼 다시는 죄의 종이 되지 않기 위하여 육체의 소욕을 제어하는 성화의 삶을 살도록 분투해야 한다. 이것은 죄에서 완전히 끊어져 거룩함과 의 가운데 온전히 거할 때까지 해야 한다"고 말했다. '그리스도 예수 안에서' (엔 크리스토스 예수, $\acute{\epsilon}\nu\ \chi\rho\iota\sigma\tau\hat{\omega}\ I\eta\sigma o\hat{\upsilon}$) 성도의 사명을 다하자. 존 머레이는 "그리스도와의 연합은 구원의 전체 교리에 있어서 중심이 되는 진리"라고 말했으며, 존 칼빈은 "이 연합이 예수가 구세주임을 보증해주는 유일한 것이라"고 보았다.

로마서 6장 12-14절

성도의 생활(의의 병기로 드리라)

오늘 본문에서 사도 바울은 하나님께서 주신 새로운 생명의 몸으로 육체의 욕망에 굴복하여 죄를 짓지 말라고 경고하고 있다. 그리고 영생을 얻은 사람으로서 그 몸을 정의로운 도구로 하나님께 바치라고 했다. 성도의 생활을 하려면,

I. 육신의 사욕에 순종하지 말아야 한다(12절).

"…죄로 너희 죽을 몸에 왕노릇하지 못하게 하여…" 사도 바울은 성도가 그리스도와 함께 죄에 대하여 죽었다고 선포했다. 그러면서도 여전히 죄가 성도들 가운데서 역사하고 있음을 가르치고 있다. 사도 바울은 다시 14절에서 "죄가 너희를 주관치 못하리니"라고 언급함으로써 죄에 대한 성도의 죽음을 다시 한번 더 강조한다. 아담은 하나님께 범죄하기 전에 죽지 아니하는 '생령'을 가졌었다(창 2:7). 그러나 그가 범죄한 후부터는 죽을 수밖에 없는 존재가 되었고, 이 사망의 진노는 모든 인간에게 그대로 내려졌다. 여기 "몸의 사욕에 순종치 말고"(12절) 죄는 우리 죽을 몸을 통해서 역사한다. 그 몸에서 죄를 짓게 하는 욕구가 일어난다. 성도라면 당연히 죄와 투쟁할 준비가 되어 있어야 하며 또한 투쟁해야 한다(시 119:133).

II. 하나님께 의의 병기로 드려야 한다(13절).

"오직 너희 자신을 …하나님께 드리며…" 여기 '너희 자신'은 너희 죽을 몸(12절)과 너희 지체와 동의어로 사용되었다. "그리스도 안에 있는 자는 누구든지 새로운 피조물"(고후 5:17)로서 새 생명을 소유한 신분으로 자기의 지체를 하나님께 바치는 것이 마땅하다. 그 이유는 성도의 몸은 그리스도의 지체이며(고전 6:15), 성령이 거하시는 전이며(고전 6:19), 값으로 산 것(고전 6:20)이 되기 때문이다. "너희 지체를 의의 병기로 하나님께 드리라"(13절) 거듭난 성도는 자신의 몸을 죄를 위해서가 아니라 죄와 투쟁하기 위한 의의 병기로 하나님께 드려야 한다. 바울은 '의의 병기'로서 갖추어야 할 기본적인 것들을 말했다(엡 6:10-18).

III. 성도는 법아래 있지 않고 은혜아래 있다(14절).

"…법아래 있지 아니하고 은혜아래 있음이니라" 여기 '법'(노모스, $\nu\acute{o}\mu o\varsigma$)이 '은혜'(카리스, $\chi\acute{a}\rho\iota\varsigma$)와 대비되어 있으므로 이 법은 세상적인 법이 아니라 율법을 의미한다. 바울이 율법과 은혜를 대비시킨 것은 죄가 성도를 주관하지 못한다는 것을 설명하기 위한 것이다(롬 8:1,2).

로마서 6장 23절

죄값은 사망이니라

"죄"란 구약성경에 하타(חטא, 표적을 맞추지 못함), 아웰(עול), 혹은 아온(עוין, 지정된 길에서 이탈) 등으로 나타났으며, 신약성경은 하르마티아($άρaρτία$, 표적에서 빗나감), 파라바시스($παράβασις$, 곁길로 감), 아노미아($ανομία$, 불법) 등을 사용하여 죄의 성격을 나타내고 있다. "죄의 삯은 사망이요 하나님의 은사는 …영생이니라"(23절). '죄의 삯은 사망'이라는 말은 죄에 계속 거하는 자에게 지불되는 대가가 사망이라는 의미이다. 여기 '삯'은 옾소니아($όψώνια$) 흔히 병사들의 급료의 의미로 사용된다(헨드릭슨, 머레이, 칼빈). 사람이 '죄의 종'으로 충성하므로 '사망'이라는 대가를 받게 됨을 강조하고 있다. 여기 '은사'($χάρισμα$, 카리스마)는 성도가 죄에서 해방되어(18,22절) 거룩한 열매를 얻게 된 사실을 지적하고 있다. 이처럼 우리 성도는 구원의 과정에서 자신의 노력이 아니라 오직 하나님의 은혜로 값없이 '의' '성화' 그리고 구원을 받게 되므로 결코 자랑할 수 없다.

I. 죄의 성질

1. 죄는 전염병과 같다. 갈 5:9에 "적은 누룩이 온 덩이에 퍼지니라" 죄는 병균과 같아서 전파되는 속도와 세력이 우리가 상상하는 것 이상으로 힘이 있다. 죄는 자란다. 속담에 "바늘 도둑이 소도둑 된다."는 말이 있다. 죄가 장성한 즉 사망을 낳는다(약 1:15). 2. 죄는 무거운 짐과 같다. 시편 38:4에 "내 죄악이 내 머리에 넘쳐서 무거운 짐 같으니 감당할 수 없나이다." 3. 죄는 흑암과 같다.

II. 죄를 짓는 이유

1. 하나님을 두려워하지 않기 때문이다(잠 16:6). 2. 양심에 화인 맞았기 때문이다.

III. 죄의 결과

1. 총명이 어두워지고 기도문이 막힌다(롬 1:31-32). 2. 양심의 고통, 영혼의 고통이 따른다(겔 18:4). 3. 육체의 고통, 가정의 고통, 자녀에게 죄값을 넘겨주어 아비의 죄를 삼사대까지 이르게 한다. 우리의 잘못을 회개하고 믿음을 지키면 우리의 죄를 용서해 주고 구원의 길을 가게 한다(미 7:19, 시 103:3, 사 38:17). 우리가 회개할 때 ① 주님의 등 뒤에 던지시고(사 38:17), ② 기억도 않으시고(렘 31:34), ③ 도말해주시고(사 44:12), ④ 깊은 바다에 던지신다(미 7:19).

로마서 7장 1-13절

율법에서 자유

I. 율법은 하나님의 법이다(1-6절).

하나님께서 인간에게 주신 율법은 십계명으로 요약될 수 있다. 하나님은 이 열 가지 계명 속에서 인간이 살아가야 할 방향과 원리를 계시하여 주셨다. ① 하나님과의 바른 관계를 가지고 살 것이며, ② 인간 사회에서 올바른 관계를 가지고 살라는 것이다. 하나님은 인간 모세를 통하여 이스라엘 백성에게 이 법을 주시면서 그들이 하나님께서 허락하신 땅에서 살기를 원했다. 하나님의 법을 토대로 하여 인간 세상에서 하나님의 정신을 따라 하나님 나라의 문화를 꽃피우며 살기를 바라신 것이다. 문제는 하나님을 신뢰하고 순종하느냐, 불순종하느냐에 달려 있었다(시 19:8).

II. 율법은 죄를 깨닫게 한다(7-13절).

이스라엘 백성에게 있어서 하나님의 계명은 생명과 복의 근원이었다(신 5:31-33). 그렇기 때문에 이스라엘 백성은 그 계명을 지킴으로써 생명을 얻게 되어 있었다(겔 20:11). 이처럼 하나님께서 이스라엘 백성에게 율법을 주신 목적은 율법의 정신을 바로 깨닫고 생명을 보존하는 데 있다(시 119:14, 갈 3:23-25). 율법은 인간의 죄된 상황 즉 인간의 실존을 깨닫게 한다. 자기의 모습을 바로 볼 수 있을 때 죄된 자기의 상태를 보고 안타까워하며 하나님을 찾게 된다.

III. 율법은 우리를 그리스도께 인도한다.

사도 바울은 사람이 율법에 죽음으로써 율법으로부터 자유함을 얻을 수 있음을 가르치고 있다. 그런데 율법에서 자유함을 얻기 위해 죽는 것은 바로 옛사람이며 그후에야 비로소 그리스도와 연합을 할 수 있는 것이다. 우리가 율법에서 해방된 것은 하나님의 은혜이다. 바울은 본서에서 육신이란 말을 몇 가지로 사용했다. ① 예수 그리스도의 인성(1:3), ② 표면적 인간의 생리적 육신(2:28), ③ 인간 전체(3:20), ④ 옛 본성이다. 인간의 죄악을 깨닫게 하는 율법, 그 율법에서 해방되는 것은 하나님의 은혜이다. 그리고 인간을 구원하시는 길은 오직 예수께로 인도하는 것이다. 율법은 우리를 그리스도에게로 인도한다(갈 3:24). 율법은 하나님의 법이다(22, 25절). 율법은 거룩하고 의로우며 선하다(12절). 율법은 신령하다(14절). 이 말은 율법이 영이신 하나님(요 4:24)께로부터 온 것이기 때문이다.

로마서 8장 1-4절

성령의 사람

사도 바울은 본장에서 '성령' 또는 '영'이란 단어를 무려 21회 반복하고 있다. 7장에서는 율법, 계명 또는 법이란 단어를 자주 사용했었다. 이처럼 바울이 성령이나 영이란 단어를 반복하고 있는 것은 그리스도의 십자가 사건과 매우 밀접한 연관을 지니고 있기 때문이다. 그리스도는 '생명을 주는 영'으로 오셨다. 장래에도 현실적 삶 가운데서도 생명을 주시는 영으로 오신 것이다. 성령은 성도의 영을 통해서 역사하신다. "진리를 알지니 진리가 너희를 자유케 하리라"(요 8:32)고 약속하신 그리스도는 성령을 통해서 성도의 삶 가운데서 그 약속을 이루어 가신다. 이런 점에서 존 스토트(J. Stott)는 ① 성령은 우리의 육신을 굴복시키며(5-13절), ② 성령은 우리의 양자됨을 증거하시고(14-17절), ③ 성령은 우리 기업의 보증이 되시고(18-25절), ④ 성령은 우리의 연약함을 위해 기도하신다(26-27절)고 했다.

I. 육신의 사람(롬 8:5-8)

'육신'은 정죄된 육신을 가리킨다. 이미 정죄된 육신을 좇는 것은 육신대로 사는 것이며(13절), 육신의 원리에 따르는 것이며, 인생의 목표를 육신을 만족시키는 데 두는 것이다. 육신의 생각은 자기중심적인 생각이며 하나님과 원수가 된다(6-7절). 죄의 법 아래 사로잡혀 있는 육신은 하나님과 어떠한 관계도 맺을 수 없다. 왜냐하면 육신이 도모하는 것은 하나님의 뜻을 거역하는 것이기 때문이다. 그렇기 때문에 육신에 속한 자는 하나님께서 예비하신 구원을 거부한다. 바울은 육의 생각은 사망이다(롬 8:8)라고 했다. 결국 육신을 좇는 자는 육신의 생각을 하며 육신의 일을 하게 된다.

II. 영의 사람(롬 8:9)

성도는 누구나 하나님의 영이 거하시는 성전이다(고전 3:16, 고후 6:15). 하나님의 영이 거하시는 자는 육신에 속하지 않는다(롬 7:14-25). 우리 성도는 '영($\pi\nu\epsilon\hat{\upsilon}\mu\alpha$)의 사람이 되어야 한다. 성령의 지배를 받아야 한다. "누구든지 그리스도의 영이 없으면 그리스도의 사람이 아니라"(9절). 성령($\pi\nu\epsilon\hat{\upsilon}\mu\alpha$)은 하나님과 성자 예수 그리스도와 불과분의 관계에 계신 하나님이시다. 그리고 이 성령은 성도 가운데 거하시면서 성도의 영과 더불어 활동(역사) 하신다(롬 8:16). 우리 성도들이 그리스도의 사람, 성령의 사람이 될 수 있는 것은 오직 그리스도의 영, 곧 성령에 의해서 뿐이다. 성령께서 오심으로써 성도는 하나님께로 인도하여 믿게 하시며 또한 그는 성도 안에 계시면서 하나님의 자녀로 인쳐 주신다(롬 8:10).

로마서 8장 1절

예수 그리스도 안에 있는 자

세상 사람은 두 가지로 분류할 수 있다. 가인의 자손과 아벨의 자손, 에서의 자손과 이스라엘의 자손, 이삭의 자손과 이스마엘의 자손, 세상에 속한 사람과 하나님께 속한 사람, 예수께 속한 사람과 예수를 떠난 사람 등이다. 예수 안에 있는 자는 해방된 자들이다. 물고기는 물에서 살아야 한다. 자유를 얻겠다고 물에서 나오면 죽게 된다. 이와 같이 우리 성도는 그리스도 안에서 살아야 한다. 예수 그리스도를 떠나면 죽게 된다. 영혼이 죽는다.

I. 예수 안에 있는 자들은 해방된 자들이다(롬 8:1-2).

'예수 안에 있는 자'는 육신을 따르지 않고 영을 따라 살기 때문에 정죄로부터 해방되었다. 예수 안에 있는 우리를 누가 끊으리요(롬 8:39), 여기 "결코 정죄함이 없나니" 이 말은 마음으로 하나님의 법을 즐거워하며 그것을 행하기를 소원하지만 항상 죄의 법이 성도의 육신을 사로잡아 마음이 원하는 바를 못하게 한다. 이로 인해 성도는 심한 정죄를 받을 수밖에 없다. 바울은 이런 현실에도 불구하고 성도는 정죄를 받을 수밖에 없다. 바울은 이런 현실에도 불구하고 성도는 결코 정죄당하지 않는다고 선포하고 있다(2, 3절, 4절).

II. 예수 안에서 있는 자는 영이 살게 된다(1-2절).

"그리스도 예수 안에 있는 생명의 성령의 법"(2절) '성령'은 그리스도께서 승천하신 후 성도들에게 생명을 주는 역할을 담당하고 있다(6절). '그리스도 예수 안에 있는 자'란 그리스도께서 성취하신 구속의 원리를 가리킨다. 성령은 이 원리에 따라 성도들에게 생명을 주는 역할을 한다. 이런 의미에서 '그리스도 예수 안에 있는 자'란 말은 '생명의 성령의 법' 전체를 말한다. 여기 '죄와 사망의 법' 혹자는 모세의 법은 올바르나 힘이 없으며 죄의 법은 힘이 있으나 올바르지 않다. 그러나 성령의 법은 힘이 있고 올바르다고 했다. '너를 해방하였음이라' ① 우리 성도는 빈곤과 병고에서 해방되어야 하고, ② 정치적 압박에서 해방되어야 하며, ③ 마귀와 죄에서 해방되어야 한다. 마귀는 끝까지 하나님을 대항하면서(요 8:32, 계 1:5) 성령의 법으로 해방되었다(롬 8:2). 성령의 능력이다. "우리를 사랑하사 그의 피로 우리를 해방하시고"(계 1:5) 예수 안에 있는 자는 해방된 자들이요, 영이 살게 된다.

로마서 8장 1-30절

예수 안에 있는 자

오늘 본문에서는 사도 바울은 예수 그리스도 안에 거하는 자의 모습에 대해 말한다.

I. 하나님의 영이 거하신다(2절).

"성령의 법이 사망의 법에서 너를 해방하였음이라"(2절). 예수 안에 있는 자는 이제 더 이상 육체를 따라 사는 사람이 아니다. 그 안에는 하나님의 영이 함께 계셔서 성령을 따라 살게 한다. "죄와 사망의 법에서 완전히 해방되었다." 절망이 희망의 법에서 슬픔이 기쁨의 삶으로 소망으로 가득 찬 삶으로 바뀌었다. 이 모든 것이 그의 안에 하나님의 영($πνεῦμα$)이 거하시기 때문이다.

II. 성령이 그를 위해 친히 간구하신다(26절).

"성령은 우리 연약함을 도우시나니…" 성령은 성도를 양자로 보증해 주는 것으로 끝내지 않으시고 최종적으로 구원이 완성될 때까지 도와주신다. 성도는 연약한 육신을 입고 있기에 성령께서 성도 가운데 계시면서 성도를 진리 가운데로 인도하시며(요 16:13), 양자로서의 보증이 성도 안에서 확실히 성취되도록 도와주신다. 이런 의미에서 성령은 보혜사이시다(요 14:16, 26, 16:7). 여기 "우리가 마땅히 빌바를 알지 못하나" 이 말은 성도는 연약하기에 영적 힘을 공급해주는 통로인 기도를 필요로 한다. 그러나 성도는 기도함에 있어 하나님 앞에서 자신의 죄인됨을 철저하게 자각하고 겸손한 마음으로 성령의 도우심을 간구해야 한다. 성령의 도움이 없이는 기도의 능력도 기도한 내용도 찾지 못하기 때문이다. "오직 성령이 말할 수 없는 탄식으로 우리를 위하여 친히 간구하시느니라" 이 말은 성령께서 연약한 성도를 위해 일하고 계심을 의미한다. 이런 의미에서 기도는 성도 안에 계신 성령의 사역이라고 한다(C. C. Dodd). 성도가 갈등으로 인해 탄식하면서 어찌할 바를 모르고 있을 때 성령께서도 성도보다 더 심한 탄식으로 성도를 위해 간구하신다.

III. 모든 것을 합력하여 선을 이룬다(28절).

예수 안에서 사는 성도는 그의 안에 하나님의 영이 거하시기 때문에 성령이 그를 위해 친히 간구하시며 합력하여 선을 이루게 하신다. 하나님은 어떤 방법으로 예수 안에 거하는 자들에게 선을 이루도록 역사하신다. 하나님이 우리를 부르짖는 것은 오직 하나님의 주권에 의한 것이다.

로마서 8장 31-39절

성도의 축복과 특권

하나님께서는 우리 성도들에게 특별한 특권을 주셨다. 이 특권을 누리는 자는 하나님의 축복받은 자들이다. 하나님께서 우리 성도들에게 주신 축복과 특권에 대해서 본문을 통해 은혜 받자.

I. 아무도 우리를 대적하지 못한다(31절).

"…만일 하나님이 우리를 위하시면 누가 우리를 대적하리요"(31절) 천사장 미가엘이 모세의 시체를 두고 마귀와 변론할 때 "주께서 너를 꾸짖으시기를 원하노라"(유 1:9)고 말했던 것을 유다가 언급한 적이 있다. 선악간의 모든 일을 심판하시는 이는 하나님 한 분뿐이시다. 그렇기 때문에 하나님께서 성도를 위하시면 그 무엇도 성도를 대적할 수 없다. "나를 의롭다 하시는 이가 가까이 계시니 나와 다툴 자 누구뇨…"(사 50:8) "자기 아들을 아끼지 아니하시고"(32절)

II. 아무도 성도를 정죄를 할 수 없다(34절).

"누가 정죄하리요" 성도는 율법에서 해방되었기에 율법의 정죄에서도 해방되었다(1절). '정죄한다' 는 말은 고소한다는 뜻이다. 그러므로 어떤 존재도 성도를 함부로 고소하지 못한다. 하나님께서 이미 무죄를 선언하였기 때문이다. "주 여호와께서 나를 도우시리니 나를 정죄할 자 누구뇨"(사 50:9) 예수님께서 성도를 위해서 기도하시는데 그 누가 성도를 고소한단 말인가?

III. 아무도 성도를 그리스도의 사랑에서 끊을 수 없다(35절).

사도 바울 자신이 직접 경험한 것을 나열했다(고후 11:23-27). "누가 우리를 그리스도의 사랑에서 끊으리요" 어느 누구도 성도를 대적할 수 없으며 송사할 수 없고 정죄할 수 없고 그리스도의 사랑에서 끊을 수 없다. 그리스도께서 성도를 사랑하기 때문이다. '환난'($\theta\lambda\tilde{\iota}\psi\iota\varsigma$)이나 곤고나 기근이나 적신이랴. 여기 ① 곤고는 스테노 코리아($\sigma\tau\varepsilon\nu o\chi\omega\rho\acute{\iota}\alpha$)로 바울 자신이 옥에 갇힌 경험을 말함이요, ② 기근은 리모스($\lambda\iota\mu\acute{o}\varsigma$)로 바울 자신이 마시지 못하고 굶주림이요(고후 11:27), ③ 적신은 귐노테스($\gamma\upsilon\mu\nu\acute{o}\tau\eta\varsigma$)로 헐벗음(고후 11:27)을 의미한다.

로마서 9장 1-3절

바울의 신앙관

사도 바울은 본문에서 아직도 유대인들이 율법주의에 얽매여 복음을 받아들이지 않는 것을 안타깝게 여기고 있다. 바울의 신앙관에 관해서 살펴보고자 한다.

I. 사도 바울은 그리스도 안에서 참말을 했다(1-2절).

"내가 그리스도 안에서 참말을 하고…" 여기 '그리스도 안에서' 란 말은 주로 그리스도와의 연합을 가리키는 의미로 사용된 바울의 독특한 어법으로서(엡 1장) 이것이 맹세의 의미로 사용될 때에는 구약시대에 '여호와의 사심으로' 라는 말과 같다. 바울은 자기의 말과 계시의 최종적인 권위를 나타낼 필요가 있을 때 그리스도의 이름을 내세웠다(갈 1:1, 12). 여기 '내게 큰 근심이 있는 것과 마음에 그치지 않는 고통이 있는 것' 이 말은 바울 자신의 고통이 아니고 자기의 동족인 이스라엘 백성에 대한 것이다. 비록 자신이 이방인의 사도로 부르심을 받아 사역을 하고 있으나 (갈 2:8) 자기 동족에 대한 깊은 애정은 변함이 없었다. 여기 '내 양심이 성령 안에서 나로 더불어 증거하노니' 이 말은 바울은 자기 동족에 대한 애정이 거짓이 아님을 말하고 있다. 바울은 자기와 함께 계시며 자신의 생각을 다 아시는 '성령'의 이름으로 자기 마음의 진실성을 입증시키고 있다.

II. 사도 바울은 동족의 구원을 위해 노력했다(3절).

'나의 형제 곧 골육의 친척' 이 말은 아브라함과 이삭과 야곱을 따라났으며 언약과 약속에 참여한 이스라엘 백성을 가리킨다(4-13절). 바울은 자신의 민족을 위해 동족을 위해 늘 근심과 고통에 있었다. 여기 '골육' 의 친척은 신령한 친척, 즉 신자로서의 유대인을 가리킨다. "내 가족을 구원하지 못하고 어찌 이웃에게 전도하겠는가" 독일 출신인 마틴 루터도 "죽기까지 복음주의, 죽기까지 독일주의" 라고 했다.

III. 사도 바울은 자신의 희생을 무릎 쓰고 형제의 구원을 위해 힘썼다(3절).

"바울은 자신이 저주를 받아 그리스도에게서 끊어질지라도" (3절). 자기의 동족이 구원받기를 원했다. 구약시대 모세도 자기 민족이 구원받기를 원했다. "모세는 하나님 앞에 기도하기를 "주의 기록하신 책에서 내 이름을 지워버려 주옵소서." (출 32:32). 이 기도는 백성을 사랑하는 마음에서 했다. 사도 바울의 "골육의 친척 구원"을 위하는 열정은 위대했다. 우리도 내 가정, 내 친척을 전도하자.

로마서 10장 9-10절

말씀의 능력

우리 기독교인들이 제일 많이 쓰는 용어가 '믿음'이란 말이다. 사람들은 믿음이 없다, 믿음이 있다는 말을 많이 한다.

I. 믿음과 말씀의 능력(9-10절)

"네가 만일 네 입으로 예수를 주로 시인하며…"(9절). 여기 '네 입으로 네 마음으로'는 8절의 '네 입에 네 마음에'와 병행을 이룬다. '예수를 주로' 이는 예수는 주이시다(Jesus is Lord)란 말이다. 여기 '주'란 말은 퀴리오스(κύριος) 헬라세계에서 고위직에 있는 사람이나 노예를 소유한 사람들에게 경의를 표시하는 호칭이었다. 또한 신비종교의 신들이었던 이시스(ISIS)나 오시리스(OSIRIS)에게도 사용되었다. 여기 '네 마음에 믿으면' 이 말은 입으로 시인하는 것과 마음에 있는 것은 불가분의 관계이다. 입으로 시인하는 것은 마음에서 믿는 만큼 되기 때문이다. '구원을 얻으리니' 소데세(σωθήση)는 미래형으로 종말론적 구원을 언급한 것이다.

1. 믿음의 근거
"믿음은 들음에서 나며 들음은 그리스도의 말씀으로 말미암느니라"(롬 10:17).

2. 믿음의 소재
믿음의 소재는 내 마음 내 심령이다. 그러므로 내 마음으로 믿어야 한다. "마음으로 믿어 의에 이르고 입으로 시인하여 구원에 이르느니라"(10절). 하나님의 말씀을 들을 때 그것으로 그쳐서는 안 된다. 말씀을 들을 때 의지적으로 "내가 믿나이다" "내가 믿습니다" 이렇게 결단을 내려서 마음에 믿어야 한다. "내 마음에 믿으려고 하지 않은데 믿음이 생기겠는가?(막 11:23)

3. 믿음의 활동
활동하는 믿음이 되려면 입으로 시인해야 한다. 마음으로 믿고 입으로 시인하지 않으면 살아있는 믿음이 될 수 없다. 여기 '시인하여'(10절)는 피스튜에타이(πιστεύεται)와 호 몰로게이타이(ὁμολογεῖται)로 믿는 것과 고백하는 것이 자신의 힘으로 되는 것이 아니라 성령의 역사로 그리스도에 대한 믿음과 시인에 이르게 됨을 의미한다(고후 5:14-15). '말씀'을 듣고 마음으로 믿어 입으로 시인해야 믿음이 완성된다.

로마서 11장 1-10절

남은 자의 구원

"여호와께서 너희로 자기 백성을 삼으신 것을 기뻐하신고로 그들 앞에서 떨지말라 네 하나님 여호와는 반드시 너희를 떠나지 아니하며 버리지 아니 하시리라"(삼상 12:22)

I. 이스라엘의 남은 자(1-6절)

사도 바울은 버림받은 이스라엘이 다시 회복할 수 있다는 확신을 제시하면서 바울 자신은 이스라엘인이요, 아브라함의 씨로 베냐민지파이지만 구원받았다고 간증한다. 여기 "하나님이 자기 백성을 버리셨느뇨"(1절) 로마서 9장과 10장에 이스라엘의 불순종과 그리스도를 거부한 모습이 기술되어 있으므로 수신자들은 하나님께서 완전히 이스라엘을 버렸다고 생각할 수 있다. 그러나 바울은 이 질문에 대하여 그가 본 서신에서 즐겨 사용하고 있는(3:4, 6:31, 6:2, 7:7, 9:14) 단호한 부정적 표현인 '그럴수 없느니라' 는 말로 답변하고 있다. 바울은 자신의 경우를 들어 이스라엘이 결코 버림받은 것이 아님을 답하고 있다. 이스라엘의 자손인 사도 바울을 하나님께서 구원해 주신 것을 이스라엘이 전적으로 버림받지 않았다는 하나의 산 증거이다. 그러면서 바울은 열왕기상 19:1-18을 들어 인용하고 있다.

II. 이스라엘의 실족과 이방의 구원(7-12절)

이스라엘 가운데 택한 자 외에 많은 '남은 자'가 완악하고 고집된 심정으로 넘어지고 실족하므로 구원이 이방인에게 이르게 된 것은 하나님의 섭리라고 이사야와 다윗의 예언을 통해 가르쳤다. 여기 "그 남은 자들은 완악하여 졌느니라"(7절) 여기 "완악하여 졌느니라" 이 말은 에포로테산($\epsilon\pi\omega\rho\omega\theta\eta\sigma\alpha\nu$)으로써 두꺼운 가죽으로 가리다, 어감이 강하다, 인간 본래의 감성이나 도덕성의 근원을 상실했다는 의미이다. 결국 그들은 이성이나 참과 거짓 선과 악을 분간하는 양심의 기능마저도 잃어버리게 되었다는 것이다. 선택하심을 받지 못한 '남은 자들'은 하나님으로부터 버림받은 자들인데 그 결과로 그들은 완악하게 되었다. 그러나 하나님은 택한 백성들을 결코 버리지 않는다. 시편 99:14에 "여호와께서는 그 백성을 버리지 아니하시며 그 기업을 떠나지 아니 하시리라" 선택된 남은 자들이 하나님의 은혜에 의하여 구원받았듯이 나머지 다수의 마음이 완악해진 것도 하나님의 섭리로 되었다고 구약성경에서 밝히고 있다(신 29:4, 시 69:22,23, 사 29:10).

로마서 11장 33-36절

알파와 오메가이신 하나님

수많은 사람들은 '인생'이 어디서 와서 어디로 가는가? 인생의 문제에 대해서 여러 가지로 정의를 내려왔다. 바울이 로마서를 쓸 당시에는 그리스철학을 이어받은 헬라철학이 왕성하게 발전되어 있었다. 그래서 사람들은 철학적인 문제를 논하기를 즐겼다. 바울 자신도 헬라문화에 익숙한 사람으로 어렸을 때부터 헬라세계 여러 학문에 깊이 몰두할 수 있었다. 그러나 예수를 만난 바울은 자기의 삶을 오직 예수 위에 다시 세웠다. 그래서 이 세상에 존재하는 만물의 처음과 끝이 하나님께 속해 있음을 증거하기에 이른다. 우리 하나님은 처음과 끝이시다. '알파와 오메가'가 되신다.

I. 우리 인생은 하나님께로부터 왔다.

"깊도다 하나님의 지혜와 지식의 부요함이여"(33절) 여기 '지혜'는 소피아스($\sigma o\phi i\alpha s$) 영원한 진리에 대한 종합적 통찰이며, '지식'은 그노세오스($\gamma\nu\omega\sigma\epsilon\omega s$) 단편적 감각적 사물에 대한 인식이다. 지혜는 하나님의 통치 원리이고, 지식은 그 원리를 뒷받침해주는 구체적인 지적 능력을 가리킨다. 모든 만물은 하나님의 원리대로 창조되었다(느 9:6). 하나님께서는 당신께서 의도하시는 하나님의 나라를 건설하기 위해 인간을 하나님의 형상을 따라 지으시고 만물에 하나님의 속성을 부여하신 것이다.

II. 우리는 하나님의 섭리 속에 하나님의 도우심으로 살아간다(34절).

"누가 주의 마음을 알았느뇨" 본절은 70인역의 이사야 40:13절을 거의 그대로 옮긴 것이다. 하나님께서 바른 관계에서만 성장하고 성숙해 갈 수 있다는 말이다. 그러므로 하나님의 품을 떠난 인생은 바른 길을 살아갈 수가 없다.

III. 모든 만물은 다 하나님께로 돌아간다(36절).

"…이는 만물이 주에게서 나오고 주로 말미암고 주에게로 돌아감이라" 이 말은 ① 하나님은 만물의 근원이시며, ② 그 생성 발전의 주관자이시며, ③ 그 종국적 목적이심을 의미한다(고후 5:18, 엡 1:23, 골 1:16). 여기 "영광이 그에게 세세에 있으리로다 아멘." 이 세상에 현존하는 모든 것은 다 그 끝이 있다. 영원히 존재하시는 분은 오직 하나님뿐이시다. 하나님은 만물을 지으실 때 그 끝을 주시되 결국에는 하나님께로 돌아가도록 지으셨다.

로마서 12장 1절

거룩한 산제사

"너희 몸을 하나님이 기뻐하시는 거룩한 산제사로 드리라 이는 너희의 드릴 영적 예배니라" 우리는 하나님의 은혜를 많이 받았다. 예수는 우리를 구원하시기 위해 하늘 영광을 버리시고 종의 형체를 입으셨으며 하늘나라의 복음을 전해주시고 우리의 질병을 고쳐주시고 새 생명, 새 소망, 기쁨과 축복을 주셨다. '산제사' 란 무엇인가?

I. 우리의 산 영이 드리는 예배이다.

"하나님이 기뻐하시는 거룩한 산제사로 드리라" 여기 '하나님이 기뻐하시는 산제사' 란 하나님께 전인격적으로 우리의 몸을 생애 전체를 드리는 것이다. 즉 우리의 생애를 통해 계속적으로 하나님 보시기에 선한 일에 힘쓰는 것이다. 여기 '거룩한' 이란 말은 흠이 없는 순전함을 의미한다(엡 1:4, 빌 2:15, 골 1:22). 그러므로 거룩한 '산제사' 란 죄의 종이었던 우리가(6:16,17, 엡 2:1,5) 예수 그리스도의 피로 씻음받아 그가 주신 새 생명으로 그를 위해 살아가는 것이다(6:4-7, 13, 14, 22, 갈 2:20).

II. 우리의 몸으로 드리는 예배이다.

"너희 몸을 하나님이 기뻐하시는 산제사로 드리라" 여기 '너희 몸을' 은 몸과 마음 온 인격을 포함한 것을 의미한다. '너희 몸' 은 너희 자신을 뜻하며 우리의 인격 전체를 형성하는 모든 요소를 포함한다. 몸으로 드리는 예배는 희생을 의미한다. 주님께서 나를 위해 십자가에서 희생제물이 되셨듯이 나도 주님 위해 서슴치 않고 희생제물이 되는 신앙이 되어야 한다. '산제사' 는 나의 육신만 드린 것이 아니라 내 영혼까지 바치며, 나의 시간, 나의 재주, 나의 재산, 나의 생각, 나의 지식 모두 하나님께 바치는 것이다. "이는 너희의 드릴 영적 예배니라" 여기 '영적' 이란 말은 로기켄($λογικήν$)인데, 로기코스($λογικός$)에서 유래되어 합당한(reasonable), 합리적인(rational) 뜻을 가졌다. 이 말은 하나님이 기뻐시는 예배, 하나님께 가장 합당한 예배를 드리라는 말이다(요 4:24). 여기 '예배' 는 라트레이아($λατρεία$) 구약의 제사를 지칭하기도 했는데 본 절에서는 단순히 제사행위를 의미한다기보다는 삶으로서의 예배를 의미한다. 즉 삶의 모든 가치와 의미를 주께 두고 주님을 섬기는 삶을 사는 것에 역점을 두었다. 우리의 삶 전체(눈물, 땀, 내 마음, 내 영혼, 내 육신) 를 바쳐 주님의 영광을 위해 삽시다.

로마서 12장 12절

성도의 생활

인간은 저마다 나름대로의 삶의 원칙, 내지는 좌우명을 가지고 살아간다. 자신의 목적을 성취하기 위해서 최선의 삶을 산다. 우리 주님을 믿는 성도들 역시 이 땅에서 살면서 늘 잊지 말아야 할 삶의 원리와 모습이 있다. 그것은 영원한 미래에 대한 소망과 더불어 거기에 합당한 현재의 삶이 준엄히 요구되고 있다는 것을 알아야 한다. 즉 하나님께서 요구하시는 우리 성도의 생활이 있다는 것이다.

I. 소망 중에 즐거워해야 한다(12절).

"소망 중에 즐거워하며…" 여기 '소망' 엘피스($\epsilon\lambda\pi\iota s$)는 일시적으로 더 좋은 것을 바라는 헬라적인 개념보다는 확실한 소망을 나타내는 히브리적 개념이다. 여기 '소망 중에는' 종말론적이며, '즐거워 하며' 는 종말론적 설레임을 나타낸다. 죄와 형벌 아래서 인간은 참된 소망도 즐거움도 없다. 오직 예수를 통한 구원의 소망만이 참된 즐거움을 줄 수 있다. 예수만이 영원한 소망이요, 예수만이 영원한 즐거움을 주시는 분이다.

II. 환난 중에 참아야 한다(12절).

'환난 중에 참으며' 환난은 모든 사람이 당하지만 특히 신자에게는 복음으로 인한 환난이 있다. 17세 영국의 존 번연(John Bunyan)은 12년 옥중생활 중 천로역정(The Pilgrims Progress)이라는 불후의 명작을 남겼다. 그것은 이 세상에서 저 세상으로 가는 모든 사람이 한번은 겪어야 할 영혼의 진로를 묘사한 것이다. 여기 '참으며' 는 참다, 끝까지 견디다, 굽히지 않는다는 뜻이다(고전 13:7, 히 10:32, 딤후 2:10, 약 1;12). 종말에 대한 소망을 바라보고 성도는 끝까지 견디어야 한다.

III. 항상 기도에 힘써야 한다(12절).

"기도에 항상 힘쓰며" 여기 '항상 힘쓰며' 는 ① 전심전력하다, ② 헌신하다, ③ 견디다란 뜻이다. 이 말은 '기도' 를 언급할 때 주로 쓰인 말이다(행 1:14, 2:42, 골 4:2). 종말이 가까워 올수록 성도는 기도에 힘써야 한다. 예수님도 "시험에 들지 않도록 깨어 기도하라"고 했다(마 26:41). 기도에 생명을 걸고 성도의 생활을 다하자. 기도에 힘써야 한다(살전 5:17).

로마서 12장 21절

선으로 악을 이기라

이 세상에는 두 세력이 대립되고 있다. 선과 악이 서로 싸운다. 이 시간 본문 말씀을 통하여 '선으로 악을 이기라' 제목으로 은혜를 받자.

I. 악을 악으로 갚지 말라.

"악에게 지지 말고" 여기 '악에게 진다' 는 말은 원수의 행위대로 번민하거나 원수에 대해 악으로 갚으려고 악한 행위를 계획하는 것을 말한다. 공자는 '악을 악으로 갚으라' 고 했고, 모세도 '눈은 눈으로 이는 이로' (출 21:23-25, 레 24:19-21) 갚으라는 말을 했으나 예수님은 "너희 원수를 사랑하며 너희를 핍박하는 자를 위해 기도하라"(마 5:44)고 하였다. 로마서 12:14절에도 "너희를 핍박하는 자를 위해 축복하고 저주하지 말라"고 했다. 향나무는 향기를 낸다. '성령 충만' 한 사람은 원수를 사랑한다. 스데반 집사도 원수를 위해 기도했다(행 7:54-60). 로마서 12:17에도 "아무에게도 악으로 악을 갚지 말라"고 했다.

II. 원수 갚는 것은 주님께 맡기라.

신명기 32:25절에 "보수는 내 것이라 그들의 실족할 그 때에 갚으리라" 시편 94:1절에 "보수하시는 여호와여…" 로마서 12"19절에도 "너희가 친히 원수를 갚지 말고 진노하심에 맡기라" 히브리서 10:30절에 "원수 갚는 것이 내게 있으니 내가 갚으리라"(시 5:8, 잠 20:22, 살전 4:6) 참조

1. 원수를 사랑하라. 로마서 12:17절에도 "아무에게도 악으로 악을 갚지 말라"고 했다. 다윗에게 시므이가 돌을 던지면서 저주하며 말하기를 "피를 흘린 자여 가거라 사울의 족속의 모든 피를 여호와께서 내게로 돌리셨도다" 고 비난했다. 이 말을 들은 아비새 장군이 "이 개같은 놈이 내 주 왕을 저주하리이까? 청컨대 나로 건너가서 저의 머리를 베게하소서"라고 했다. 그러나 다윗은 아비새 장군의 주장을 물리쳤다. 다윗은 자기를 죽이려는 사울을 여러 번 살려주었고 후에는 사울의 손자 므비보셋을 자기의 궁전에서 머물게 하며 후한 대접을 했었다(잠 25:21-22, 눅 6:27). 하나님은 우리에게 죄악과 싸워 이길 수 있는 능력을 주셨다. 악을 대항하여 이기고 죄악과 싸워 이기고 자신과 싸워 이기자.

| 년 | 월 | 일 | 로마서 13장 1-7절

성도의 삶

인간은 사회적 동물이다. 내가 세상에 태어날 때 벌써 부모와 이웃이 있었고 내가 죽은 뒤에도 우리의 사회는 나의 가치와 생존의 의의를 말해준다. 인간은 나 혼자만이 살 수 없다. 오늘 우리 성도는,

I. 하나님의 말씀에 복종해야 한다(5절).

사도 바울은 국가권위에 대해서 말하면서 모든 권세가 하나님께로 나오는 것임을 강조하고 있다. 여기 '각 사람'은 파사 프쉬케($\pi\alpha\sigma\alpha$ $\psi\upsilon\chi\eta$)로 모든 영혼(every soul)을 의미한다. 사도 바울이 모든 사람이나 모든 성도라고 말하지 않고 모든 영혼이라고 표현했는가? '각 사람'은 이 세상에 살아있는 모든 사람을 가리킨다. '굴복하라'는 굴복이란 말은 순종이란 말보다 더 범위가 넓고 엄격한 관계를 표현해준다. 우리 기독신자들은 나라와 민족을 위해 기도해야 한다. 또 나라와 민족을 사랑할 줄 알아야 한다(마 10:5). 특히 위정자들을 위해서 기도해야 한다. 다니엘처럼(단 6:10), 에스더처럼, 사무엘처럼 나라와 민족을 위해 기도합시다(삼상 12:23).

II. 민족복음화를 위해 힘써야 한다.

구약시대의 왕들은 '기름부음을 받은 자'(삼하 23:1)들이었다. 이는 이스라엘의 왕들이 하나님의 뜻을 백성들과 함께 이루어가야 할 자들임을 단적으로 말하는 것이다. '왕'들도 하나님의 영역 속에서 있어야 했다. 예레미야는 조국을 위해서 눈물로 기도했다(렘 20:7-18).

1. 우리 성도는 시민으로서 통치자들의 권위를 인정하고 아울러 그들이 하나님의 뜻대로 움직일 수 있도록 기도해야 한다(딤전 2:1,2).

2. 통치자들은 자신이 가진 권세가 하나님으로부터 비롯되었다는 사실을 깨닫고 하나님을 경외함으로 섬기고(시 2:1,2) 공평과 공의를 인정받을 수 있기 때문이다(단 4:34-37). 사도 바울은 성도들이 국가의 법에 순응하지 않으면 안 된다고 했다(5절).

III. 성도의 사명

1. 나라와 민족을 사랑할 줄 알아야 한다. 2. 나라와 위정자들을 위해 기도해야 한다. 3. 제단과 주의 종들을 위해 기도해야 한다.

로마서 13장 11-14절

성도의 생활(이때를 알라)

"너희가 이 시기를 알거니와 자다가 깰 때가 벌써 되었으니"(11절) "천하에 범사가 기한이 있고 모든 목적이 이룰 때가 있느니라."(전 3:1). 만사에는 때가 있다. 날 때가 있으면 죽을 때가 있고 심을 때가 있으면 거둘 때가 있다.

I. 이때는 밤이라고 했다(12절).

밤은 빛이 없다. "밤이 깊고 낮이 가까웠으니" 여기 '밤'이 현 세상이라면 '낮'은 구원이 있는 천국을 가리킨다. 밤은 무섭다. 사나운 맹수들이 활동하기 시작한다. 밤의 종류는 세 가지이다. ① 자연계의 밤이 있다. ② 역사의 밤이 있다. ③ 인생의 밤이 있다. 세상은 중세기 1,000년을 암흑의 시대라고 한다. 이스라엘 백성들도 포로로 끌려가서 유랑민족으로 고생한 밤의 역사가 있었고 우리나라도 일제 36년의 식민지 밤의 시대가 있었다. 노년기는 인생의 밤이다. 영원한 심판이 가로 놓여있다(계 21:23-25). 인생의 밤, 최후의 밤, 영원한 밤이 오기 전에 받은 사명에 충성합시다.

II. 이때는 은혜 받을 때다(고후 6:1-2).

"지금은 은혜 받을 때요 보라 구원의 날이로다."(고후 6:2) 이때는 ① 깨어야 한다. 이 시기는 마땅히 자다가 깰 때라고 했다. 그것은 우리의 구원이 처음 믿을 때보다 가까웠기 때문이다. ② 어둠의 일을 벗고 빛의 갑옷을 입어야 한다(12절). 깨었으면 어둠의 일을 먼저 벗어야 한다. "낮에와 같이 단정히 행하고"(13절). ③ 예수 그리스도로 옷을 입어야 한다(14절). 그리스도는 태양이시다(말 4:2). 그리스도는 빛이시다(계 22:16). '그리스도를 옷 입는다'는 말은 나를 주 안에 내가 주 안에 거하시도록 해야 한다. 우리 성도는 전신갑주를 입어야 한다(엡 6:13-17). 고후 5:17에 "그런즉 누구든지 그리스도 안에 있으면 새로운 피조물이라 이전 것은 지나갔으니 보라 새것이 되었도다." "육신을 좇는 자는 육신의 일을 영을 좇는 자는 영의 일을 생각하나니" 여기서 '육신의 일'이란 죄악을 말하고 '도모한다' 이 말은 미리 생각한다, 계획한다는 뜻이다. 오직 예수 그리스도로 옷 입고 하나님이 주신 사명을 감당합시다.

III. 이때 우리 성도는 어떻게 해야 하는가?

1. 깨어 있어야 한다(11절). 2. 어둠의 일을 벗고 빛의 갑옷을 입어야 한다(12절). 3. 예수 그리스도로 옷입어야 한다(13-14절).

로마서 14장 7-9절

모든 영광을 하나님께

I. 주를 위해 살아야 한다(7절).

"자기를 위하여 사는 자가 없고 자기를 위하여 죽는 자도 없도다." 우리는 그리스도의 피값으로 사신 바 되었다(고전 6:19-20). 그러므로 자신을 위한 삶이 아니라 그리스도의 종으로서 하나님의 영광을 위한 삶이어야 한다(Calvin). 성도는 자기를 위하여 죽는 자가 없다. 성도의 삶은 죽음도 자신에 의하여 주관되는 것이 아니라 주님의 손에 예속되어 있다(Olshausen). 바울은 "자기 목숨을 얻는 자는 잃을 것이요 나를 위하여 자기 목숨을 잃는 자는 얻으리라"(마 10:39)는 주님의 말씀을 따라서 그의 생명을 조금도 아까워하지 않았고 오히려 그는 "주를 위해 죽는 것도 유익하다"고 고백했다(빌 1:20, 21).

II. 하나님의 영광을 위해 살아야 한다(8절).

"그러므로 사나 죽으나 우리가 주의 것이로다." 성도의 삶의 중심은 그리스도이다. 그리스도는 성도들의 생과 사에 있어서 표준이 되신다. 여기 '주의 것'은 성도는 예수 그리스도께서 피흘린 값으로 산 것이 되었음을 가리킨다. 그러므로 '하나님의 영광'을 위하여 살아야 한다(고전 6:19, 20). 그러므로 성도는 먹든지 마시든지 무엇을 하든지 주를 위해서 하여야 한다(고전 10:31).

III. 우리의 생명(영혼)을 살려주셨기 때문이다(9절).

"이를 위하여 그리스도께서 죽었다가 다시 사셨으니"(9절) 이 말은 그리스도의 죽으심은 죽은 자의 주가 되시고 다시 사심은 산 자의 주가 되기 위해서임을 의미한다. 예수께서 "산" 자와 "죽은" 자의 주가 되시기 위하여 친히 죽으시고 부활하심은 (고전 15:3,4, 고후 5:15) 우주적인 만물에 대한 통치권과 신자에게 있어서 모든 인생의 주권자가 되심을 주장하는 근거가 된다(Calvin). 하나님 나라는 먹는 것과 마시는 것이 아니요 오직 성령 안에서 의와 평강과 희락이라"(롬 14:17). 천국은 예수 그리스도에 의해서 우리 믿는 자에게 이루어지는 신령한 나라를 의미한다. 1. 천국은 성령 안에 있는 것을 의미한다. 어거스틴은 마귀의 나라, 땅의 나라, 세속의 나라가 있다고 했다. 영적인 세계는 성령이 지배하는 세계와 악령이 지배하는 세계가 있다. 2. 천국은 희락과 평강이다. '평강'은 우리 성도들이 예수로 말미암아 하나님과 화목케 된다. 마귀는 성도들을 가만두지 않는다. 하나님과의 평강을 깨치고 성도간에 화목을 깨친다. 그러므로 성도는 늘 깨어 있어야 하며, 시험에 들지 않도록 기도해야 한다(마 26:41).

로마서 14장 13-16절

성도의 삶

우리나라 말에 "가까운 이웃이 먼 친척보다 낫다"는 말이 있다. 그래서 '이웃사촌'이란 말이 있다. 오늘 본문 말씀을 통하여 '성도의 삶'이란 제목으로 은혜를 받고자 한다.

I. 성도의 삶은 형제를 함부로 판단하지 말아야 한다(13절).

"그런즉 우리는 다시는 서로 판단하지 말고" 이 말씀은 10절 하반절부터 12절까지의 내용에서 끌어낸 결론으로서 이제 더 이상 서로 판단(비판)하는 습관에 빠지지 말 것을 권면하고 있다. 예수께서도 "비판을 받지 아니 하려거든 비판하지 말라"(마 7:1)고 했다. "도리어 부딪힐 것이나 거칠 것으로 형제 앞에 두지 아니 할 것을 주의하라" 이 말은 강한 자들에게 주어진 경고이다. 사도 바울은 다른 형제에게 상처를 주지 말라고 했다(3,10절). 여기 '부딪힐' 것은 프로스콤마(πρόσκομμα)로 글자 그대로 사람의 발에 걸려 넘어지게까지 할 수 있는 어떤 것을 가리킨다.

II. 성도의 삶은 형제와 사이에 막힌 담을 헐어야 한다(14절).

사랑은 소극적이고 수동적인 행위가 아니라 적극적이고 능동적인 행위이다. 인간관계란 한번 맺어지면 그것으로 끝나는 것이 아니라 그 올바른 관계를 위해서 계속적으로 노력해야 한다. 교회는 성도들이 서로 열린 마음으로 사랑을 나누고 모임을 가질 때 부흥된다. '열린 교회' '열린 마음' '열린 사랑'이 있어야 한다.

III. 성도의 삶은 형제를 근심케 해서는 안 된다(15절).

여기 '근심하게 되면' 뤼페이타이(λυπειται)로 어떤 일의 영향을 받아서 양심의 괴로움을 겪는 것을 말한다. 어떤 일로 인하여 신앙의 압박을 받고 마음의 상처를 받아 고민에 쌓인 것을 뜻한다. 상처받은 양심의 상태를 말한다(마 14:9, 17:23, 막 10:22, 요 16:20). 루터는 "어떤 것이 정당한 믿음의 행위라 할지라도 그것이 당신의 형제를 파멸시키는 결과를 가져온다면 당신은 잔인한 살인자와 같다. 뿐만 아니라 내 형제 안에서 이루어진 그리스도의 죽음을 경멸하는 것이 되기에 그것은 온갖 종류의 잔인성을 능가하는 죄가 되는 것이다. 왜냐하면 그리스도께서는 그 연약한 형제의 구원을 위해서도 죽었기 때문이다"(고전 8:11).

로마서 15장 1-6절

성도의 사명과 의무

오늘 본분에 보면 "강한 자의 군림이나 지배를 말하는 것이 아니라 약한 자를 위해서 봉사해야 한다"고 했다.

I. 강한 자는 약한 자의 약점을 담당해야 한다(1절).

"우리 강한 자가" 여기 '강한 자'는 호이 뒤나토이(οἱ δυνατί)로서 보통 능력있는 자, ~을 할 수 있는 자, 힘 있는 자를 의미한다. 그러나 여기서는 영적으로 강한 사람을 의미한다. "연약한 자의 약점을 담당하고" 갈라디아서 6:2절에 "너희 짐을 서로 지라"와 같이 약한 자의 여러 가지 약점들을 짊어져야 한다. 믿음이 강한 자가 연약한 자에 대해서 그들 자신의 입장만을 고수하려고 한다면 연약한 자는 시험에 빠져 낙심하게 될 것이다. 사도 바울은 자기가 모든 성도들의 기쁨을 위하여 자신의 유익을 구치않은 것처럼(고전 10:33) 강한 자도 연약한 자에 대해서 그렇게 하라고 권면하고 있다.

II. 이웃을 기쁘게 해야 한다(2절).

"우리 각 사람이 이웃을 기쁘게 하되" 이 말은 단순히 남의 기분을 맞추라는 의미가 아니다. 이는 타인의 영적 각성에 유익되는 일이라면 자기를 희생해서라도 그 필요를 채워주라는 의미이다. 바울의 사명과 의무는 그렇게 했었다(고전 9:19-23). 타인의 영적 유익을 위하여 이루어야 할 목표는 선을 이루고 덕을 세우는 일이다. 여기 '선을 이루고' 에이스 토 아가돈(εἰς τὸ ἀγαθόν)은 내적 가치, 도덕적 가치를 나타내는 말로서 자신을 위함이 아니라 남을 생각하는 행위를 말한다(머레이). 즉 성도들이 약한 형제들의 약점을 자신의 것으로 짊어지면서 살아야 할 원칙을 말씀한 것이다.

III. 하나님께 영광을 돌려야 한다(3-6절).

'한 마음과 한 입으로' 여기 '한 마음'은 같은 심정을 가진 만장일치로 등의 의미이며, 항상 사람들 앞에서 하나님께 영광을 돌리는 것을 의미한다. '영광을 돌리게 하려 하노라' 우리 성도는 하나님께 영광을 돌리며 살아야 한다. 우리 성도들이 서로 마음과 뜻이 일치되지 못하고 불화와 갈등 속에서 자기 방식대로 하나님께 영광을 돌린다면 하나님은 기뻐하지 않을 것이다. 성도들이 한 마음과 한 입으로 하나님께 영광을 돌릴 때 하나님은 기뻐하실 것이다.

로마서 16장 3-5절

신앙의 사람(브리스길라와 아굴라)

'브리스길라와 아굴라'는 바울의 동역자로서 가는 곳마다 교회를 세우고 개척하는 데 힘을 다했다. 이제 본문 말씀을 통하여 이들의 신앙관을 생각해보자.

I. 이들 부부는 예수 그리스도의 복음을 전한 신앙의 사람이었다(3절).

여기 '동역자'란 말은 쉐내스구스(συνεργούς)로서 함께 일하는 사람, 돕는 사람을 의미한다. 바울은 동역자들의 수고를 치하하고 그들의 권위를 강화시켜 주기 위해 사용하였다. 바울은 그의 동역자 중에서 브리스길라와 아굴라를 언급하고 있다. 이들은 부부로서 바울이 고린도를 전도할 때 만났던 사람들이다(행 19:2). 그들은 원래 로마에서 살았으나 로마의 황제 글라우디오(Claudius)의 유대인 추방령 때문에 로마를 떠나 고린도에 살고 있었다(행 18:2). 또한 그들은 바울과 동일한 직업을(장막 만드는 일) 가지고 있었다. 바울과 함께 평상시에는 그들의 집에 기거하면서 장막을 만들었으며 그리고 복음전파에 힘썼다(행 18:3). 오늘날 현대교회에서 브리스길라와 아굴라같은 신앙의 사람이 필요한 때이다.

II. 복음을 위해 순교할 각오를 가진 신앙의 사람이었다(4절).

여기 "자기의 목이라고 내어놓았나니" 이 말은 바울의 생명이 위험에 처해 있을 때 바울을 구하고자 극단적인 위험을 겪었음을 의미한다. 이 사건이 고린도에서 일어났는지(행 23:12) 아니면 에베소와 그밖의 지역에서 일어났는지 그리고 언제 일어났는지 확실하지 않다(Godet, Meyer). 아마도 이 사건은 에베소에서 데메드리오와 유대인들이 폭동을 일으켜 바울의 목숨을 해하려고 할 때 바울의 생명을 구하려고 극단적인 위험을 무릅 쓴 것을 염두에 두고 말한 것일지도 모른다(행 19:28-31, 고전 16:8, 9, 12). 그러나 확실한 것은 이들 부부가 고난 가운데 있을 때 그와 함께 일사각오로 생사고락을 함께 했다는 것이다(Myer).

III. 이들은 가는 곳마다 교회를 세웠다(5절).

브리스길라와 아굴라는 가는 곳마다 교회를 세우는 개척자들이었다. 여기 '저의 교회'는 브리스가와 아굴라의 로마 가정교회를 말한다. 바울 당시 교회는 성도들이 가정집을 집회장소로 사용했었다(10,11,14,15, 고전 16:19, 골 4:15). 몇 개의 가정들이 모여 하나의 지역교회를 이루었다. 여기서 브리스가와 아굴라의 가정도 교회였다. 마가의 다락방교회(행 1:13), 빌립보에 있는 루디아의 집(행 16:40), 골로새에 있는 빌레몬의 집(몬 1:2), 브리스가와 아굴라처럼 신앙의 사람이 되자.

로마서 16장 4절

자기 목이라도 내어 놓았나니

바울이 로마서를 끝맺으면서 최후로 "그리스도 예수 안에서 나의 동역자들인 브리스가와 아굴라에게 문안하라 저희는 내 목숨을 위하여 자기의 목이라도 내놓았나니"라고 한다. 여기 '자기의 목이라도 내어 놓았나니'는 핍박의 손길에서 바울의 생명을 구하고자 극단적인 위험을 겪었음을 의미한다(John, Murray, Dunn). 이 사건이 고린도에서 일어났는지(행 23:12) 아니면 에베소나 그밖의 지역에서 일어났는지 그리고 언제 일어났는지 확실하지 않다(Godet, Meyer). 아마도 이 사건은 에베소에서 데메드리오와 유대인들이 폭동을 일으켜 바울의 목숨을 해하려고 할 때 바울의 생명을 구하고자 위험을 무릅쓴 것을 염두에 두고 말한 것일지도 모른다(행 19:28,31, 고전 16:8,9,19). 그러나 확실한 것은 브리스가와 아굴라 부부가 바울이 고난 가운데 있을 때 그와 함께 일사각오로 생사고락을 함께 했다는 점이다. 이처럼 브리스가와 아굴라가 자신의 복음사역을 돕기 위하여 목숨을 아까워하지 않고 자신과 함께 한 것에 대하여 바울은 깊은 감사를 느끼고 있다.

II. 주님을 위해 희생한 신앙의 부부였다.

사도행전 18:2절에 "아굴라 부부가 로마에서 추방되어 고린도에 와서 살 때 바울을 만났다. 그리고 자기 집을 기도처로 정하고 숙식편의를 제공했다. 전도에 크게 협력했고 장막을 만들며 생계를 유지했다. 바울이 여러 날 유하다가 배 타고 수리아로 떠나갈 때 이들 부부도 함께 떠났다(행 18:18,19).

III. 목회자를 위해 희생적인 부부였다.

"바울의 목숨을 위해 자기들의 목이라도 내어놓았다"고 했으니 바울이 어떤 위험한 고비에 있을 때 대신 고역을 치르며 희생적인 죽음을 각오로 봉사한 것이 틀림없다. 사도행전 17장에 보면 바울이 데살로니가에서 전도할 때 바울을 돕던 야손과 그 형제가 큰 곤욕을 치른 일이 있으며 그밖에도 위험할 때 대신 목숨을 내준 형제들이 많았다. 그 중에 브리스길라와 아굴라 부부가 자기들의 귀중한 목숨을 내어놓았으니 위대한 사랑과 신앙의 헌신이다. 생명을 주장하시는 하나님, 우리도 주의 복음을 위하여 주의 종을 돕게 하소서. 아멘.

고린도전서

하나님의 교회 | 교회에 대한 바울의 감사 | 온전히 합하라 | 그리스도 십자가의 도 | 하나님의 능력 | 성령의 능력을 받자 | 하나님의 지혜 | 어린아이를 대함과 같이 하노라 | 고린도 교회의 분쟁 | 하나님의 사역 | 하나님의 성전인 성도 | 일꾼의 사명 | 내가 너희를 낳았음이라 | 고린도 교회의 책망 | 불의한 자를 용납하지 말라 | 너희 몸은 너희의 것이 아니라 | 기독교의 결혼문제 | 성도의 지식과 사랑 | 성도의 사명(상 얻기까지 싸우라) | 성도의 사명(넘어질까 조심하라) | 성도의 사명(하나님의 영광을 위하여 하라) | 성도의 생활(나를 기념하라) | 성령의 은사 | 더 큰 은사를 사모하라 | 성도의 생활 | 방언의 은사 | 예언의 은사 | 바울의 신앙 | 하나님의 은혜로 된 것이니 | 성령의 사람이 되자 | 성도의 생활(주의 일에 힘쓰라) | 아굴라와 브리스길라의 신앙 | 바울의 마지막 부탁

고린도전서 1장 1절~3절

하나님의 교회

본 서신은 사도 바울이 에베소(Ephesus)에서 기록했다(고전 16:8). 이러한 근거는 고린도전서 16:8절의 "내가 오순절까지 에베소에 유하려 함"이라는 말씀에서 알 수 있다. "아시아에 있는 교회들이 너희에게 문안하고 아굴라와 브리스가와 그 집에 있는 교회"(고전 16:19)라는 말씀에서 본 서신의 기록 장소가 에베소임을 분명하게 해 준다. 브리스가와 아굴라가 에베소에 거주했기 때문이다(행 18:24-26).

I. 교회란 무엇인가?

교회는($\acute{\epsilon}\kappa\kappa\lambda\eta\sigma\iota\alpha$, to call out) 불러낸다, 부르심을 받은 자들이란 뜻이다. 하나님께서 창세 전에 택한 자들을(엡 1:4) 때가 되면 구원 받도록 교회로 부르신다(롬 8:30). 그러면 부름 받은 자들은 성령의 인도를 따라 교회에 나오게 되어 하나님의 자녀로 구원(Salvation)받게 된다(행 16:31). "하나님의 뜻을 따라… 사도로 부르심을 입은 바울과"(1절) 바울은 하나님이 자신을 친히 부르셨다고 했다(창 9:1-). 고린도 교회에 여러 당파가 있었다. 고린도 교회 안에서 바울의 사도권을 부정하려는 경향이 있었다(12절 고전 9:1-12). "사도"란 아포스톨로스($\acute{\alpha}\pi\acute{o}\sigma\tau o\lambda o\varsigma$)로 보냄을 받은 자, 전권을 위임 맡은 특사라는 뜻을 함축하고 있다.

III. 교회는 누가 세웠는가?

교회는 예수님이 세우셨다. 마태복음 16:18절에 "내가 이 반석 위에 내 교회를 세우리니 음부의 권세가 이기지 못하리라." 교회설립을 선언하셨다. 그러므로 지상교회는 예수님이 설립하셨고 예수님이 주인이시다. 예수님이 자기 피로 사셨기 때문이다(행 20:28). "고린도에 있는 하나님의 교회"(2절) 고린도 교회는 하나님께 속한 교회였다
① 바울은 고린도 교회 성도들이 그리스도 예수 안에서 거룩해지기를 원했다.
② 바울은 고린도 교회에 은혜와 평강이 있기를 원했다.(3절)
"예수 그리스도로 좇아"(3절) 여기 "예수 그리스도"란 말은 본 장의 1절부터 9절까지 아홉 번이나 반복되었다. "은혜와 평강이 있기를 원하노라"(3절) 바울의 이런 인사말을 자주 사용하였다.(롬 1:7, 갈 1:3, 엡 1:2, 빌 1:2) 여기 "은혜"란 카리스($\kappa\acute{\alpha}\rho\iota\varsigma$)로 하나님이 인간에게 그리스도 안에서 값없이 주신 선물이다. 그리고 "평강"은 에이레네($\epsilon\iota\rho\acute{\eta}\nu\eta$)로 히브리인들의 인사말 샬롬(평화)에서 온 말이다.

고린도전서 1장 4절~9절

교회에 대한 바울의 감사

사도바울은 각 교회에 서신을 보낼 때 마다 인사말에서 수신자들에게 감사를 하였다(롬 1:8 빌 1:3-7, 골 1:3-8). "그리스도 예수 안에서"(ἐν Χριστῷ Ἰησοῦ)라는 말은 바울 서신에 164회나 나타나며 옥중서신에 특히 많다(2,4절 3:1, 4:10,15,17 15:18,19,22,31). "내가 항상 하나님께 감사하노니"(4절) 여기 "항상"은 '판토테' (πάντοτε)와 '감사하노니' (εὐχαριστῶ, 유카리스트)는 현재형으로 바울의 계속적인 기도생활을 의미한다. 바울은 자신이 세운 교회와 성도들을 위해 중보기도를 드렸다(엡 1:16, 빌 1:3). 사도 바울은 고린도 교인들이,

I. 모든 지식에 풍족하기를 원했다(5절).

"너희가… 모든 구별과 모든 지식에 풍족하므로" 이 말은 무슨 말인가? 고린도 교회에 내려진 하나님의 은혜가, 풍족하게 드러났음을 의미한다. 여기 "모든 것이 풍족하므로"(판티 에플루티스테테, παντὶ ἐπλουτίσθητε)는 사실상 양보다는 질을 말하고 있으며, 가능성 있는 의미이다. 여기 "구별"은 코고(χόγῳ)로 교리 혹은 진리를 의미한다(Calvin). "지식"은 '그노세이' (γηωσει)로 그리스도의 인격과 사역에 기초한 지식을 말한다. 바울이 말하는 "지식"이란 내 주 그리스도 예수를 아는 지식(빌 3:8)을 말한다.

II. 그 날에 굳게 서기를 원했다(6-7절).

여기 "그리스도의 증거"란 말은 바울이 4년 전에 고린도에 머무르면서 전했던 예수 그리스도에 대한 증거를 말한다. "너희가 모든 은사에 부족함이 없이"(7절) "은사"란 말은 구원(롬 5:15)에 대한 하나님의 선물이요(롬 11:29), 성령의 능력(롬 12:4)이다. 고린도 교회는 성령의 은사, 병 고치는 은사, 방언과 예언의 은사가 풍성했었다.

III. 주님과의 영교(슈交)생활을 감사했다(8-9절).

"주께서 그리스도의 날에 책망할 것이 없는 자로 끝까지 견고케 하시리라"(8절) 여기 "책망할 것이 없는 자"란 말은 '아넹클레투스' (ἀνεγκλήτους)로 고소하다, 비난하다의 엥칼레오와 부정접두어 '아'의 합성어로 아무도 비방할 수 없을 만큼 흠이 없는 상태를 가리킨다. 이처럼 흠 없는 상태가 될 수 있는 것은 그리스도께서 보증하는 자들을 고소할 만한 자는 아무도 없기 때문이다(롬 8:33). 바울은 고린도 교인들에게 그리스도께서 다시 오시는 그날에 책망할 것이 없는자가 될 것이라는 확신을 일깨워 주고 있다.

고린도전서 1장 10절~17절   년   월   일

온전히 합하라

오늘 본문의 말씀은 고린도 교회가 서로 당파를 지어 다투는 것에 대한 바울의 권면으로써 오늘날 교회에도 해당되는 말씀이다. "…내가 우리 주 예수 그리스도의 이름으로 너희를 권하노니…"(10절) 사도바울은 주님의 칭호를 다 사용하면서 진지하고 엄숙하게 호소하고 있다.

여기 "너희를 권하노니" "권하노니"는 '파라칼로'($παρακαλω$)로 격려하다, 권고하다, 간청하다, 탄원하다란 뜻이다. 사도 바울의 진실한 호소와 강한 권면의 심정이 엿보인다. "다 같은 말을 하고 너희 가운데 분쟁이 없이"(10절) 여기 "분쟁"이란 말은 '스키스마타'($σχίσματα$)로서 ①갈라진 틈(욥 2:6, 사 219,21), ②옷이 찢어짐(마 9:16), ③의견차이로 일어나는 분쟁(요 7:43, 9:16), ④몸이 조화를 이루지 못함(고전 12:25) 등으로 각기 지도자를 따름으로 인한 분열을 가리킨다.

"같은 마음과 같은 뜻으로 온전히 합하라." 여기 "온전히 합하라"라는 말은 '카테르티스메노이'($κατηρτισμένοι$)로서 어떤 상태를 회복시키는 것을 의미한다. 그물을 수선하거나(마 4:21) 신앙의 부족함을 채운다는 정신적인 의미도 된다(살전 3:10).

I. 분쟁의 원인

고린도 교회의 분쟁의 원인은 스승을 지나치게 존경했기 때문이다. 하나님 중심이 아닌 인간 중심으로 했기 때문이다. 고린도 교회는 ① 바울파 ② 아볼로파 ③ 게바파 ④ 그리스도파로 당파를 지어 서로 분쟁하였던 것이다.

II. 온전히 합하라.

사도 바울은 고린도 교인들에게 온전히 합하라고 권면했다. 나라가 분쟁하면 나라가 서지 못한다. 교회가 분쟁하면 교회가 서지 못한다.

1. 교회는 분쟁하지 말아야 한다. 그리스도께서 어찌 나뉘었느뇨(13절) 여기 "나뉘었느뇨"는 '메메리스타이'($μεμέρισται$) 로서 그리스도께서 이미 나뉘어지셨고 지금도 회중 안에서 계속 나뉘어진 상태로 있느냐. 바울은 그리스도께서 나뉘어진다는 것은 절대 불가능하다는 것이다.

2. 같은 마음과 같은 뜻으로 합해야 한다. 교회는 그리스도 안에서 하나가 되어야 한다. 분쟁이 있으면 교회는 부흥될 수 없다.

고린도전서 1장 18절~25절

그리스도 십자가의 도

당시 고린도는 헬라의 한 도시인 까닭에 철학적 인간의 지혜를 자랑하는 일이 많아서 그리스도의 십자가 도를 어리석게 보고 멸시했다. 오늘 본문을 통해서 십자가의 도가 어떻게 각 사람에게 작용하는지 살펴보자. 십자가의 도는,

I. 멸망하는 자들에게는 미련한 것이다(18절).

바울은 고린도 교회의 분쟁에 대한 문제는 잠시 제쳐 두고 개심자들이 인간의 말과 지혜에 대해서 지나치게 찬사를 보내는 것이 잘못된 일임을 깨우쳐주고 있다. "십자가의 도"는 십자가에 관하여 전하는 말로 십자가를 통하여 인류가 구원(Salvation)받는 진리를 의미한다. 이처럼 바울은 구원을 과거의 사건(롬 8:25), 현재의 상태(엡 2:5) 및 과정(고전 15:2), 미래의 결과(롬 1:9) 등으로 묘사함으로써 구원이 단편적이거나 일시적인 것이 아니고 계속적인 과정임을 설명하고 있다.

"하나님의 능력이라"(18절) 이 말은 십자가의 도에는 하나님의 능력이 있음을 의미한다. "하늘나라는 말에 있지 않고 오직 능력에 있음이라"(고전 4:20).

"복음은 모든 믿는 자에게 구원을 주시는 하나님의 능력이 됨이라"(롬 1:16) "능력"이란 '뒤나미스($\delta \acute{u} \nu \alpha \mu \iota \varsigma$)로서 하나님의 신적, 영적, 지적 능력을 가리킨다.

II. 부르심을 입은 사람들에게는 하나님의 능력이다(18절).

"오직 부르심을 입은 자들에게는… 하나님의 능력이요 하나님의 지혜니라"(24절)

"십자가의 도"가 세상 사람들이 볼 때에는 미련하게 보이고 어리석게 보여도 하나님의 부르심을 입은 우리에게는 하나님의 능력이다. 어떤 고난이 와도 그 어떤 시험이 와도 십자가의 도를 끝까지 붙잡고 승리하는 성도들이 되자.

III. 십자가의 도는 하나님의 지혜이다(19절).

"내가 지혜 있는 자들의 지혜를 멸하고 총명한 자들의 총명을 폐하리라"(19절) 또 하나님께서 세상의 지혜를 미련케 하셨다(20절). 인간의 지혜는 한계가 있다. 여기서 "지혜 있는 자"란 바울이 헬라인을 염두에 두고 한 일이다(22절). 세상 지혜가 아무리 훌륭해도 인간에게 구원에 이르는 길을 제시할 수 없다. 예수만이 구원이요, 예수만이 능력이다. "하나님은 세상의 미련한 것들을 택하사 지혜 있는 자들을 부끄럽게 하시고 세상의 약한 것들을 택하사 강한 것들을 부끄럽게 하셨다(고전 1:27-28).

고린도전서 2장 1절~5절

하나님의 능력

사도 바울은 그리스도의 복음을 증거할 때 지혜의 말로 하지 않고 오직 성령의 능력을 힘입어 증거했다. 바울은 이미 아덴에서 전도의 실패를 경험하고 고린도에 와서는 오직 예수(The only Jesus)만을 증거했다. 본문 1절에 "내가 너희에게 나아가"는 "내가 너희에게 나아갔을 때"(when I came, NIV)라는 의미로 바울이 2차 전도여행 당시 약 1년 반 동안 고린도에 머무르면서 전도하였을 때를 가리킨다(행 18:1-17). 바울의 전도는,

I. 말과 지혜로 하지 않았다(1절).

"하나님의 증거를 전할 때에 말과 지혜의 아름다운 것으로 아니하였나니"(1절) 여기서 "증거"는 '마르튀리온'($μαρτύριον$)으로 공인 본문(Textus Receptus)에 근거한 것이다. 비밀인 뮈스테리온($μυστήριον$)로도 해석한다. 전도는 말(언어) 가지고 되지 않는다.

II. 오직 예수만 증거했다(2절).

"내가 너희 중에서 예수 그리스도와 그의 십자가에 못 박히신 것 외에는 아무것도 알지 아니하기로 작정하였음이나"(2절) 바울은 일찍 고향 길리기아 다소에서 대학을 나왔고 철학을 전공했으며 예루살렘에서는 유명한 교법사 가말리엘의 문하에서 율법을 전공했고 헬라어에 능통했으며 대 웅변가와 대 저술가이다. 특히 신약 성경 27권 중 거의 절반이 바울이 쓴 서신이다. 사도 바울이 고린도에 가고자 했던 유일한 목적은 "오직 예수 그리스도와 십자가에 못 박히신 것"을 전하기 위함이었다. 바울은 아덴에서의 실패한 경험을 배경으로 한 것이다(행 17:22-34).

III. 성령의 능력만 의지했다(4-5절).

"내 말과 내 전도함이 지혜의 권하는 말로 하지 아니하고 다만 성령의 나타남과 능력으로 하여"(4절) 여기 "권하는 말"이란 ① 유혹하는 일(enticing words) ② 그럴 듯한 말(plausible words)을 의미한다. 바울은 전도하면서 인간적인 논쟁이나 설득으로 하지 않았다. 성령의 능력으로 영적인 능력으로 했다(1:18).

여기 "능력"이란 뒤나미스($δύναμις$)로 ① 하나님의 신적인 능력 ② 성령의 나타남과 능력을 의미한다. "하늘나라는 말에 있지 않고 능력에 있다"(고전 4:20)

년 월 일   고린도전서 2장 11절~16절

성령의 능력을 받자

오늘 이 세상에는 세상의 영(spirit)이 있고, 하나님의 영(spirit)이 있다. 인간은 어느 영이든지 하나에 의해 지배를 받게 되어 있다. 세상의 영(spirit)은 마귀(디아볼로스, διαβολος)에게 속한 것이요, 하나님의 영(spirit)은 성령(πνεύμα)을 말한다. 말세를 만난 우리 성도는,

Ⅰ. 성령의 능력을 받아야 한다(행 8:14-17 9:1-7 요 20:22).

고린도전서 2:10절에 "성령은 모든 것 곧 하나님의 깊은 것이라도 통찰하시느니라"고 했다. 성령의 능력을 받지 않고서는 하나님의 깊은 비밀을 알 수 없다. 성령을 충만케 받으면 하나님의 사정을 알게 된다(11절). 오직 성령이 가르치신 것으로 하니 신령한 일은 신령한 것으로 분별하느니라"(13절). "육신에 속한 사람은 하나님의 성령의 일을 받지 아니하나니 저희에게는 미련하게 보임이요 또 깨닫지 못하나니 이런 일은 영적으로라야 분별하느니라"(14절). 우리가 사물은 눈으로 볼 수 있다. 소리는 귀를 통하여 들을 수 있다. 냄새는 코를 통해 맡을 수 있다. 그러나 하나님을 보려면 영(spirit)의 눈으로만 볼 수 있다. 그러므로 하나님을 보려면 영안이 열려야 한다. 그래야 하나님을 볼 수 있다. "하나님은 영(spirit)" 이시기 때문이다(요 4:24).

Ⅱ. 영(spirit)의 사람이 되어야 한다.

영(spirit)의 사람은 거듭난 사람이요(요 3:3), 능력의 사람이다(눅 9:1).
육에 속한 사람이 있고 영에 속한 사람이 있다. ①자신에 속한 사람은 어떤 사람인가? 본문 14절에 "자신에 속한 사람은 하나님의 성령의 일을 받지 아니하나니 저희에게는 미련하게 보임이요 또 깨닫지도 못하나니 이런 일은 영적으로라야 분별하느니라." 자신에 속한 사람은 세상 일과 처세술에는 능숙하지만 하나님의 세계에 대해서는 무감각하다. 영적 세계는 어둡다. ②영에 속한 사람은 어떤 사람인가? 본문 15절에 "신령한 자는 모든 것을 판단하나 자기는 아무에게도 판단을 받지 아니하느니라." 이것은 영적으로 성숙한 사람을 말한다. 영적으로 성숙한 사람은 자신의 소욕대로 살지 않고 영(spirit)을 따라 산다. 하나님은 우리 성도들이 영적으로 성숙되기를 원하신다. 하나님의 비밀을 알려면 신령한 영을 받아야 한다. 사도 바울은 에베소 교인들에게 영적으로 거듭나서 하나님의 계시와 지혜의 영을(하나님의 비밀) 알게 해달라고 기도했다(엡 1:17-19). "육신에 속한 자"는 성령께서 그 사람의 마음속에서 내재해 계시지 않고 떠난 것을 의미한다. 성령의 지배를 받으며 성도의 사명을 다합시다.

고린도전서 2장 6절~16절

하나님의 지혜

사도 바울이 말하고자 하는 지혜는 소위 세상 문화인(특히 헬라인)들이 자랑하는 철학적 학문이 아니라 그리스도 안에 감추었던 하나님의 지혜이다. 하나님의 지혜는 십자가를 통하여 인류를 구원(Salvation)하시려는 섭리이다. 하나님께서 선물로 주신 지혜는,

I. 이 세상에서 없어질 지혜가 아니다(6절).

'지혜'는 소피아스($\delta o\phi ias$)로 진리에 대한 종합적인 통찰력과 하나님의 통치 원리를 의미한다. 바울은 진정한 의미에서 '지혜는 온전한 자들이 깨닫는다'고 했다. 여기서 '온전한 자'란 텔레이오이스($\tau \epsilon \lambda \epsilon i o\iota s$)로 그리스도 안에 있는 영적인 성숙자를 가리킨다. 그리스도의 지혜는 영원한 삶의 지혜요, 생명의 지혜이다.

II. 말세 전에 미리 정하신 지혜이다(7절).

"오직 비밀한 말 가운데 있는 하나님의 지혜를 말하는 것이다."라고 했다. 여기 "하나님의 지혜"는 데우 소피안($\theta \epsilon o\hat{u}\ \sigma o\phi \iota a\nu$)으로 모든 지혜는 하나님의 지혜임을 의미한다. 바울은 자신이 전하는 복음이 하나님께로부터 왔으며 그 복음을 이해하는 것은 하나님의 지혜로 알 수 있다고 했다. 여기 '비밀'이란 뮈스테리오($\mu \upsilon \sigma \tau \eta \rho i\omega$)로 오랫동안 감추어져 있다가 드러난 것으로(엡 3:3, 골 1:26) 그리스도께서 인간의 이해를 초월하신다는 사실을 지적하기 위해 사용한 일이다(엡 5:32). 이 '비밀'은 인간이 전혀 알 수 없고 포착할 수 없는 것으로(9절, 사 64:4) 하나님의 계시($a\pi o\kappa a\lambda \upsilon \phi \iota \sigma$, 아포칼립시스)로만 알 수 있다.

III. 오직 성령을 통해서 지혜를 깨달을 수 있다(10절).

"오직 하나님이 성령으로 이것을 우리에게 보이셨으니 성령은 모든 곧 하나님의 깊은 것이라도 통달하시느니라."(10절)라고 하였다. 하나님은 성령을 통하여 이 지혜를 우리에게 보이셨다. 하나님의 영이신 성령은 하나님 자신의 깊은 속을 헤아리고 계시기 때문이다. 오직 성령을 통해서만 하나님의 깊은 뜻을 깨달을 수 있다(11-12절). 잠언 4:7절에 "지혜가 제일이니 지혜를 얻으라."고 했다. "누가 주의 마음을 알아서 주를 가르치겠느냐 그러나 우리가 그리스도의 마음을 가졌느니라."(16절)

고린도전서 3장 1절~3절

어린아이를 대함과 같이 하노라

"형제들아 내가 신령한 자를 대함과 같이 너희에게 말할 수 없어서 육신에 속한 자 곧 그리스도 안에서 어린 아이들을 대함과 같이 하노라"(1절)

여기 '신령한' 은 프뉴마티코이스($πνευματικοῖς$)로 2:14-15절과는 달리 본 절에서는 영적으로 성숙한 사람을 가리킨다. "신령한 자들"은 성령의 인도를 받아 성숙해 가는 자들을 가리킨다. 사도 바울은 고린도 교인들이 아직도 성숙되지 못하고 정체되어 있음을 지적한다. 그래서 어린아이와 같이 대할 수밖에 없다고 하였다. 고전 14:20절에 보면 "지혜에는 어린아이가 되지 말고 장성한 사람이 되라."고 했다. 고린도 교회는 바울의 전도를 받고 세워진 교회이다.

고린도 교회는 바울의 신앙으로 훈련받고 교육받은 교회이지만 아직도 신앙이 자라지 않고 어린아이의 신앙을 가지고 있었다.

I. 우리의 신앙은 자라나야 한다(1-2절).

사도바울은 고린도 교인들을 어린 신자로 여겨 그들이 잘 수용할 수 있도록 알기 쉬운 복음을 전했다. "내가 너희를 젖으로 먹이고 밥으로 아니하였으니"(2절) 여기 "밥"은 브로마($βρῶμα$)로 고기(meat)라는 의미로서 일반적으로 성인이 먹는 단단한 음식을 가리킨다. 바울이 고린도 교회에 처음 방문하여 복음을 가르칠 때 그들은 단순한 믿음의 도리 조차도 제대로 이해하지 못했다. "너희가 아직도 육신에 속한 자로다"(3절) "너희 가운데 시기와 분쟁이 있으니"(3절) "어찌 육신에 속하여 사람을 따라 행함이 아니리요."(3절)

1. 고린도교인들은 영적으로 충분한 이해력과 분별력이 없었다.
2. 그들은 아직도 육적인 그리스도인들이었다.

"사람을 따라 행하고 시기하며 분쟁하는 삶이었다.(4절)

여기서 "사람을 따라 행한다"는 말은 성령을 따라 행하지 않고 세상적인 표준을 따라 행한다는 뜻이다. "사람을 따라"는 카타 안드로폰($κατὰ\ ἄνθρωπον$)으로 죄인의 삶의 방식인 이기심, 교만, 시기 따위의 정서를 정당하게 여기고 수용하며 사는 것을 의미한다. 그러나 우리 성도들은 육체의 욕구를 그리스도와 함께 십자가에 못박아 없애 버린 칭의 의인으로 살아가야 한다(갈2:20, 5:24).

고린도전서 3장 4절~9절

고린도 교회의 분쟁

주후 50년경 바울과 실라와 디모데는 아덴에서부터 고린도에 와서 복음을 전파하고 교회를 설립하였다. 바울 일행은 브리스길라와 아굴라 부부를 만나 그의 가정에 유숙하면서 천막을 만드는 일에 종사하면서 그리스도의 복음을 전했다. 그들은 유대인의 회당에서 복음을 전했고, 유스도의 집에서 일년간 체류하면서 교회의 기초를 세웠다. 신자는 주로 이방인들이었으며 유대인들도 몇몇 있었다. 그들은 주로 하류급의 사람이었다. 바울이 고린도를 떠난 후에는 아볼로가 이곳에 와서 목회했다(행 19: 고전 3:). 이후에 고린도 교회는 바울파와 아볼로파로 분쟁하게 되었다. 바울은 고린도 교회의 소식을 듣고 서신을 보내면서 책망과 훈계를 했다(5절).

I. 고린도 교회의 분쟁의 원인(4-5절)

1. 그들의 신앙이 육신에 속했기 때문이다(1절).

그들은 육신에 속하여 서로 미워하고 훼방하고 소송으로 분열을 일으켰다. 바울파와 아볼로파는 서로 시기했었다(3-4절). "그런즉 아볼로는 무엇이며 바울은 무엇이뇨"(5절) "저희는 주께서 각각 주신대로 너희로 하여금 믿게 한 사역자들이니라"(5절) 여기 "사역자들"는 디아코노이($\delta\iota\alpha\kappa o\nu o\iota$)로 식탁에서 시중을 드는 봉사자를 가리킨다. 하나님을 섬기는 것을 말할 때는 집사(롬 16:1, 빌 1:1)를 의미하기도 한다.

II. 바울의 책망과 훈계(6절-)

"나는 심었고 아볼로는 물을 주었으되 오직 하나님은 자라나게 하셨나니"(6절)

바울과 아볼로를 주체자로 삼는 "심었고"의 에퓌튜사($\dot{\epsilon}\phi\acute{u}\tau\epsilon\upsilon\sigma\alpha$)와 "물을 주었으되"의 에포티센($\dot{\epsilon}\pi\acute{o}\tau\iota\sigma\epsilon\nu$)은 부정 과거인데 반해 하나님을 주체자로 갖는 동사 "자라게 하셨나니"의 육사넨($\eta\ddot{u}\xi\alpha\nu\epsilon\nu$)은 미완료과거이다. 이는 바울과 아볼로의 사역은 시간적인 한계를 갖고 있지만 하나님의 사역은 연속적임을 보여준다. 본 구절은 고린도 교회에 처음으로 복음을 전해준 사람이 바울이고(행 18:1-18) 아볼로는 고린도 교인들에게 복음을 자세하게 해석하여 가르친 역사적 사실을 증명한다(행 18:24, 19:1). 그러나 그들의 사역배후에는 하나님의 역사하심이 항상 있었고 절대적인 역할을 하셨다.

1. 자라게 하신 이는 하나님뿐이시다(7절). 바울은 씨를 뿌리고 아볼로는 물을 주고 하나님은 자라게 하셨다. 2. 너희는 하나님의 밭이라(9절) 여기 '밭'은 게오르기온($\gamma\epsilon\acute{\omega}\rho\gamma\iota o\nu$)으로서 교회를 가리킨다.

고린도전서 3장 1절~15절

하나님의 사역

옛말에 "좋은 밭에서 좋은 종자가 난다"는 말이었다. 좋은 밭에서는 반드시 풍성한 결실을 하기 마련이다. 우리의 삶도 마찬가지이다. 평소에 자신의 삶을 성실하게 산 사람은 진실한 열매를 거두게 된다. "심은 대로 거두게 하시는 하나님이시다"(갈 6:7). 오늘 본문에 고린도 교회 사람들은 그러한 마음의 밭을 가지지 못했다. 그래서 분쟁과 시기 육신에 속한 사람으로 살아갔다. 사도 바울은 이들에게 참된 성도의 삶을 깨우쳐 주고 있다. 분쟁과 시기는 오늘의 교회에서도 일어날 수 있다. 그러나 예수 그리스도의 터위에 세운 교회는 분쟁이나 시기가 있을 수 없다.

I. 우리 성도는 하나님의 밭이다.

사도바울은 고린도 교회를 향하여 "너희는 하나님의 밭"이라고 했다(9절). 여기 '밭'은 '게오르기온'($\gamma\epsilon\hat{\omega}\rho\gamma\iota o\nu$)으로서 교회를 가리킨다. 교회는 열매를 얻기 위해 하나님께서 일하시는 밭이다. '밭'에 복음의 씨앗을 뿌려 가꾸고 보살펴서 열매를 맺는다. '밭'은 좋은 밭도 있고 나쁜 밭도 있다. 우리는 좋은 밭이 되어야 한다. 오늘 우리도 고린도 교회처럼 실수할 수 있고 시험들 가능성이 있다. 그러므로 당장 깨어 기도하며 좋은 밭이 되도록 노력해야 한다.

II. 사역자는 심고 물을 주는 사명뿐이다(6절).

"나는 심었고 아볼로는 물을 주었으되 오직 하나님은 자라나게 하셨나니"(6절) 바울은 심는 이나 물 주는 이는 오직 하나님의 사역이요 사명이라고 했다. 결국 고린도 교인들이 아볼로파니 바울파니 한 것은 하나님의 사명을 잘못 알았기 때문이다.

III. 자라게 하시는 이는 하나님이시니(7절)

"그런즉 심는 이나 물주는 이는 아무것도 아니로되 오직 자라나게 하시는 하나님뿐이니라"(7절) 여기서 역시 하나님의 주권적 사역을 의미한다. 본절은 5절의 질문을 답하고 있다. 여기 "아무 것도 아니로되"는 심고 물주는 사역이 무가치함을 의미한다. 자라나게 하시는 이는 오직 하나님 뿐이니라 하나님의 사역을 나타낸다. "복음은 능력이다"(롬 1:16).

고린도전서 3장 16절

하나님의 성전인 성도

오늘 본문에 사도 바울은 하나님의 백성을 향하여 하나님이 거하시는 집, 즉 성전이라고 했다. 성도의 참 진가는 자신 스스로에게 있는 것이 아니라 그 안에 계신 하나님에 의해 발견된다. 그러므로 성도는 늘 자신을 성결하도록 해야 한다. 하나님의 성전인 성도에 대해서 은혜받고자 한다.

I. 우리 성도는 하나님의 성전이다(16절).

"너희가 하나님의 성전인 것과…" 여기 "성전"은 나오($ναός$)로 거룩한 장소, 성소(Sanctuary)를 가리킨다. 예수께서 자신의 몸을 "성전"이라고 했다(요 2:19-21). 사도 바울은 고린도 교회 교인들에게 시기와 쟁투를 버리고 스스로 잘못을 깨닫고 그리스도께로 돌아오기를 원했다. 우리는 늘 하나님의 성전다운 생활을 해야 한다. "이제 너희는 성결케하고…그 더러운 것은 성소에서 없이하나"(대하 29:5) 늘 자신을 성결케 합시다.

II. 성령은 우리 안에 거하신다(16절).

"…성령이 너희 안에 거하시는 것을 알지 못하느냐"(16절) 성령은 우리 안에 거하신다. 우리는 하나님의 영적 성전이다. 성령이 내주하시고 계신다(엡 2:22, 벧전 2:5). 구약시대에는 성막이나 성전의 지성소에 여호와가 가시적으로 임재하여 나타났고 하나님의 영광이 임재했었다. 그러나 이제 신약시대에는 예수께서 보내신 성령이 우리에게 교회에 항상 임재하신다(Hodge). 그래서 성령은 성도 안에 거하시면서 역사하신다(롬 8:9). "내 신을 너희 속에 두어…너희가 내 규례를 지켜 행할지라"(겔 36:27). 우리의 몸 안에 하나님의 영이신 성령께서 내주하심을 믿고 날마다 기쁘게 삽시다.

III. 하나님의 성전인 자신을 더럽히지 말아야 한다(17절).

"누구든지 하나님의 성전을 더럽히면 하나님이 그 성전을 멸하시리라 하나님의 성전은 거룩하니 너희도 거룩하니라"(17절). 구약시대때 성전을 더럽히면 사형을 당하거나(레 15:31) 축출되었다(민 19:20). 그러나 하나님은 영적인 성전인 사람과 교회를 더 중하게 여기신다. 사역자들이 교리를 그릇되게 전하면 사람의 영혼을 망하게 하고 교회를 훼손시키는 것이 되며 결과적으로 하나님의 성전을 더럽히는 행위가 된다. 여기 "거룩하니"는 하기오스($άγιός$)로 성별된, 하나님을 위해 구별된 등을 의미한다. 거룩이란 말은 하나님의 속성이다. 우리 몸은 하나님의 성전이다. 그러므로 우리의 것이 아니다.

고린도전서 4장 1절~5절

일꾼의 사명

"그리스도의 일꾼" 여기 나오는 일꾼(휘페레타스, ὑπηρέτας)은 3:5절에 나온 사역자(διάκονοι, 디아코노이)와는 그 의미가 다르다. 여기 나오는 일꾼은 배밑에서 노를 젓는 노예(underrower)란 뜻이다. 즉 천한 노예란 뜻이다. 지금은 노예가 없지만 근대 국가를 이루기까지 동·서양나라들에는 노예들이 있었다. 그리고 노예들이 충성을 다 했을 때 주인은 집의 살림을 다 맡겼다. 그들을 집사라고도 불렀다. 오늘 본문에 사도 바울은 하나님의 일꾼의 사명에 대해서 잘 설명하고 있다. 일꾼의 사명은,

I. 하나님의 비밀을 맡은 자이다(1절).

"사람이 마땅히 우리를 그리스도의 일꾼이요, 하나님의 비밀을 맡은 자로 여길찌어다"(1절) 여기 "맡은 자"란 말은 오이코노무스(οἰκονόμους)로 간혹 노예가 차지하는 직위를 뜻하기도 하지만(창 39:2-18) 보편적으로는 주인의 뜻에 따라 자기에게 맡겨진 집안 일을 처리하는 자란 뜻이다.

"하나님의 비밀"이란 말은 하나님께서 계시하신 구원의 신비, 즉 인간의 지혜로 깨달을 수 없는 영적 진리를 의미한다(고전 2:6-14). 일꾼은 하나님의 부르심을 받아 일한다는 강한 소명감을 가져야 한다.

II. 오직 충성 뿐이다(2절).

"그리고 맡은 자들의 구할 것은 충성이니라"(2절) "충성"이란 말은 피스토스(πιστός)로 신실함, 진실성을 의미한다. 청지기는 주인 앞에서 신실한 자로 인정받아야 한다. 요셉은 보디발의 집에서 충성하다가 애굽의 총리가 되었다.

1. 하나님은 우리에게 충성을 요구하고 계신다. ① 자기에게 충성해야 한다. 자신의 신앙과 맡은 사명, 맡은 직분을 위해 충성해야 한다. ② 자기 가정에 충성해야 한다(딤전 3:5). ③ 하나님께 충성해야 한다. ④ 자기 직업에 충성해야 한다(행 13:22). ⑤ 교회에 충성해야 한다.

III. 사람의 소리를 듣지 말아야 한다(3절).

고린도 교회는 교인들이 서로 판단했다. 일꾼의 사명을 다하려면 ① 사람의 소리를 듣지 말아야 한다. ② 사람의 판단을 두려워 하지 말아야 한다. 어떤 시점에도 흔들리지 말고 일꾼의 사명을 다하자.

고린도전서 4장 14절~21절

내가 너희를 낳았음이라

오늘 우리 본문에 사도 바울은 고린도 교인을 향하여 그리스도 안에서 "내가 너희를 낳았다"라고 했다(15절). 시기와 분쟁으로 얼룩진 고린도 교인을 향하여 마치 부모가 자식의 잘못을 타이르듯이 사랑으로 권면하고 있다. 사도 바울은 고린도 교인을 향하여,

I. 내가 너희를 낳았다고 했다(15절).

바울은 자신이 복음을 전파하여 개종하게 된 많은 이방인들에게 영적 아비로서의 권리를 주장하고 있다. 그는 자녀들에게 생계비를 요구하지 않았지만(12절) 그들이 잘못된 길로 나아갈 때는 그들을 향하여 지난 날의 해산의 고통을 상기시키면서(10-13절, 갈 4:19) 돌아올 것을 간청했다. 고린도 교회는 바울이 두 번째 전도여행을 하면서 직접 개척한 교회이다(행 18:1-11). 많은 어려움 속에서 그 교회를 세웠기에 바울은 애착을 가지고 있었다. 그런데 소식을 들으니 교회가 서로 당파를 짓고 서로 비난한다는 말을 듣고 서신을 보내게 된 것이다(1:11,12).

II. 너희는 나를 본 받으라고 했다(16절).

"너희는 나를 본 받는 자 되라"(16절) 바울은 자주 이 말을 반복했다(갈 4:12, 빌 3:17, 살전 1:6, 2:14). "너희는 나를 본 받으라" 바울의 선언은 자신의 추종자나 바울당파가 되라는 말이 아니다. ① 바울 자신이 보여준 사랑의 실천과 그의 겸손을 말한다. ② 신앙의 사람으로 고난에 동참하고 그리스도를 본 받는 것을 의미한다. 사도 바울은 수많은 핍박과 고통을 참으면서 오직 예수 그리스도의 복음만을 위해 평생을 헌신했다. 이런 사실을 잘 알고 있는 고린도교인들에게 "나를 본 받으라"고 권면했다.

III. 하나님의 나라는 말에 있지 않고 능력에 있다(20절).

"하나님의 나라"($\dot{\eta}$ $\beta\alpha\sigma\iota\lambda\epsilon\acute{\iota}\alpha$ $\tau o\hat{u}$ $\theta\epsilon o\hat{u}$)는 그리스도의 성육신과 재림으로 성취될 메시야 왕국을 의미한다(막 1:15). ① 이 세상 끝날에 도래하게 될(마 19:28, 25:31) 하나님의 신천신지(계 21장)이다. ② 그리스도의 초림으로 인해 이미 성도들간에 실현되고 있는 하나님의 나라(눅 17:21), 즉 하나님께서 성도들을 현재 영적으로 지배하시며 그들의 삶속에서 그의 능력을 나타내 보여 주신다는 의미로서의 하나님의 나라이다. 오늘 우리는 하나님의 능력 없이는 살아갈 수 없다.

고린도전서 5장 1절~8절

고린도 교회의 책망

고린도 교회의 자만심과 완고해진 영적 교만은 교회의 분열뿐 아니라 도덕적인 타락과 삶의 무질서를 초래하게 되었다. 고린도는 부도덕한 도시로서 윤리와 도덕이 극도로 문란하여 음란한 악풍이 성행하여 심지어 교회 내에까지 침투하여 패륜사건이 생겼다. 그런데도 고린도 교회 사람들은 이런 음행을 보고도 심각하게 생각하지 않았다. 오늘 본문을 통해서 고린도 교회의 바울의 책망을 생각해보자.

I. 고린도교인들은 상식에서 벗어났었다.

고린도 교회 내에 음행사실을 보고 들은 바울은 너무도 놀랐다(1절). "너희 중에 음행이 있다 함을 들으니"(1절) 여기서 "음행"은 포르네이아($\pi o \rho \nu \epsilon i a$)로 다른 사람의 육욕을 위해 자신의 몸을 파는 행위를 뜻한다. 불법적인 성행위를 말한다. 고린도 교회의 보다 심각한 문제는 그러한 범죄가 교회로부터 정죄되지 않았다는 것이다. "이방인"중에라도 없는 것이다(1절). 유대인의 율법에는 이런 죄를 범한 자는 돌로 쳐 죽이라고 했다(레 18:18, 신 22:30).

II. 음행한 자들에 대한 바울의 책망(2-3절).

바울은 이런 행위에 대해서 고린도 교인들을 책망하면서 예수의 이름으로 단죄할 것을 명하고 있다(4-5절). "우리 주 예수의 능력으로 이런 자를 사탄에게 내어 주었다"고 했으니 출교를 명한 것이다(4-5절). 교회는 거룩한 곳이다. 교회는 하나님이 계신 곳이다. 우리 성도는 교회를 바르게 세워 나가야 한다.

III. 죄는 적은 누룩처럼 퍼져 나간다(6-8절).

6절에 "너희의 자랑하는 것이 옳지 아니 하도다" 여기 "자랑하다"는 케우케마($\kappa\alpha\acute{\upsilon}\chi\eta\mu\alpha$)로 자랑하는 행위를 의미한다. 바울이 고린도 교회를 향하여 "자랑할 것이 없다"고 말한 것은 단순히 그들 교회가 분열과 음행으로 가득찬 교회이기 때문만은 아니다. 그들은 하나님의 은사를 가졌으며, 능력을 가지고 있었다. 그러나 그들은 능력과 은사를 사용하지 못하고 죄악을 묵인하는 곳에 사용하였다. 결국 그들의 자랑이 될 수 없었다. 바울은 "누룩"을 비유로 해서 죄악의 작은 씨가 교회 전체를 오염시킬 수 있음을 자상하게 교훈하고 있다. "적은 누룩"이라고 해서 경시하면 안된다. 빨리 대책을 세워 처리하지 않으면 결국은 위험에 빠질 수 있다. 악은 모양이라도 버리라고 했다.

고린도전서 5장 9절~13절

불의한 자를 용납하지 말라

고린도 교회는 분쟁뿐 아니라 성적 부도덕까지 교회내에 침입하여 근친상간이라는 패륜사건이 발생하게 되었다. 특히 영지주의(Gnosticism)와 쾌락주의(Epicureanism)의 영향은 이러한 성적 부도덕을 부채질했다. 영지주의는 물질계는 본질적으로 악하고 더럽고 영적 세계만이 선하다는 이원론적인 세계관을 주장함으로써 도덕 폐기론을 유발시켰으며, 에피큐리안적 풍조 역시 음란한 일을 방조 내지는 가속화시켰다. 교회는 그리스도의 몸이요, 그의 신부이다. 하나님께서 세상에서 구출해 내신 영적 이스라엘이며 하나님 도성의 백성이다. 그러므로 교회는 이 세상의 사람들과는 구별되며 성결한 집합체가 되어야 한다. 사도 바울은 고린도 교회에 보낸 서신에서,

I. 불의한 자들과 사귀지 말라고 했다(9-10절).

세상에는 온갖 죄성의 사람들이 많이 있다(음행하는 자들과 탐하는 자들과 토색하는 자들과 우상숭배하는 자들이다). 9절에 "음행하는 자들을 사귀지 말라"고 했고, 10-11절에도 "음행하는 자를 사귀지 말라"고 거듭 말하고 있다. 우리는 성도로서 성결해야 한다. 하나님 영광 위해 살아야 한다. "너희 몸을 하나님께로부터 받은 바 너희 가운데 계신 성령의 전인줄을 알지 못하느냐 너희는 너희 것이 아니라 값으로 산 것이 되었으니 그런즉 너희 몸으로 하나님께 영광을 돌리라"(고전 6:19-20).

II. 불의한 자들을 축출하라(11-13절).

사도 바울은 교회 밖의 사람은 판단하지 말라고 했다. 그러면서 교회 안에서 악을 행한 자는 내어 쫓으라고 하였다. 여기서 "악한 자"란 음행하는 자, 탐하는 자, 우상 섬기는 자, 술취한 자를 말한다. 이런 사람들을 사귀지 말라고 하면서 교회에서 권면하고 회개를 하도록 했다. 교회는 당사자가 회개를 거절하면 그를 출교시키라고 했다. "출교"(Excommunication)란 말은 말 그대로 그를 성도의 교제(Communication)로부터 밖으로(ex) 고립시키는 것이다. 범죄자를 징계하는 일은 하나님께서 교회에 허락하신 정당한 특권인 동시에 교회에 부여된 의무이다. 우리의 친구는 예수님이시다. 예수님과 깊이 사귀어 성도의 사명을 다합시다.

고린도전서 6장 19절~20절

너희 몸은 너희의 것이 아니라

당시 고린도는 구약시대 소돔성을 방불케하는 음란한 도시였다. 사도 바울은 이러한 곳에 사는 사람들에게 음란의 죄를 범하지 말라고 권면했다. 그리고 성도는 성결(Ssnctification)한 삶을 살아야 한다고 했다. 그 이유는 ① 모든 죄가 몸밖에 있지만 음행죄는 자기 몸 안에 거한 것이고, ② 우리의 몸은 우리 것이 아니라 그리스도께서 값으로 사셨기 때문이다(19절). 몸($\sigma\hat{\omega}\mu\alpha$, 소마)은 인간의 육체를 의미한다. 인간의 몸은 육체적 몸($\sigma\hat{\omega}\mu\alpha\ \psi\nu\iota\kappa\iota\kappa\acute{o}\nu$)인 동시에 영적 몸($\sigma\hat{\omega}\mu\alpha\ \pi\nu\epsilon\upsilon\mu\alpha\tau\iota\kappa\acute{o}\nu$)으로서 하나님의 전이요, 성령의 집으로 거룩해야 한다. 우리 몸은 왜 우리의 것이 아닌가?

I. 하나님이 창조하셨기 때문이다.

우리는 본래 없던 자들이었다. 그러나 하나님께서 우리를 사랑하사 우리 인간을 창조하셨다. 우리는 하나님의 것이다(19절).

II. 하나님께서 피값으로 사셨기 때문이다(20절).

"너희를 피값으로 산 것이 되었으니" 이는 너희의 것이 아니라"(19절) 여기 "산 것이 되었다"는 에고라스데테($\dot{\eta}\gamma o\rho\acute{\alpha}\sigma\theta\eta\tau\epsilon$)로 시장에서 어떤 물건을 사기 위해 그에 맞는 값, 티메스($\tau\iota\mu\hat{\eta}s$)를 지불했다는 뜻이다. 그러나 본 절에서는 ① 누군가에 의해 "저희가 산 바 되었다"는 것이다. 바울은 갈보리 십자가에서 죄의 노예가 된 인간을 위하여 죽으셨던 그리스도의 대속적 죽음을 가리켰다. 여기 "죄"란 말은 예수님의 보혈을 의미하며 하나님의 피이다(행 20:28).

III. 성령의 전이기 때문이다(19절).

"너희 몸은 성령의 전인줄 알지 못하느냐" 우리는 우리의 몸이 성령의 전인줄 알아야 한다. 우리는 살아 계신 하나님의 성전이다. "내가 저희 가운데 거하며 두루 행하여 나는 저희 하나님이 되고 저희는 나의 백성이 되리라"(고후 6:16). 우리는 하나님의 은혜 안에서 우리는 건물마다 서로 연결하여 주 안에서 성전이 되어가고 함께 지어져 가고 있는 것이다(엡 2:21, 22). 우리는 우리의 것이 아니라 값으로 산 것이 되었다. 하나님은 우리를 피값으로 구속(Redemption) 하였다. 그러므로 하나님께 영광을 돌리며 삽시다(20절).

고린도전서 7장 1절~7절

기독교의 결혼문제

오늘 본문의 말씀은 결혼 문제에 대해서 교훈을 주고 있다. 특히 독신생활, 이혼문제, 자녀의 결혼, 과부의 재혼에 대해서 바울은 구체적으로 교훈하고 있다. 바울은 자신이 경험하고 있는 것처럼 독신생활이 좋기는 하나 음행에 빠지기 쉬우니 부부생활을 하라고 하였다.

I. 결혼은 하나님이 주신 축복이다(1-2절).

창세기 2:18절에 보면 "사람의 독처하는 것이 좋지 못하니 내가 그를 위하여 돕는 배필을 지으리라"고 했다. 결혼은 하나님이 인간에게 주신 축복된 제도이다. 본문 2절에 "남자마다 자기 아내를 두고"라고 했다. 이것이 결혼의 원리이다. 창세기 2:24절에도 "남자가 부모를 떠나 아내와 연합하여 둘이 한 몸을 이룰찌로다" "이런즉 이제는 둘이 아니요 한 몸이니…하나님이 짝지어 주신 것을 사람이 나누지 못할 찌니라"(마 19:6)고 하였다. 하나님께서는 일남 일녀를 지으시고 축복하시기를 "생육하고 번성하여 땅에 충만하라"(창 1:28). 옛날 에녹은 하나님과 더불어 300년간 동행하면서도 자식을 낳았다.

II. 복된 가정은 하나님의 계명을 지킨다(3-4절).

3절에 "의무를 다하고"라고 했다. 성(性) 생활에 의무를 다하라는 말이다. 여기 "다하고"는 아포디도토($ἀποδιδότω$)로 책임을 다하라는 말이다. 당시 고린도 교인들은 올바른 부부의 의무를 다하지 않고 음행을 자행했었다. 4절에 "자기 몸을 주장하지 못하고"란 말씀이 뒷받침해주고 있다. 부부는 서로 봉사정신으로 살아야 한다.

III. 기도시간외에는 분방하지 말라(5-7절).

5절에 "서로 분방하지 말라 기도할 틈을 얻기 위하여 합의상 얼마 동안은 하되 다시 합하라…사단으로 너희를 시험하지 못하려 함이라"고 했다. 여기 "분방하지 말라"란 말은 메 아포스테레이테($μὴ\ ἀποστερεῖτε$)로 빼앗지 말라, 강탈하지 말라는 의미이다. 부부사이의 권리나 의무를 빼앗지 말라는 말이다. 바울은 "내가 이 말을 함은 권도요 명령은 아니라"고 했다(6절). 하나님 중심(Theocentric)으로, 하나님의 영광(Soli Deo Gloria)을 위해 삽시다.

고린도전서 8장 1절~3절

성도의 지식과 사랑

당시 고린도에는 우상에게 드리는 고기를 시장에서 팔고 있었다. 팔기 전에 우상에게 드려서 축복을 비는 풍속이 있었다. 성도들이 이것을 먹느냐, 안 먹느냐 하는 문제 때문에 시비가 많았다. 사도 바울은 고린도 교인들에게 우상은 아무것도 아니며 그 제물을 먹는 것도 문제가 되지 않지만 이로인해 실족하는 약한 형제들을 위해 먹지 말라고 했다(1-13절). 오늘 본문을 통해서 성도들이 가져야 할 지식과 사랑에 대해서 은혜받기 원한다.

I. 스스로 지식을 자랑하면 교만해진다(1절).

고린도 교인들은 인간의 지식을 자랑했었다. "벼는 익으면 익을수록 고개를 숙인다"는 말이 있다. 참된 지식을 가진 사람은 자랑하지 않는다. 사도 바울은 먼저 우상의 제물을 먹는 행위에 관해서 고린도 교인들에게 밝히고 있다. 고린도 교회내에 있던 영지주의자들(Gnostics)과 그들의 추종자들은 "모든 것이 가하다"(6:12)하였고, 우상을 무시하는 자들은 "우상의 제물을 먹어도 양심의 가책을 받지 않는다"(4절)고 주장했다.

사랑은 덕을 세운다. 고린도 교회에는 우상에게 바쳐졌던 제물에 대해서 두 가지 반응을 보이는 사람들이 있었다. ①율법주의적인 사람들로서 그들의 주장은 율법이 명령하는 대로 해야 한다는 것이었고, ②영지주의의 영향을 받은 자유주의자들이었다. 그들은 자신들의 영적 지식을 내세우며 율법에 얽매이지 않고 자유로울 것을 주장한다. 그러나 바울은 스스로 지식 있다 하는 자들을 향하여 "지식은 사람을 교만하게 하고 사랑은 덕을 세운다"는 것이다. "지식"이란 말은 그노시스($\gamma\nu\hat{\omega}\sigma\iota\varsigma$)로 하나님을 아는 것을 의미한다.

II. 사랑은 덕을 세운다(1절).

사랑은 덕을 세움으로 남을 유익하게 한다. "사랑은 교만하지 않는다"(고전 13:4) 참된 지식은 자신을 드러내거나 자랑하는 것이 아니라 자신의 무지를 깨닫고 하나님 앞에 겸손히 무릎 꿇는 것이며 사랑을 실천해야 한다. 오늘 우리는 지식과 사랑의 올바른 조화를 이루어야 한다. "주는 자가 받는 자보다 복이 있다"라고 하였다. 하나님의 자녀답게 성도의 사명을 다하여 사랑을 실천하며 삽시다.

고린도전서 9장 24절~27절

성도의 사명(상 얻기까지 싸우라)

"운동장에서 달음질하는 자들이 다 달아날찌라도 오직 상 얻는 자는 하나인줄 너희가 알지 못하느냐 너희도 얻도록 이와같이 달음질하라"(24절) 당시 고린도시는 2년마다 이스미안 운동경기(Isthmian athletic game)가 열렸다. 사도 바울은 그리스도인들이 영광의 면류관을 얻기 위해서는 절제(Self-control)와 노력이 필요함을 권면하기 위하여 운동경기를 비유로 들었다. 운동선수는 승리의 면류관을 받기 위해 훈련을 한다. 하물며 믿음의 경기에서 영광의 면류관을 받기 위하여 철저히 자기 절제를 해야 한다. 절제는 성령의 열매 중 하나이다(갈 5:22, 23).

I. 목적이 분명해야 한다(24절).

운동선수는 승리의 면류관을 받기 위해 분명한 목적을 가지고 경주에 임한다. 오늘 우리의 목적은 우리의 삶을 통하여 하나님 나라(The Kigdom of God)를 세우고 하나님의 영광(Soli Dei Glorie)을 드러내는 일이다. 각각 자기에게 주신 능력과 은사대로 이 세상에서 하나님 나라를 위해 사명을 다해 나갑시다.

II. 인내하는 믿음이 있어야 한다(25절).

참된 승리자가 되려면 온갖 어려움과 갈등을 이겨내야 한다. 어떤 어려움도 참고 자기를 세워나가야 한다. 여기 "이기기를 다투는 자마다"란 말은 아고니조마이($\dot{\alpha}\gamma\omega\nu\acute{\iota}\zeta o\mu\alpha\iota$)로 경쟁하다, 격렬히 몸부림치다, 경주에 참가하는 자는 모든 자를 가리킨다. "모든 일에 절제하나니" 여기 "절제"란 말은 엥크라튜에타이($\dot{\epsilon}\gamma\kappa\rho\alpha\tau\epsilon\acute{\upsilon}\epsilon\tau\alpha\iota$)로 선수들이 10개월 동안의 고된 훈련을 받으며 음식, 오락, 수면 등 모든 일에 자신을 절제하는 극기 생활을 의미한다. 자신을 이기는 생활이다. 잠언 16:32절에 "자기의 마음을 다스리는 자는 성을 빼앗는 자보다 나으니라"고 했다.

III. 자신을 쳐서 말씀에 복종해야 한다(26-27절).

경기는 환경이나 외부에 있지 않다. 바로 나 자신이다. 나 자신과 싸움에서 이기는 자가 승리한다. 그리스 철학자 소크라테스는 "너 자신을 알라"고 했다. 진리의 길을 가기 위해서는 자기 자신과 싸워야 한다. 바울은 이 말을 절제란 말로 표현하면서 자신을 쳐서 복종시키는 일로 설명하고 있다. 오직 예수만 바라 보고 승리합시다(히 12:1-2).

고린도전서 10장 11절~13절

성도의 사명(넘어질까 조심하라)

"그런즉 선 줄로 생각하는 자는 넘어질까 조심하라"(12절) 사도 바울은 출애굽 당시의 이스라엘의 광야생활에 비추어서 고린도 교인들에게 하나님께서 진정으로 원하시는 것이 무엇인지 교훈하고 있다. 당시 교인뿐 아니라 오늘 우리 성도들에게도 적절한 말씀이다.

Ⅰ. 넘어질까 조심하라(11-12절).

11절에 "…말세를 만난" 이란 말은 ($τὰ\ τέλη\ τῶν\ αἰώνων$) 세대들의 끝이라는 의미이다. 이 말은 유대인 시대의 끝을 뜻하기도 하며 그리스도의 재림을 의미하기도 한다(He riksen, 마 13:39, 히 1:2) 또한 메시야시대 자체를 의미한다. 그러나 바울이 긴 세월의 완성을 뜻하는 타 텔레($τὰ\ τέλη$)를 사용한 것으로 보아 창조이래 지나간 모든 시대의 끝을 의미한다고 볼 수 있다(Lenski). 즉 그리스도가 이 땅에 오심으로서 유대민족이 율법을 통한 제한적인 구원의 길로 인도되었던 시대가 막을 내리고 그리스도로 말미암는 구원의 시대가 열렸음을 뜻한다(히 9:26). 인간은 다 약점이 있다. 약점이 있는 사람은 미리 조심해야 한다. 여기 "선 줄로"(12절)는 헤스타나이($ἑστάναι$) 현재 서 있는 모습을 표현하는 말로 신앙이 아무런 흠이 없이 온전하다는 뜻이다. 고린도 교인들은 그들의 복음에 대한 지식과 생활이 흠이 없다고 확신하고 있었다. 에서는 먹는데 약했고, 노아는 술에 약했고 야간은 탐욕에 약했다. 여기 "넘어질까 조심하라"(12절) 이스라엘 백성들은 자만했었다. 우리만이 택한 백성이요, 우리만이 구원받는다고 했다(겔 12:22). 이와 마찬가지로 고린도 교인들도 그러했었다. 그래서 사도 바울은 출애굽역사를 들면서 믿음을 강조했었다(5, 8절).

Ⅱ. 하나님께서는 감당치 못할 시험은 주시지 않는다(13절).

여기 "시험" 이란 말은 페이라스모스($πειρασμός$)로 유혹(temptation), 시험(trial)을 의미한다. "유혹"은 하나님의 백성들을 죄에 빠지도록 하는 것이고(마 6:13, 눅 11:4, 계 2:10), "시련"은 하나님께서 당신의 자녀들을 연단하기 위하여 허락하시는 것을 의미한다(마 5:4). 시험도 하나님의 주권 아래 있다. 하나님께서 인간에게 시험을 줄 때에 감당할 수 있는 시험을 주신다. 시험을 줄 때에 인내를 배운다(롬 5:4). 오히려 "시험당할 즈음에 피할 길을 주신다(13절). "내게 능력 주시는 자 안에서 내가 모든 것을 할 수 있느니라"(빌 4:13).

고린도전서 10장 23절~33절

성도의 사명(하나님의 영광을 위하여 하라)

오늘 본문에 사도 바울은 고린도 교회를 향하여 그리스도를 통하여 부여받은 자유를 올바르게 덕을 세우는 일에 쓸 것을 교훈하고 있다. 그것을 그리스도의 사랑으로 형제의 유익을 위해 말한다. 그것은 곧 하나님의 영광을 위한 것이기 때문이다. 성도의 사명을 다하려면,

I. 덕을 세워야 한다(23절).

사도 바울은 자유의 기본적인 속성을 잘 알고 있었기에 그리스도 안에서(in christ) 성도들에게 주어진 자유가 얼마나 소중한지에 대해서 말하고 있다. 우리는 그리스도의 구속을 통하여 자유함을 얻었다. 우상의 제물을 먹어도 죄가 아니요 먹지 않아도 손해가 되는 것은 아니다. 그러나 먹음으로 남의 양심을 상하게 할 수 있고 먹지 않아서 남에게 덕을 세울 수도 있다. 여기 "유익한 것"(23절)은 개인의 영적인 유익을 말한다(godet). 이익이 되는(beneficial) 것이다(6:12). 여기 "덕을 세우는 것"(23절)은 오이코도메이(οἰκοδομεῖ)로 이웃에게 유익을 위한다는 의미의 건설적인(constructive) 것을 의미한다. 사도 바울은 본절을 통하여 기독교인은 우상의 제물을 능히 먹을 수 있는 자유가 있으나 그 자유는 자신의 영적인 유익과 이웃들의 신앙적 유익을 위하여 제한되어야 함을 가르친다.

II. 하나님의 영광을 위해 일해야 한다(31절).

여기 "영광"이란 말은 빛이란 뜻이다. "하나님께 영광 돌리라"는 말은 하나님의 본질적인 영광을 하나님께 도로 드린다는 뜻이다. 사도 바울이 "하나님의 영광을" 위하여 행하라는 말 속에는 타인의 유익을 위해 살라는 말이다(시 133:1-3). 그 방법으로는 ① 거치는 자가 되지 말라는 것이요(32-33절), ② 자기의 자유를 고집하지 말고 하나님의 영광을 구하라는 것이요(31절), ③ 자기의 권리를 주장하지 말고 모든 사람을 기쁘게 하라는 것이요(33절), ④ 자기의 이익이나 성취를 추구하지 말고 많은 사람의 유익을 추구하라는 것이요, ⑤ 자기의 개인적 구원에만 몰두하지 말고 많은 사람의 구원을 위해 힘쓰라는 것이요(33절), ⑥ 명예를 좇지말고 그리스도를 닮아가라고 했다(11:1). 결국 이들은 하나님보다 물질(우상, 재물)의 풍요만을 원했다. 하나님과 재물을 섬기는 혼합주의(Syncretism) 종교가 생겨나게 되었다. 하나님의 영광을 위해 일하는 성도의 사명을 다합시다.

고린도전서 11장 17절~34절

성도의 생활(나를 기념하라)

예수께서 잡히시던 밤에 떡을 가지사 축사하시고 떼어 가라사대 "이것은 너희를 위하는 내 몸이니 이것을 행하여 나를 기념하라" 하시고 식후에 잔을 가지사 "이 잔을 내 피로 세운 언약이니 이것을 행하며 마실 때마다 나를 기념하라"고 주님께서 친히 말씀하시고 거행하신 성찬(Sacrament)식은 매우 엄숙하고도 깊은 진리의 축복이 담겨있다. 성만찬은 무엇인가?

Ⅰ. 주님의 죽으심을 기념하는 것이다(23-24절).

"주의 만찬"(The Lord's Supper)은 주님의 몸이신 떡과 새언약의 피를 나누는 것이다. 성만찬에 대해서 복음서에도 기록되어 있다(마 26:26-29, 막 14:22-25, 눅 22:17-20). 사도 바울은 성찬을 대할 때 어떤 자세로 주의 몸과 피를 받아먹고 마셔야 하는가를 본문을 통해서 고린도 교인들에게 교훈하고 있다. 여기 "축사하시고"는 유카리스 테사스 ($ε\dot{υ}χαριστήσας$)로 사례하다(to give thanks 눅 22:19), 축복하다는 뜻이다. "이것은 너희를 위하는 내 몸이니"(24절) "이것을 행하여 나를 기념하라"고 하셨다. 카톨릭 교회에서는 성찬에 대하여 화체설을 주장한다. 떡과 포도주가 예수의 살과 피로 화(化)한다는 것이다. 그러나 프로테스탄트 교회에서는 해석하기를 떡과 포도주는 그대로 있는 것이다. 그것을 받으면서 주의 살과 피, 즉 대속의 죽으심을 기념한다. 루터는 예수님의 육체로 동참하신다는 동체설을 주장한다. 칼빈은 예수님의 몸은 하늘에 계시나 성령의 도우심으로 그의 영적 힘과 덕이 성찬에 임한다고 하는 영적 임재설을 주장하며, 기념설과 같은 뜻이 있다는 것이다. 예수님은 친히 말씀하시기를 "이것을 행하여 나를 기념하라"고 하심으로 이것이 성경적이고 신령한 것이다.

Ⅱ. 대속의 진리를 나타낸다.

예수님은 우리를 위하여 죽어 주셨다. "너를 위하는 내 몸이라" "내 피로 세운 언약이라" 하셨기 때문이다(24-25절). 여기 "내 피로 세운 새 언약이니"(25절) 누가복음의 기록과 동일하다(눅 22:20). 마태와 마가는 "나의 피 곧 언약의 피니라"(마 26:28, 막 14:24)고 되어 있다. 이런 차이를 설명하기 위해서 바울이 원시 사도교회에서 사용되었던 원형을 말한다고 주장한다. ① 성찬은 그리스도를 기념하는 것이다. 십자가의 죽음을 기념하는 것이다(요 6:51,54). ② 성찬은 자신을 살피고 성찬에 임해야 한다(27-28). ③ 성찬은 믿음으로 받아야 한다(고전 11:27-29).

고린도전서 12장 4절~11절

성령의 은사

성령이 충만한 교회는 여러 가지 은사가 나타난다. 지혜, 지식, 믿음, 신유, 예언, 영 분별, 방언, 방언통변 은사가 나타난다. 은사는,

I. 하나님께서 각 사람에게 주신 것이다(4-6절).

여기 "은사"는 카리스마톤($\chi \alpha \rho \iota \sigma \mu \acute{\alpha} \tau \omega \nu$)으로 하나님께서 값없이 주시는 선물 곧 은혜의 선물을 뜻한다. 바울서신에 16회 나온다. 은사는 여러 가지이다. 여기서 여러 가지라는 말은 다양성을 의미한다(9-10절). "성령은 같고" 예수 믿는 성도들에게 주시는 성령의 은사는 매우 다양하다. 5절에 "직임"이란 말은 디아코니온($\delta \iota \alpha \kappa o \nu \iota \hat{\omega} \nu$)로 디아코네오(섬기다, 봉사하다)에서 파생된 말이다. "주는 같으며"(5절)는 하나의 주(主)를 의미한다. 성도들이 그 직임에 따라 각자에게 부여된 영역속에서 봉사하는 것은 곧 주를 섬기는 것이다. 교회는 그리스도의 머리이기 때문이다. "역사는 여러 가지나… 역사하시는 하나님은 같으니"(6절) 이 말은 하나님께서 성령을 통하여 사역하시는 것을 의미한다.

II. 교회의 유익을 위해 주신 것이다(7절).

하나님은 각 사람에게 은사를 나눠주시되 유익을 위해 주셨다(11절). "각 사람에게 성령의 나타남을 주심은 유익하게 하려 하심이라"(7절). 하나님께서 은사를 주신 목적은 교회를 위하여 주신 것이다. "성령의 나타남" 여기 "성령"의 ($\tau o \hat{v} \ \pi \nu \epsilon \acute{v} \mu \alpha \tau o s$)이 말은 성령은 인격자로서 은사를 주시고 능력을 주신다(9-10절).

III. 이 모든 일은 성령이 일하시며 행하신다(11절).

하나님께서 우리에게 은사를 주실 때 반드시 성령을 통하여 행하신다. 우리에게 많은 은사가 있다. 은사가 다양할지라도 우리 안에서 역사하시는 이는 오직 성령이 하신다. "믿음"이란($\pi \acute{\iota} \sigma \tau \iota s$) 영적인 능력을 의미한다(마 21:21, 히 11:3). 병고치는 은사는 야마톤($\iota \alpha \mu \acute{\alpha} \tau \omega \nu$)으로 여러 종류의 질병이 치유되었음을 의미한다. 병고치는 은사는 사람의 육체뿐만 아니라 영혼과 마음 정신까지 치료한다. 10절에 능력행함 은사는 믿음과 병고치는 은사와 같다. 우리는 영 분별하는 은사를 받아야 한다(10절). 영들이 하나님께 속하였나 시험해 보아야 한다(요일 4:11). 능력이 심히 큰 것은 하나님께 있다(고후 4:7). 성령의 은사받아 성도의 사명을 다합시다.

고린도전서 12장 28절~31절

더 큰 은사를 사모하라

"너희는 더욱 큰 은사를 사모하라"(31절). 목마른 사슴이 시냇물을 찾듯이(시 23:1-) 갓난 아이가 젖을 사모하듯(벧전 2:2-) 바라고 애타게 사모해야 한다. 사모하는 영혼을 만족케하시며 기갈한 심령위에 성령의 능력을 부어주시는 하나님이시다(시 107:9). "더 큰 은사를 사모하라"(31절)하였고, 골로새서 4:6에는 "더 큰 은혜를 주시리라"고 했다. 오늘 본문에서 "더 큰 은사"란 고린도전서 13장에서 언급하게 될 사랑을 의미한다(고전 13:1). 예수님은 우리에게,

Ⅰ. 사랑을 요구하신다(요 21:15).

"요한의 아들 시몬아 네가 이 사람들보다 나를 더 사랑하느냐" 예수님은 우리에게 사랑을 요구하신다. "하나님이 교회 중 몇을 세우셨으니"(고전 12:28). 첫째는 사도요, "사도"란 아포스톨로스($ἀποστόλος$)로 보냄을 받은 자란 뜻이다. "사도"란 예수님으로부터 직접적인 명령을 받았으며(눅 6:13, 롬 1:1) 부름을 받은 자들이다. "사도"는 ①하나님의 부르심이 있고(갈 1:15), ② 교회에서 구별하여 따로 세웠고(행 13:1), ③ 사도직이 확고하게 증명되었다(고후 12:12). 28절에 "선지자"는 프로페타스($προφήτας$)로 대변자, 대리자를 의미한다. 즉 하나님의 말씀을 대신 전하는 대변자를 가리킨다. 28절에 "교사"는 이들은 사도나 목사가 아니어도 하나님의 말씀을 가르쳐서 교인들을 온전히 세우는 사람들이다(고전 14:30, 엡 3:5).

"선지자"(28절)는 프로페타스($προφήτας$)로 대변자를 의미한다. 즉 하나님의 말씀을 대신 전하는 대변자를 가리킨다. 28절에 "교사"는 이들은 사도나 목사가 아니어도 하나님의 말씀을 가르쳐서 교인들을 온전히 세우는 사람들이다(고전 14:30, 엡 3:5). "다스리는 것"(28절)은 퀘베르메세이스($κυβεερνήσεις$)로 배를 항해할 수 있도록 조종해 주는 선장(행 27:11, 계 18:17)을 가리킨다. 곧 회중을 인도하는 자, 치리하는 사람들(rulers)을 가리킨다. 우리 기독교는 사랑의 종교이다. 사랑은 하나님에게서 온 것이다.

사랑에는 ① 부자간의 사랑(Storge 창 37:4) ② 부부간의 사랑(Eros 삼하 13:4) ③ 친구간의 사랑(Filia 삼상 20:17) ④ 하나님의 사랑(Agape 고전 20:28)이 있다. 고전 13:13절에 "믿음 소망 사랑 이 세 가지는 항상 있을진대 그중에 제일은 사랑이라"고 했다. 교회는 사랑이 넘쳐야 한다. 더 큰 은사를 사모합시다.

고린도전서 13장 1절~13절

성도의 생활

오늘 우리 본문에서 사도 바울은 고린도 교회를 향하여 "사랑이 없는 모든 은사는 무익하다"고 했다. 우리 기독교는 사랑의 종교이다. 사랑이 없으면,

I. 우리는 아무 것도 아니다(1-3절).

"사람의 방언과 천사의 말을 할지라도…"(1절) "방언"은 하나님의 은사이다(행 2:1-13). 인간은 본능적으로 사랑하기를 원하고 또 사랑받기를 원하는 존재이다. 2절에 "예언하는 능이 있어 모든 비밀과 모든 지식을 알고…" 이 말은 아무리 뛰어난 사람은 하나님의 비밀을 알 수 없다. 혹 그 모든 것을 알고 산을 옮길만한 믿음이 있을지라고 사랑이 없으면 아무 소용 없다. 3절에 "내 몸을 불사르게 내어줄지라도…" 이 말은 무슨 말인가? 그리스도인들의 순교(Martgred)를 가리킨다. 자신의 희생을 가리킨다. 바울은 다니엘의 세 친구의 몸이 불속에 던져진 것을 생각했다(단 3:23). 칼빈은 성도의 희생을 말한다고 했다. 본절의 말씀은 순교뿐 아니라 성도들이 몸으로 할 수 있는 최고의 희생의 행위를 의미한다. 우리의 삶속에 사랑이 없으면 아무 것도 아니다.

II. 사랑은 자기의 유익을 구하지 않는다(4-5절).

"사랑은 오래 참고" 여기 "오래 참고"는 마크로뒤메이($\mu\alpha\kappa\rho\sigma\theta\upsilon\mu\epsilon\hat{\iota}$)로 체념(resignation) 수락(acceptance)을 의미하였으나 후에는 포기하고 받아들임, "참고견딤" 등의 뉘앙스를 갖게 되었다. 사도 바울은 이를 성도가 부르심을 입은 부름에 합당하게 행하는 뜻으로 사용했다(엡 4:1-). 다시 말하면 ① 자신의 힘으로는 도저히 이겨낼 수 없는 것이요.(약 1:3), ② 타인에게 손해를 입었어도 인내함을 가리킨다. "사랑은 온유하며" 여기 "온유하며"는 크레스튜에타이($\chi\rho\eta\sigma\tau\epsilon\acute{\upsilon}\epsilon\tau\alpha\iota$)로 탁월한, 유용한, 친절한 이라는 뜻을 가진 크레스토스($\chi\rho\eta\sigma\tau\acute{o}\varsigma$)와 같은 말이다. 이는 사랑의 속성으로서 자신에게 해를 끼치며 죄를 짓는 자에 대하여 단순히 참기만 하는 것이 아니고 선의 봉사를 하는 것을 의미한다.

III. 사랑은 모든 것은 믿고 바란다(6-7절).

6절에 "진리와 함께 기뻐하고" 바울은 진리는 불의와 공존할 수 없는 것임을 강조했다. 하나님이 우리를 먼저 사랑하셨다(요일 4:8). 교회는 사랑이 충만할 때 복종된다. 사랑이 많은 교회는 역사가 일어난다. 에베소 교회는 첫사랑을 잃어버리고 주님에게 책망을 받았다. 서로 사랑하며 성도의 사명을 다하여 하나님께 영광을 돌립시다.

고린도전서 14장 1절~19절

방언의 은사

사도 바울은 고린도 교회를 향하여 "방언의 은사와 예언의 은사를 받으라"고 했다. "어떤 이에게는 각종 방언 말함을 주시나니"(고전 12:10). 방언을 하는 자는 하나님께 하나니 그 영으로 비밀을 말함이니라"(2절) "방언" 이란 말은 글로손($\gamma\lambda\omega\sigma\sigma\omega\nu$)으로 혀가 꼬부라진 상태를 의미한다. 방언은 성령의 은사이다. 사도 바울도 이 은사를 가지고 있었다(18절). 사도 바울은 고린도 교회들을 향하여,

I. 방언의 은사를 받으라고 했다(2절).

"방언을 하는 자는 하나님께 하나니…" 그 영으로 비밀을 말하기 때문이다. 방언을 하는 자는 통역하기를 힘쓰라"(13절). 사도 바울은 방언을 하는 자는 통역하기를 힘쓰라고 했다. 교회의 유익을 위해서 통역의 은사가 필요하다. 여기 "그 영으로"는 성령이 아니라 방언을 말하는 사람의 영을 가리킨다. 즉 성령에 의해 이끌림을 받는 성도의 영을 가리킨다(Grosheide). "방언" 기도는 하나님과의 대화이다. 그 영으로 비밀을 말하기 때문이다. 바울은 방언을 금하지 말라고 했다(고전 14:39).

II. 방언의 은사를 받으면 생활이 바뀐다.

① 기쁨이 넘친다. ② 능력을 행한다. "이는 능력의 심히 큰 것이 하나님께 있다"(고후 4:7), "하나님은 우리에게 능력을 주셨다"(눅 9:1, 마 10:1). 엘리사는 갑절의 능력을 받았다(왕하 2:9). "귀신을 쫓아내며 새 방언을 말하며 병든 자에게 손을 얹은즉 나으리라"(막 16:17-18). ③ 모이기를 힘쓴다(히 10:25). 제단을 잘 섬기고 (행 2:40) 열매를 맺는다(갈 5:22-23). ④ 기도의 불을 붙인다(행 12:5, 12). 주의 종을 잘 섬긴다(히 13:17, 딤전 5:17, 출 17:12).

III 방언의 은사를 받으려면

① 간절한 기도가 있어야 한다(눅 11:13, 행 3:31). ② 안수를 받아야 한다(행 8:14-17, 19:1-7). ③ 믿음이 있어야 한다. 초대 교회 성도들은 기도하다가 방언이 은사를 받았다(행2:1-4). 교회는 신령한 것을 사모해야 한다.

고린도전서 14장 1절~15절

예언의 은사

사도 바울은 고린도 교회 성도들에게 예언의 은사를 방언의 은사와 비교하면서 "방언은 하나님께 하는 것이고 예언은 사람에게 말하여 덕을 세우며 권면하고 안위하라는 것이라"고 말한다(3절). 방언은 자기를 위한 것이지만 예언은 다른 사람을 위한 것이다(4절). 바울은 방언을 원하지만 특별히 예언하기를 원했다(5절).

I. 예언의 은사를 사모하라(1-5절).

사도 바울은 고린도 교회를 향하여 예언의 은사가 방언의 은사보다 더 귀하므로 신령한 예언의 은사를 사모하라고 했다. 이유는 방언의 은사는 자기를 위한 것이지만 예언의 은사는 다른 사람을 위한 것이기 때문이다. "사모하는 영혼을 만족케 하신다"(시 107:9). 모든 은사는 교회의 유익을 위해 주셨다(고전 12:7).

II. 예언은 교회의 덕을 세운다.

바울은 다시 예언의 은사와 방언의 은사를 대조하면서 "방언은 자기의 덕을 기리는 것이지만 예언은 교회의 덕을 세운다"고 했다(4절). 물론 방언의 은사나 예언의 은사는 다 하나님께서 주시는 은사지만 방언은 개인적인 은사요, 예언은 교회를 세우는 은사이다. 신약시대에도 예언하는 사람들이 있었다. 아가보와 빌립의 딸들은 장래 일을 예언했다. ① 아가보는 기근에 대하여(행 11:28) 예언했고, ② 빌립의 딸들은 바울의 수난에 대하여(행 21:10) 예언했다. "나는 너희가 다 방언 말하기를 원하나 특별히 예언하기를 원하노라"(5절) 사도 바울은 방언을 하지 말라는 것은 아니다. 교회를 위하여 방언을 선용하라는 것이다. 다만 방언보다 예언을 강조했다(26절).

III. 예언의 은사를 받으려면

① 사모하는 믿음이 있어야 한다(시 107:9). 1절에 "…신령한 것을 사모하되 특별히 예언을 하려고 하라" ② 성령의 충만을 입어야 한다(엡 5:18). ③ 방언의 은사를 받아야 한다(행 2:1-4). 방언의 은사나 예언의 은사는 하나님의 영광을 위하고 하나님 나라를 위한 것이어야 한다. 예언이란 하나님의 뜻이 주의 종들을 통하여 인간에게 계시되는 것을 의미한다(창 37:5-11, 렘 9:11). 예언은 하나님의 계시로 사람들을 깨닫게 한다. 하나님의 나라를 이 세상에 세워간다. 예언의 은사를 사모하자.

고린도전서 15장 1절~34절

바울의 신앙

사도 바울은 본문을 통해서 그리스도의 부활의 확실성에 대하여 말하면서 자신의 신앙을 고린도 교회 성도들에게 간증하고 있다. 바울의 신앙은,

I. 나는 사도 중에 지극히 작은 자라고 했다(9절).

여기 "지극히 작은 자"란 호 엘라키스토스($ὁ\ ἐλάκιστος$)로 바울이 그리스도 앞에서 낮아진 자신의 처지와 신분을 고백하는 말이다. 바울은 자신에 대해 "모든 성도 중에서 지극히 작은 자보다 더 작은 나에게"(엡 3:8) "죄인 중에 괴수"(딤전 1:15) 라고 고백했다. 바울 자신이 작은 자로 고백한 이유는 자신이 과거에 하나님의 교회를 핍박했기 때문이다. "만삭되지 못하여 난 자"(8절)라고 했다.

II. 나의 나된 것은 하나님의 은혜로 되었다고 고백했다.

사도 바울은 또 "만삭되지 못하여 난 자" 같은 자신을 불러주신 것에 대하여 "하나님의 은혜"라고 고백하고 있다(8절). 그는 이 은혜 때문에 "모든 사도보다 더 수고하였으나 그것 역시 자신의 공로아닌 하나님의 은혜"라고 했다. 여기 "만삭되지 못하여" 이 말은 에크트로마티($ἐκτρώματι$)로 유산이나 조산을 의미한다. 바울이 자신을 유산된 자와 같이 무가치한 존재라고 했다.

III. 나는 날마다 죽는다고 했다(31절).

여기 "단언하노니"는 일종의 감탄사로 법정이나 사람들 앞에서 "증언" 또는 "선서"를 행할 때 쓰이는 말이다. 바울은 확고한 신앙으로 고백했다. 여기 "나는 날마다 죽노라" 이 말은 바울은 하루에도 몇 번씩 생명이 위협을 받았다는 말이다(고후 11:23-27). 이것이 사도 바울의 삶이었다. 고린도 교인들은 바울의 이러한 삶을 알아야 했었다. 사도 바울의 삶은 오직 예수뿐이었다.

고린도전서 15장 10절

하나님의 은혜로 된 것이니

"나의 나된 것은 하나님의 은혜로 된 것이니"(10절) 사도 바울은 자신을 불러주시고 구속(redemption)해 주신 하나님께 감사와 찬양을 드렸다. 사도 중에 "지극히 작은 자"라고 고백한 것은 그의 겸손의 고백이다. 또 자신이 그리스도를 위하여 어려운 일을 많이 한 것은 자신이 잘나서가 아니라 하나님의 은혜 때문이라고 하여 하나님께 모든 영광을 돌렸다. 여기서 우리는 ① 모든 성도들은 하나님의 은혜로 말미암아 복음에 빚진 자들이요(롬 1:14), ② 하나님의 은혜로 구원받은 것이다. 사도 바울은 자신은 하나님의 은혜로 구원받았고 사도가 되었고 이방세계를 위한 사도가 된것도 과거에 박해에서 현재의 사도로 바뀌게 된 것은 전적으로 하나님의 은혜로 되었다고 고백했다.

I. 나의 나된 것은 하나님의 은혜로다.

바울이 하나님의 사도가 된 것은 오직 하나님의 은혜였다(갈 1:1). 하나님의 주권(Sovereignty of God)에 의해서였다. "나의 나된것"은 호 에이미(ὅ εἰμι)로 바울 자신이 그리스도를 알고 깨닫게 됨으로 본받게 된 인격임을 의미한다(Robertson). 바울의 세 가지 변화는 ① 구원받은자, ② 사도, ③ 이방세계를 위한 사도이다. 이처럼 과거 박해자에서 현재 사도로 바뀌게 된 것은 하나님의 은혜였다.

II. 더 많이 수고한 것은 하나님의 은혜로다.

"내가 모든 사도보다 더 많이 수고하였으나 내가 아니요 오직 나와 함께 하신 하나님의 은혜로다" 여기 "수고하였으니"는 에코피아사(ἐκοπίασα)로 지치다, 열심히 일하다의 뜻으로 육체적인 수고뿐만 아니라 정신적, 영적인 수고를 의미한다. "내가 수고를 넘치도록 하고 옥에 갇히기도 더 많이 하고 매도 수없이 맞고 여러 번 죽을 뻔하였으니…"(고후 11:23-27) 사도 바울은 자신이 수고한 것을 자랑한 것이 아니고 하나님의 은혜로 수고를 잘 감당했다고 간증하며 고백하였다. 오늘 우리는 교회를 위해서 봉사해도 자랑할 것이 하나도 없다. 내가 제단을 잘 섬기고 죽도록 충성하였어도 그것은 하나님의 은혜로 한 것이다. 하나님의 영광(Soli Deo Glorio)을 위해 성도의 사명을 감당합시다.

년 월 일　고린도전서 15장 35절~41절

성령의 사람이 되자

사람은 육으로 보면 하나의 동물이요, 영으로 보면 하나님의 모습을 닮은 자이다. 인간이 타락하면 짐승에 가까워지고 그렇지 않으면 하나님의 모습을 닮게 된다. 그 사람의 가치는 영혼의 품격에 있다.

I. 육에 속한 사람은 어떤 사람인가?

육신에 속한 사람은 식물에 비유하여 접을 붙이지 않으면 아무 쓸모없는 돌감람나무와 같다(롬 11:17). 이런 사람은 속사람인 영은 죽고 육만 산 사람이다(요 15:15, 롬 7:19-24). 계 3:1절에 "네가 살았다 하는 이름은 가졌으나 실상은 죽은 자로다" 딤전 5:6절에 "일락을 좋아하는 이는 살았으나 죽었느니라" 하였고, 요 5:24절에는 "내 말을 듣고 또 나 보내신 자를 믿는 이는 영생을 얻었고 심판에 이르지 아니하나니 사망에서 생명으로 옮겼느니라" 육에 속한 사람은 동물처럼 본능의 만족을 위해 산다. 식욕도 성욕도 추구한다. 동물은 식욕과 성욕외에는 아무런 욕망이 없다. 육신에 속한 자는 식욕과 성욕만을 위해 산다. 그것은 영의 눈이 멀었고 감각을 잃었기 때문이다. 고전 2:14절에 "육에 속한 사람은 하나님의 성령의 일을 받지 아니하나니 저희에게는 미련하게 보임이요 또 깨닫지 못하나니 이런 일은 성령으로 라야 분별하느니라" 육신에 속한 자는 혈기를 부리고 거짓과 위선이 교만이 자신을 지배한다. 육신에 속한 사람은 죽음에서 생명으로 옮겼으니 아직은 아이이다. 대부분 기독교인이 이에 속한다.

II. 성령에 속한 사람은 어떤 사람인가?

사도 바울은 "누가 이 사망에서 나를 건져내랴"(롬 7:24). 부르짖을 때 로마서 8:2절에서 "그리스도 예수 안에 있는 생명과 성령의 법이 죄와 사망의 법에서 너를 해방하였느니라" 그의 마음 속에서 옛사람과 새사람이 싸울 때 성령이 그 마음속에 들어와 새사람으로 이기게 한다. 옛사람의 성격을 몰아내고 성령이 그 마음을 지배한다. 성령의 속한 사람은 어떤 사람인가요? ① 하나님의 자녀이다(롬 8:9). ② 성령을 주인으로 모시고 산다(고전 3:16). ③ 성령의 열매를 맺는다(갈 5:22-23). ④ 새사람이 되었다(엡 4:24). ⑤ 천국을 소유한다(계 3:21). ⑥ 마음에 평화가 넘친다(요 14:27). ⑦ 하나님을 닮아간다.

고린도전서 15장 57절~58절

성도의 생활(주의 일에 힘쓰라)

"우리 주 예수 그리스도로 말미암아 우리에게 이김을 주시는 하나님께 감사하노니"(57절) 여기 "이김"은 니코스(νίκος)로 정복하다, 극복하다란 뜻이다. 예수 그리스도는 죄와 사망에서 승리하셨다. 예수 그리스도는 율법을 성취하시고 죽음과 사망을 정복하셨다. 그러므로 누구든지 그리스도 안에 있으면 승리하게 된다. 오늘 우리 성도들이 마귀와 싸워 이기는 길은 오직 예수 뿐이다. 그러므로 예수 안에서 늘 감사하며 살아야 한다.

I. 우리에게 이김을 주시는 하나님께 감사하며 삽시다(57절).

예수 그리스도 안에서 승리를 얻기 위해 우리는, ① 근신하며 깨어 있어야 한다(막 13:33, 벧전 5:8). ② 예수와 동참해야 한다(고후 6:1). ③ 성령의 능력을 받아야 한다(막 16:17-18). ④ 감사생활이 넘쳐야 한다(살전 5:18).

II. 신앙이 흔들리지 않아야 한다(58절).

"그러므로 내 사랑하는 형제들아 견고하여 흔들리지 말며…." 라고 했다. 사도 바울은 고린도 교인들이 자신에게서 배운 진리의 말씀(복음) 안에서 굳게 서고 흔들리지 않기를 원했다. 교회를 위해 일하는 성도는 ① 흔들리지 말아야 한다. ② 좌우로 치우치지 말아야 한다. 주의 일을 하다 보면 시험도 있을 수 있고 핍박도 있을 수 있다. 방해가 있을 수 있다. 그러나 흔들리지 말고 더욱 주의 일에 힘쓰시길 바란다. "항상 주의 일에 더욱 힘쓰는 자들이 되라"고 했다(58절 하). 여기 "힘쓰다"는 말은 최선을 다하라는 말이다.

교회를 위해서 주님을 위하여 손가락 하나 움직이지 않으면서 교회 부흥을 바랄 수 없다. 교회를 위해 눈물과 땀을 흘려야 한다. "너희 수고가 주 안에서 헛되지 않은 줄을 앎이니라"(58절 하) 수고한 만큼 축복하시는 하나님, 심은대로 거두게 하시는 하나님(갈 6:7) 주의 일에 더욱 힘쓰게 하옵소서.

고린도전서 16장 19절

아굴라와 브리스길라의 신앙

아굴라와 브리스길라는 부부이다. 아굴라는 남편이고 브리스길라는 아내이다. 이들 부부는 고린도 교회를 세울 때 많은 도움을 주었다(행 18:2). 바울과 함께 고린도를 떠나(행 18:18) 에베소에 머물러 있었다. 그리고 그들의 신앙은 깊어 아볼로와 같은 사람을 가르치기도 했다(행 18:26). 이들은 본도 출신으로 로마에 가서 살다가 유대인 추방령에 의하여 고린도에 와서 살게 되었는데 이때 (행 18:1-4) 바울의 전도를 도와 장막업을 하면서 크게 협력했었다. 이들 부부(아굴라와 브리스길라)는,

I. 오직 주님을 위해 헌신했다.

아굴라와 브리스길라 부부의 이름은 성경에 여섯 번 나온다(행 18:12, 18, 26; 롬 16:3, 고전 16:19, 딤후 4:19). 이들 부부는 신앙의 사람이요, 기도의 사람이었다. 교회를 사랑하고 잘 섬겼고 주의 종을 위해 자신들의 목숨까지 내놓는 충성과 헌신의 사람이었다(롬 16:3-4). 이들 부부는 남편보다 아내의 신앙이 더 좋았다. 남편 아굴라는 먼저 두 번 소개되었고(행 18:2, 고전 16:19). 아내인 브리스길라는 네 번 소개된다(행 18:26, 롬 16:3, 딤후 4:19).

II. 바울의 협력자였다.

사도 바울이 고린도에 전도하러 왔을 때 자기 집에 모시고 숙식을 제공하며 함께 전도하였고 에베소로 갈 때도 함께 갔었다. 사도 바울은 "너희가 그리스도 예수 안에서 나의 동역자들인 브리스가와 아굴라에게 문안하라 저희는 내 목숨을 위하여 자기의 목이라도 내어놓았나니 나뿐 아니라 이방인의 모든 교회는 저희에게 감사하느니라"(롬 16:3-4)

사도 바울이 전도하면서 여러 번 죽을 고비가 있었다(고후 11:23-27). 그런데도 이들 부부 때문에 생명을 유지할 수 있었다. "주의 종들을 위해 자기들의 생명까지도 아끼지 않고 협력했으니 이 얼마나 충성스럽고 희생적인 사랑인가? 아나니아와 삽비라 부부는 성령을 속이고 사도를 속여 결국 멸망했지만(행 5:1-11) 이들 부부는 자기의 재산을 내놓고 전도자를 도왔으니 얼마나 훌륭한 신앙의 사람인가? 아굴라와 브리스길라의 신앙처럼 됩시다.

고린도전서 16장 14절

바울의 마지막 부탁

오늘 본문의 말씀은 사도 바울이 고린도 교인들에게 세상에 미혹되지 말고 믿음을 지키며 모든 일을 사랑으로 행하라는 마지막 부탁의 말이다. 바울은 고린도 교인들을 향하여,

I. 믿음에 굳게 서라고 했다(13절).

여기 "깨어"는 그레고레이테(γρηγορεῖτε)로 현재 명령형이다. 일시적인 행동으로 끝나는 것이 아니라 지속적인 상태를 유지하라는 의미이다(마 24:42, 25:13). 여기 "믿음에 굳게 서서"는 스테게테(στήκετε)로 흔들림 없는, 확실한, 의심이 없는, 믿음의 상태가 견고함을 가리킨다. 여기 "믿음"은 피스테이(πίστει)로 그리스도의 죽으심과 부활하심을 역사적인 객관적 사실로 인정하는 것(Fides Quae Creditur)을 가리킨다. 그러므로 바울은 고린도 교인들에게 마지막 부탁은 그리스도의 십자가를 깊이 이해하고 그 위에 든든히 서라는 것이다(Lenski).

II. 남자답게 강건하라고 했다(13절).

"남자답게 강건하여라" 여기 "남자답게"는 안드리 제스테(ἀνδρίξεσθε)로 남자답고, 용맹스럽게, 경건한 믿음으로 세상의 그릇된 것들과 맞서 싸워 이기라는 것이다. 바울은 고린도 교회에 요구한 것은 복음으로 철저히 무장하여 세상과 싸워 이기고 마귀와 싸워 이기라는 것이다. "우리의 싸움은 혈과 육이 아니요 이 세상 악한 영들과의 싸움이다"(엡 6:12).

III. 모든 일을 사랑으로 행하라고 했다(14절).

"사랑으로 행하라" 여기 "사랑으로"는 엔 아가페(ἐν ἀγάπῃ)로 사랑을 가지고, 사랑 안에서 행하라는 말이다. 악은 미워하되 인간은 미워하지 말라는 말이 있다. 예수님은 우리에게 요구하시는 것은 서로 종노릇하여 "서로 섬기라"고 말씀하셨다. 이 시대는 사랑이 없어서 갈급한다. 그러므로 우리는 사랑을 가지고 세상을 밝혀야 할 사명이 있다. 하나님 나라를 위해 사랑으로 그리스도의 복음을 전파하고 성도의 사명을 다합시다. "모든 일을 사랑으로 하라"는 바울의 마지막 당부를 깊이 가슴에 담고 성도로서의 사명에 최선을 다합시다.

고린도후서

바울의 인사 | 위로의 하나님 | 기도의 능력 | 열린문 | 성도의 사명(그리스도의 향기) | 성도의 사명 | 낙심하지 말라 | 하나님의 능력 | 그리스도의 사랑이 우리를 강권하시는도다 | 새로운 피조물 | 은혜를 헛되이 받지 말라 | 멍에를 같이 하지말라 | 자신을 깨끗이 하자 | 마음으로 우리를 영접하라 | 주 예수 그리스도의 은혜 | 연보(헌금)을 어떻게 할 것인가? | 말할 수 없는 은사 | 성도의 영적싸움 | 주 안에서 자랑할찌니라 | 신앙의 정절을 지키자 | 내 은혜가 네게 족하도다 | 자신을 시험하라 | 바울이 마지막 축복기도

고린도후서 1장 1절

바울의 인사

　본서의 저자는 바울이라는 견해가 정설로 되어 있다. 폴리갑(Polycarp), 이레니우스(Irenaeus), 알렉산드리아의 클레멘트(Clement of Alexandria), 그리고 터툴리안(Tertullian)과 같은 초대교회 교부들은 본서를 바울의 서신으로 인용했다. 수신자는 고린도에 있는 하나님의 교회와 아가야에 있는 모든 성도들이었다(고후 1:1). 당시 고린도는 로마의 식민지인 아가야 지방의 행정수도로서 바울의 2차 전도여행 기간 중에 들려서 1년 6개월 동안 머물렀던 곳이며, 그의 아가야 지방 전도여행의 주요활동 무대였다(행 18:11).
　바울은 그곳에서 디도 유스도와 회당장 그리스보를 포함해 많은 사람들을 그리스도께로 인도하였으며 디도 유스도의 집을 중심으로 고린도 교회를 형성하였다(행 18:7,8). 본서는 A.D. 55년 봄 마게도냐에서 기록하였다(고후 7:5, 8:1, 9:2-4). 본서를 기록한 목적은 ①고린도 교인들과 관계 회복을 하기 위함이요, ② 예루살렘 교인들을 구제하기 위한 연보모금을 호소하기 위함이었다(8장, 9장).

I. 고린도 교회를 향한 바울의 문안과 인사(1-2절).

　1절에 "하나님의 뜻으로 말미암아 그리스도 예수의 사도된 바울" 바울은 빌립보서, 데살로니가전후서, 빌레몬서를 제외한 모든 서신에서 자신이 예수 그리스도의 사도임을 밝힘으로서 서두를 시작하고 있다. 바울 자신은 예수님에 의해 택함 받은 열두 제자 중 한 사람은 아니었지만(막 3:14-19) 그가 개심할 때 하나님께서 그에게 주신 특별한 계시에 근거하여(행 9:15) 열두 제자들과 동등한 사도라고 주장하였다(11:5, 12:11, 갈 2:6-7). "사도"란 말은 아포스 톨로스($ἀπόστολος$)로 보냄을 받은자, 파견받은 사람이란 뜻이다.

II. 고린도교회에 은혜와 평강이 있기를 기원했다(2절).

　2절에 "하나님 우리 아버지와 주 예수 그리스도로 좇아 은혜와 평강이 있기를 원하노라" 그리도에 하나님의 교회가 있었다. 고린도는 음란, 패륜, 방탕으로 유명한 곳이다. 이런 곳에 교회가 있다는 것은 하나님의 능력이었다. 바울은 고린도 교인들에게 은혜를 빌었다. "은혜"는 카리스($χάρις$)로 하나님의 신적인 은혜요, 선물이다. 바울은 평강이 넘치기를 빌었다. "평강"은 에이레네($εἰρήνη$)로 하나님의 은혜의 결과로 주어지는 영혼의 평안상태를 가리킨다(롬 1:7, 빌 4:7). 바울은 고린도 교회에 세상의 축복이 아닌 영적인 축복을 빌었다.

고린도후서 1장 3절~7절

위로의 하나님

고린도전서에는 책망도 많고 권면도 많았다. 그러나 후서에는 첫머리부터 위로하는 말을 하였다. 3-7절 사이에 위로하는 말이 열 번이나 기록되었다. 참으로 하나님은 위로의 하나님이시요, 위로의 신이시요, 자비의 아버지이시다.

Ⅰ. 하나님은 위로의 하나님이시다.

"모든 위로의 하나님이시며…" 여기 "위로"는 파라클레시스($παρακλήσις$)로 환난에서 구해냄을 의미한다(8-10절). 사도 바울은 자신이 환난 가운데서 붙드시고 강하게 하시는 하나님의 위로를 직접 체험했었다(롬 8:35). 성령(Spirit)은 보혜사 파라클레시스($παρακλήσις$)로 위로의 영, 위로자(Comforter)라고 했다(요 14:16, 26; 15:26; 16:7). 하나님은 우리를 위로해 주신다. 성령님은 우리들이 잘못했을 때 근심하시고 책망하시고 심판하신다(요 16:8-11). 그리고 그 성령은 우리를 위로하시고(행 9:31) 사랑하신다(롬 15:30).

성령님은 모든 것 하나님의 깊은 것이라도 통달하신다(고전 2:10). 성령은 전지하신 하나님(시 139:1-4, 33:13-15, 147:4)의 영이시므로 하나님의 깊은 비밀을 알게 하신다. 성령님은 위로의 영이시다. 하나님은 위로의 하나님이시다(5절). "그리스도의 고난이 우리에게 넘친 것같이 우리의 위로도 그리스도로 말미암아 넘치는도다"(고후 1:5). 하나님은 위로의 하나님이시다(고후 7:6, 사 49:13).

본 서신은 A.D. 55년 가을 마게도냐에서 바울이 기록했다(1:1, 10:1). 수신자는 고린도에 있는 하나님의 교회와 아가야에 있는 모든 성도들이었다(1:1). 당시 고린도는 로마의 식민지인 아가야 지방의 행정수도로서 바울이 2차 전도여행 중에 1년 6개월 동안 머물렀던 곳이며, 전도여행의 활동무대였다(행 18:11). 사도 바울은 그곳에서 디도 유스도와 회당장 그리스보를 포함해 많은 사람들을 주께로 인도했다. 특별히 디도 유스도의 집을 중심으로 고린도 교회가 세워졌다(행 18:7,8). 사도 바울은 2차 전도여행 중 방문했던 우상의 도시 아덴에도 교회는 서지 못했지만 복음의 씨앗이 떨어져 진실한 그리스도인들이 생겨났다(행 17:16-34). 그리고 겐그리아에도 교회가 세워져 많은 성도들이 있었다. 바울은 그들을 위해 뵈뵈를 교회 일꾼으로 천거하기도 했다(행 18:18, 롬 16:1).

고린도후서 1장 10절~11절

기도의 능력

"내 이름으로 무엇이든지 내게 구하면 내가 시행하리라"(요 14:14). 기도(prayer)란 무엇인가? ① 하나님과의 대화이다. ② 속삭인다는 뜻이다. ③ 하나님께 묻는 것이다. 기도(prayer)는 하나님이여 응답하여 주시옵소서 하며 매달리는 것이 기도이다.

I. 기도는 능력이다.

바울은 환난 중에 기도했다(고후 1:8-9). 사도 바울이 아시아에서 당한 환난이 얼마나 견딜 수 없는 고통이었는지 말해주고 있다(8-9절). 힘에 지나도록 심한 고생을 했고, 산 소망까지 끊어졌으며 마음에 사형선고를 받은줄 알았다고 했다. 마치 너무 많은 짐을 실은 배가 무게를 견디지 못하여 가라앉듯이 바울에게 가해지는 고난의 무게는 그 자신의 힘으로는 견디어내기 어려운 것이었다. 여기 "끊어지고"(8절)는 사포레데사이($\sigma\pi o\rho\eta\theta\tilde{\eta}\nu\alpha\iota$)로 급작스러운 고뇌로 모든 소망을 상실케 되며 마침내 죽음의 문턱에까지 이르게 하는 상황을 의미한다. 사도 바울은 죽은 자를 살리시는 주님만 의지하며 기도했다(9절). 여기 "사형선고"(9절) 이 말은 ① 법정에서 내려진 사형의 판결을 의미하며, ② 복음을 증거하다가 겪는 육체적 고난(Strachan Martin)을 의미한다. 바울은 자신이 경험했던 절망감의 최종적 상태를 나타내고 있다.

사도 바울은 이러한 고난 속에서 죽은 자를 살리시는 하나님을 발견하고 매달려 기도했다. 하나님은 이러한 바울에게 소망을 주셨다. 우리도 이 세상을 살아가면서 예고없이 몰아치는 불행한 일을 만날 때마다 오직 하나님만 의지하며 기도해야 한다(요일 5:5). "의인의 간구는 역사하는 힘이 많으니라"(약 5:16).

II. 예수님의 생애는 기도의 생애였다.

마가복음 1:35절에 "…예수께서 일어나 나가 한적한 곳으로 가사 거기서 기도하시더니"라고 했다. 우리도 하루를 시작하기 전에 첫시간을 하나님께 바치는 기도의 사람이 되어야 한다. ① 예수님의 40일 금식기도(마 4:1-11). ② 예수님의 겟세마네 동산의 기도(눅 22:44). ③ 예수님의 철야기도(눅 6:12). ④ 예수님의 새벽기도(막 1:35). 기도는 능력이요, 축복이다. 기도는 응답받는다(눅 18:1-8, 마 7:7-11).

| 년 | 월 | 일 | 고린도후서 2장 12절

열린 문

"내가 그리스도의 복음을 위하여 드로아에 이르매" 바울은 가슴 아픈 고린도 방문 이후 에베소에 되돌아와 눈물의 편지를 디도에게 주어 고린도 교회를 방문하게 하였다. 바울은 디도를 보내면서 드로아에서 만나기로 약속한듯 하며 그것이 여의치 않을 경우에는 마게도냐에서 만나기로 한듯 하다(13절). 바울이 드로아를 방문한 것은 이 약속에 의한 것이었을 것이다. 에베소에서 데메드리오가 주동이 되어 발생한 은장색들의 소동 때문에 다소 약속보다 일찍 왔을 것으로 보인다(행 19:23-41). 그런데 본문에 의하면 바울의 드로아 방문 목적은 디도와의 만남이 아니라 복음을 전하기 위함이라 했다. 바울은 가슴 아픈 고린도 방문후 심적으로 고통을 당하고 있었으며 디도를 통해 눈물의 편지를 보내고 그 결과가 상당히 궁금하던 상황이었다. 그럼에도 불구하고 그에게 있어서 가장 우선적인 일은 복음을 전하는 것이었다. 물론 바울은 디도를 만나지 못하고 마게도냐로 떠났지만 복음전파는 그의 사명이요, 소명이요, 생명이었다. 열린 문은 어떤 문인가?

I. 전도의 문이다.

"주 안에서 문이 내게 열렸으니"(12절) 바울의 복음전파 열정은 하나님의 역사였다(행 16:6-10). 기회를 얻게 되었다. 문(門)은 사람이 출입하는 길이다. 들어가고 나갈 때 반드시 사용한다. 문이 열려 있으면 출입이 가능하다. 그러나 닫혀 있으면 불가능하다. 여기 "주 안에서 문이 열렸다는 말은 전도의 문이 열렸다"는 것이다. 예수님은 열두 사도와 70인을 파송하시면서 만민에게 복음을 전파하도록 명령했다. 그리고 최후 승천을 앞두시고 제자들에게 "너희는 모든 족속으로 제자를 삼으라", "땅끝까지 이르러 복음의 증인이 되라"고 (행 1:8, 마 28:20) 분부하셨다.

II. 전도의 문을 닫을 자가 없다.

사도 바울은 드로아에서 환상을 보고 마게도냐로 건너갔었다(행 16:8-9). 그러나 3차 여행시에 드로아는 실망한 곳이 되었다. 그가 만나기로 약속했던 디도를 만나지 못했기 때문이다. 그래도 바울은 하나님의 환상을 보고 마게도냐로 건너갔다(고후 2:13, 7:5). 이때는 바울이 심히 피곤했었다고 했다. 하나님의 역사는 그 누구도 막을 수 없다. "볼찌어다 내가 네 앞에 열린 문은 두었으되 능히 닫을 사람이 없으려니와"(계 3:8). 전도의 문은 열려 있다. 오는 사람들은 지체 말자.

고린도후서 2장 17절

성도의 사명(그리스도의 향기)

꽃향기를 싫어하는 사람은 없을 것이다. 사랑하는 사람에게 장미를 주는 것도 아름다움 때문이요, 향기로움 때문이다. 오늘 본문에서도 사도 바울은 그리스도인을 향하여 "예수 그리스도의 향기라"고 했다. 아름다운 꽃에서 그윽한 향기가 우러나듯이 오늘 우리 성도들에게도 그리스도의 향취가 마음 깊은 곳에서부터 우러나와야 한다.

I. 우리 성도는 그리스도의 향기이다(15절).

여기 '향기'는 유오디아 ($ε\dot{υ}ωδια$)로 희생제사를 의미한다(창 8:21, 출 29:18, 레 1:9, 민 15:3). 사도 바울이 복음을 전파하는 삶은 그가 로마서 12:1에서 말한대로 하나님을 기쁘시게 하기 위한 희생제사와 같은 것이었다. 그는 하나님의 종이자, 예수의 삶을 연장하여 사는 자로서 많은 사람들에게 배척과 핍박을 당하였고 죽음을 무릅써야 했다(행 21:13, 23:12-15, 골 1:24). 그리스도의 향기로서 전해진 바울의 복음은 부분적으로 받아들여졌고 부분적으로 거부되었다(행 17:32). "샤론의 꽃 예수 나의 마음에 거룩하고 아름답게 피소서"(찬송 89장). 오늘 우리는 그리스도의 향기로서 사명을 다해야 한다.

II. 우리 성도는 그리스도의 향기를 발해야 한다(14절).

오늘 우리는 가는 곳마다 그리스도의 향기를 발해야 한다. 그리스도의 향기를 발하고 성도의 사명을 다할 때 이기게 하신다. 여기 '이기게 하시고'는 드리암뷰오 ($θριαμβεύω$)로 로마의 황제나 장군들이 전쟁터에서 사로잡은 포로들을 결박하여 끌고 오면서 군중들에게 구경시키는 개선행진을 가리킨다. 바울은 '그리스도 안에서 이기게 하시고' 이 말은 그리스도인들이 그리스도의 향기를 발하고 살 때 그리스도의 재림시에 영광의 자리에 참여하는 병사와 같다고 했다. 여기 '그리스도를 아는 냄새' 여기서 '냄새'는 로마황제가 개선할 때 길가에 향을 피워 냄새를 내는 것이다. 바울은 성도들이 그리스도의 복음을 전할 때는 하나님이 보고 계시며 역사하신다는 사실을 잘 알고 있었다.

III. 우리 성도는 그리스도의 향기속에서 살아야 한다(17절).

우리는 그리스도의 아름다운 향기를 발하면서 살아야 한다. 하나님은 우리 성도들이 그리스도의 향기를 발하면서 살기를 원하신다. "너희는 그리스도의 향기니"

고린도후서 3장 1절~11절

성도의 사명

사도 바울은 본문의 말씀을 통해서 성도의 신분에 대해서 잘 말해주고 있다. 그에 의하면 '살아계신 그리스도의 편지'이며(2절) '새언약의 일꾼'(6절)이라고 했다. 즉 성도는 그리스도의 마음을 전하는 자들이며 하나님의 나라를 일구어가는 자들이다. 오늘 본문을 통하여 성도가 어떤 사람인가에 대하여 은혜를 받고자 한다.

I. 성도는 살아계신 그리스도의 편지이다(1-3절).

3절에 "너희는 …그리스도의 편지니"라고 하였다. 여기 '그리스도의 편지'는 에피스톨레크리스투 ($\epsilon\pi\iota\alpha\tau o\lambda\dot{\eta}\chi\rho\iota\sigma\tau o\hat{u}$)로 고린도 교인들 자체가 그리스도께서 쓰신 편지라는 점을 말한다. 예수께서 한 장의 글을 써남기지 않았지만 사람의 마음 속에 글을 새겼으니 곧 먹으로 쓰지 않고 당신의 피로 성령의 능력으로 쓰신 것이다. 그 내용은 하나님의 말씀이니 영원불변의 진리이다. 죄인의 복음이요, 영생이며, 축복이다. "살아계신 하나님의 영으로 마음의 비에 새겨진 편지"라고 했다(3절).

II. 성도는 새언약의 일꾼이다(6절).

여기 '새언약의 일꾼' 바울은 자신을 새 언약의 일꾼이라고 했다. 새 언약의 일꾼이란 말은 예수 그리스도의 일꾼이란 말이다. 만사를 자기 뜻대로 행치 않고 하나님의 뜻을 따라 행하는 것은 하나님께서 직접 신약의 일꾼으로 삼으신 까닭이다. 이런 일꾼은 구약의 의문에 속한 일꾼이 아니라 영(Spirit)으로 된 일꾼이기 때문에 영혼을 살리는 자요 구약의 의문처럼 죽이는 일꾼이 아니다. 바울은 자신이 성령으로 피택된 정당한 일꾼이라고 했다. 곧 영의 직분(Minister of Spirit)을 말한다(8절). 오늘 우리는 하나님의 일꾼들이다.

III. 성도는 영광스러운 사명자요 상속자이다(9절).

사도 바울은 성도를 가리켜서 '의의 직분'이라고 했다. '의문의 직분'(7절) '정죄의 직분'으로 '영의 직분'(8절)이 '의의 직분'(9절)으로 대체되고 있다. '성도는 살아계신 그리스도의 편지'요 '새언약의 일꾼이요' '영광이 넘치는 의의 직분자'이다. 성도는 하나님의 섭리를 따라 하나님 나라를 창조해 가는 자이며, 그 하나님 나라의 영광된 상속자이다. '성도'란 하기오스 ($\ddot{\alpha}\gamma\iota o\varsigma$)로 하나님과 화해한 자요, 하나님의 구별된 자를 의미한다.

고린도후서 4장 1절~2절

낙심하지 말라

"이러므로 우리가 이 직분을 받아 긍휼하심을 입은대로 낙심하지 아니하고"(1절) 사도 바울은 예수를 만나기 전까지 교회를 박해했고 성도를 핍박했다(행 9:1,2). 그러나 하나님은 그에게 은혜를 베푸사 그리스도의 복음을 증거하는 직분을 맡기셨다. 오늘 이 시간 낙심하지 말라는 제목으로 은혜를 받고자 한다.

Ⅰ. 낙심하지 말라(1절).

하나님이 함께 하시기 때문이다. 성경에 '낙심' 이란 단어(말)가 많이 있다. 사도 바울은 고린도후서 4장에 두 번 썼으며, 갈라디아서 에베소서에도 사용했다. 갈라디아서 6:9절에 "우리가 선을 행하되 낙심하지 말지니 피곤하지 아니하면 때가 이르매 거두리라"고 했으며 에베소서 3:1절에도 "너희에게 구하노니 너희를 위한 나의 여러 환난에 대하여 낙심치말라"고 했다. 오늘 우리도 가끔 낙심할 때가 있다. 신앙인에게 낙심은 금물이다. "우리가 사방으로 우겨쌈을 당하여도 싸이지 아니하며 답답한 일을 당하여도 낙심치 아니하며 핍박을 받아도 버림바 되지 아니하며 거꾸러 뜨림을 당하여도 망하지 아니하고"(고후 4:8-9)라고 했으며, 고린도후서 4:16절에 "그러므로 우리가 낙심하지 아니 하노라"고 했다. 여기서 사도 바울이 '낙심치 않고' 살아갈 수 있었던 것은 예수를 바라보았기 때문이요(히 12:1), 위엣것을 생각했기 때문이다(고후 4:18). 다시 말해서 하나님의 뜻을 알았기 때문이요, 하나님의 능력을 믿었기 때문이다. "내게 능력 주시는 자 안에서 내가 모든 것을 할 수 있느니라"(빌 4:13)

Ⅱ. 직분자의 사명(1-2절)

사도 바울은 하나님의 예정(Predestination of God) 가운데 자신은 부름을 받았으며 복음의 사도요 직분자라고 자인하였다. 이 직분은 의문의 직분이다(3:7). 정죄의 직분(3:9)이 아니라 영의 직분(3:8)이요, 의의 직분(3:9)이기 때문에 이 직분을 받은 사람은 하나님의 긍휼하심을 힘입어 낙심하지 아니하고 담대하게 말할 수 있다(3:12). 그러므로 우리는 ① 숨은 부끄러움의 일을 버리고 ②궤휼 가운데 행하지 아니하며 ③ 하나님의 말씀을 혼잡케 아니하고 ④ 진리를 나타내며 하나님 앞에서 직분의 사명을 다하여야 한다. "우리가 선을 행하되 낙심하지 말찌니 피곤하지 아니하면 때가 이르매 거두리라" 이런 신앙을 가지고 낙심이 많은 세상에서 낙심하지 말고 늘 주 안에서 승리합시다(잠 24:16).

고린도후서 4장 7절~15절

하나님의 능력

"우리가 이 보배를 질그릇에 가졌으니 이는 능력의 심히 큰 것이 하나님께 있고 우리에게 있지 아니함을 알게 하려 함이라"(7절). 여기 '보배'는 복음(유앙겔리온 εὐαγγέλιον) 곧 예수 그리스도로 말미암는 구원의 복음을 가리킨다. 여기 '질그릇'이란 말은 성경에는 비유로 종종 사용되었다. 이사야 64:8절에 하나님과 그의 백성을 도공과 질그릇에 비유했고, 예레미야애가 4:2절에서는 질그릇은 깨어지기 쉬운 속성에 초점이 맞추어져 있고, 디모데후서 2:20, 21절에는 "금그릇이든지 은그릇이든지 나무그릇이나 질그릇이든지 주인이 쓸 수 있도록 깨끗해야 한다"고 했다. 질그릇에 담긴 보화는 예수께 받은 복음이다.

Ⅰ. 복음은 능력이다.

"…복음은 모든 믿는 자에게 구원을 주시는 하나님의 능력이 됨이라"(롬 1:16). "구원을 얻는 우리에게는 하나님의 능력이라"(고전 1:18)

1. 사방으로 우겨쌈을 당하여도 싸이지 아니하며(8절)

여기 '우겨 쌈을 당하여도'는 들리보메노이(θλιβόμενοι)로 즙을 짜기 위해 포도를 짓누르다는 뜻으로 사도 바울을 비롯하여 신자들이 세상에서 당하는 고난이 얼마나 극심한 것인가를 말해준다(고후 7:5-6). 우리에게 고난이 있는 것은 필연적이다. 우리는 질그릇에 지나지 않기 때문이다. 그러나 질그릇 안에 있는 보배, 즉 능력의 심히 큰 것이 하나님께 있기 때문이다. 하나님이 보호하시기 때문에 질그릇은 결코 깨어지지 않는다.

2. 답답한 일을 당하여도 낙심하지 아니하며(8절)

3. 핍박을 받아도 버린바 되지 아니하며(9절)

사도 바울은 그리스도의 복음을 위하여 수고를 넘치도록 했다(고후 11:23-27). 그러나 그는 결코 버린바 되지 아니 하였다.

4. 거꾸러뜨림을 당하여도 망하지 아니하고(9절)

사도 바울은 많은 대적자를 만났다. 그러나 그는 승리했었다. 하나님이 붙잡아 주셨기 때문이다(시 37:24). "대저 의인은 일곱 번 넘어질지라도 다시 일어나려니와 악인은 재앙으로 인하여 엎드러지느니라"(잠 24:16) 성육신하신 예수를 바라보며(히 12:1) 믿음으로 승리합시다.

고린도후서 5장 11절~14절

그리스도의 사랑이 우리를 강권하시는도다

사도 바울은 "우리가 미쳤어도 하나님을 위한 것이요 정신이 온전하여도 너희를 위한 것이니 그리스도의 사랑이 우리를 강권하시는도다" 여기 '미쳤어도'는 엑세스테멘($\dot{\epsilon}\zeta\acute{\epsilon}\sigma\tau\eta\mu\epsilon\nu$)으로 황홀경(ecstasy)의 뜻을 가지고 있는 엑스타시스($\check{\epsilon}\zeta\tau\alpha\sigma\iota\varsigma$)에서 파생된 말로 종교적 무아지경 상태를 가리키며 정신이 나간 상태를 가리킨다(막 3:21). 이것은 바울의 영적인 긴장(Stress of great Spiritual emotion) 상태를 의미한다. 방언으로 말하는 것(고전 14:18), 환상을 보는 것(12:1-7) 등을 가리킨다. 바울의 삶은 오직 예수였으며 사랑에 기초한 삶이었다. 오늘 이 시간 본문 말씀을 통하여 '그리스도의 사랑이 우리를 강권하시는도다' 란 제목으로 은혜를 받고자 한다.

Ⅰ. 그리스도 사랑의 강권(11-15절)

본문 14절에 "그리스도의 사랑이 우리를 강권하시는도다"라고 했다. 여기서 바울은 자기 중심을 버리고 오직 하나님과 고린도 교인들을 위하여 살 수밖에 없었다. 그것은 그리스도의 사랑이 바울 자신을 강권했기 때문이다(롬 8:39). 여기 '강권하시도다' 는 쉬네케이($\sigma\upsilon\nu\acute{\epsilon}\chi\epsilon\iota$)로 ① 둘러싸고 밀어낸다 ② 붙잡다 ③ 감싼다 ④ 떠민다는 뜻이다. 바울의 헌신적인 행위가 그리스도의 사랑에 의해 불가항력적으로 이루어진 것임을 말한다. 그러나 바울은 그리스도를 위하여 살 수밖에 없었다. 우리를 위하여 대신 죽으신 그리스도의 사랑이 얼마나 나를 붙잡는가?

Ⅱ. 그리스도를 위해 사는 삶이 최고의 삶이다(14절).

사도 바울은 그리스도의 사랑에 강박감을 느끼면서 그 사랑의 힘은 결국 하나님께 봉사하는 원동력이 되었다고 했다. "저가 찔림은 우리의 허물을 인함이요 그가 상함은 우리의 죄악을 인함이라"(사 53:5). 사도 바울이 얼마나 그리스도의 사랑에 강권함을 입었기에 미쳤다는 말을 들었을까?(13절) 우리도 바울처럼 그리스도의 사랑에 붙잡혀 오직 예수를 위해 오직 제단을 위해 삽시다. "살든지 죽든지 내 몸에서 그리스도가 존귀케 되기를 원하노라"(빌 1:20).

고린도후서 5장 17절

새로운 피조물

"그런즉 누구든지 그리스도 안에 있으면 새로운 피조물이라 이전 것은 지나갔으니 보라 새것이 되었도다"(17절) 여기 '그리스도 안에 있으면' 이 말은 그리스도와의 영적 연합을 의미한다. 이 연합의 비밀에 대해 사도 요한은 포도나무와 그 가지의 관계로 설명했다(요 15:1-7). 여기 '새로운 피조물' 이란 인종과 성을 초월하여 누구라도 그리스도의 죽음을 자신의 죽음으로 받아들여(14절) 그리스도와 영적인 연합을 이루면(갈 2:19, 20) 그는 새로운 피조물이 된다. 여기 '피조물' 은 크티시스($\kappa\tau\iota\sigma\iota\varsigma$)로 창조행위를 나타내는 말이기도 하다(롬 1:20). 즉 사람이 그리스도와 영적인 교제를 갖게 되었을 때 그에게는 그리스도로 말미암아 새로운 창조행위가 일어나 새로운 존재가 된다는 의미로도 볼 수 있다. 오늘 본문을 통해서 바울은 '그리스도 안에서' 새로운 피조물로 살아가는 그리스도인에 대해서 말하고 있다. 바울은 그리스도인은 오직 그리스도를 위해서 살며 서로를 화목케 하는 직책을 가졌다고 했다.

I. 오늘 성도는 죽음에서 생명으로 거듭난 사람들이다.

우리는 예수와 함께 이미 죽은 자들이다. 그리스도께서 죽으심으로 인해서 이미 죽은 자들이다. "내가 그리스도와 함께 십자가에 못박혔나니 그런즉 이제는 내가 산 것이 아니요 오직 내 안에 그리스도께서 사신 것이라"(갈 2:20).

그리스도와 함께 죽는 사람들은 어떤 삶을 살아야 할까? ① 자신을 위해 살지 말고 오직 예수를 위해 살아야 한다(고후 5:15). ② 예수님 가신 길을 따라가야 한다. ③ 오직 예수를 위해 살아야 한다. 삶의 목표는 오직 예수 그리스도이다.

II. 우리 성도는 화목케 하는 직책을 가진 사람들이다(고후 5:18-19).

"…우리에게 화목케 하는 직책을 주셨으니"(고후 5:18). 우리 그리스도인들이 세상에서 건강하게 살 수 있는 것은 하나님께서 우리를 자기와 화목케 하셨기 때문이다. 하나님은 예수를 통하여 그의 생명력을 사람들에게 불어넣으시고 그들을 향하여 '새로운 피조물' 이라고 부르셨다(17절). '새로운 피조물' 이란 말은 예수를 믿음으로 구원을 얻고 새로운 삶을 누리는 새사람을 의미한다(엡 4:24). 이들은 하나님의 은혜로 ①죄의 종에서 해방되었고, ② 의롭다 하심을 받았으며(롬 6:5-7), 성령의 열매를 맺는 삶을 사는 자들이다(갈 5:22-23).

고린도후서 6장 1절~2절

은혜를 헛되이 받지 말라

"우리가 하나님과 함께 일하는 자로서 너희를 권하노니 하나님의 은혜를 헛되이 받지 말라"(1절) "하나님의 은혜를 헛되이 받지말라" 여기 '헛되이'는 에이스케논(εἰsκενόυ)으로 '빈', '공허한'의 뜻이다. 하나님의 은혜를 공허한 것으로 만들지 말라는 말이다. 예수 그리스도는 모든 사람을 구원하시기 위하여 죽으셨다. 그러므로 이에 모든 사람들이 그의 죽음에 참여하여 새사람이 되어야 한다.

I. 은혜란 무엇인가?

'은혜'란 하나님의 선물로서 윗사람이 아랫사람에게 내려주는 특별한 호의를 의미한다. "너희가 그 은혜를 인하여 구원을 얻었나니 이것이 너희에게서 난 것이 아니요 하나님의 선물이라"(엡 2:8). 사도 바울은 "나의 나된 것은 하나님의 은혜로 된것이니 내게 주신 그의 은혜가 헛되지 아니하여 내가 모든 사도보다 더 많이 수고하였으나 내가 아니요 오직 나와 함께 하신 하나님의 은혜로다"(고전 15:10).

II. 은혜를 받으려면

1. 사모하는 마음이 있어야 한다(시 107:9, 42:1).
"사모하는 영혼을 만족케 하시는 하나님"(시 107:9). "목마른 사슴이 시냇물을 찾기에 갈급함같이 내 영혼이 주를 찾기에 갈급하나이다"(시 42:1)

2. 기회를 붙잡아야 한다(2절). "지금은 은혜 받을 때요 구원의 날이로다"(2절). 세상만사에는 다 기회가 있다. "만사는 때가 있다"고 했다(전 3:1-8). 은혜를 받을 때, 능력 받을 때, 그때를 붙잡아야 한다.

3. 간절한 기도, 부르짖는 기도가 있어야 한다(렘 33:3). 한나처럼 간절한 기도(삼상 1:10), 예수님처럼 간절한 기도(눅 22:44), 야곱처럼 간절한 기도(창 32:26)가 있어야 한다.

III. 은혜받은 결과

1. 모이기를 힘쓴다(히 10:25). 2. 열매를 맺는다(갈 5:22-23). 3. 제단을 잘 섬긴다.

고린도후서 6장 11절~18절

멍에를 같이 하지말라

"너희는 믿지 않는 자와 멍에를 같이 하지말라"(14절). 여기 '믿지 않는 자'는 아피스토이스($ἀπίστοις$)로 세 가지 견해가 있다. ① 바울의 대적자를 가리키며 ② 불신자를 가리키며 ③ 믿음의 순수성을 해치는 세상과의 타협함을 가리킨다. 오늘 우리 성도들은 세상과 구별된 백성이다(출 33:16). 그러므로 구별된 생활을 해야한다. 그러나 고린도 교인들은 세상과 타협하고 있었다. 그래서 사도 바울은 그들을 향하여 "믿지 않는 자와 멍에를 같이 하지말라"(14절)고 했다. '멍에'를 같이 하지 말라는 말은 구약에 신명기 22:10절의 "너는 소와 나귀를 겨리하여 같이 말며"와 레위기 19:19절의 "네 육축을 다른 종류와 교합하지 말며 네 밭에 두 종자를 섞어 뿌리지 말라"는 말씀과 같은 맥락에서 이해될 수 있다. 여기 '멍에'는 믿음의 순수성을 저해하는 불신자와의 결혼(고전 7:39), 우상숭배(고전 10:14), 타락(고전 6:8), 거짓 사도들의 가르침(11:4) 등과 밀접한 관련을 갖는다. 그러면 사도 바울은 왜 믿지 않는 자와 멍에를 같이 하지 말라고 했는가?

I. 우리의 몸은 하나님의 성전이기 때문이다.

우리의 몸은 그리스도의 몸인 (고전 6:15) 동시에 성령의 전이기도 하다(고전 6:19). 그러므로 우리의 몸은 우리의 것이 아니라 하나님의 성전이다. 우리가 우리 몸을 더럽히면 결국 하나님의 성전을 더럽히는 것이 된다. '성도'(하기오스, $ἅγιος$)는 불의를 멀리해야 한다. 왜냐하면 주는 의로우시며(느 9:8) 불의를 미워하시기 때문이다(잠 17:15).

II. 우리는 하나님의 자녀이기 때문이다.

사도 바울은 말하기를 '성도'는 하나님의 자녀이기 때문에 믿지 않는 자와 멍에를 같이 하지말라고 했다. "의와 불법이 어찌 함께하며"(14절) 여기 '불법'은 아노미아($ἀνομία$)로서 불신자와 적그리스도를 말한다(롬 6:19, 살후 2:3,7). 여기 '의'는 신자와 하나님께 속한 것이다. "빛과 어두움이 어찌 사귀며" "그리스도와 벨리알이 어찌 조화를 이루며" 하나님의 성전과 우상이 어찌 일치가 되겠는가. 그러므로 우리는 부정에서 나와서 성결한 삶을 살아야 한다.

고린도후서 7장 1절

자신을 깨끗이 하자

"그런즉 사랑하는 자들아 이 약속을 가진 우리가 하나님을 두려워하는 가운데서 거룩함을 온전히 이루어 육과 영의 온갖 더러운 것에서 자신을 깨끗케 하자"(1절) 여기 '이 약속'은 하나님께서 성도들과 함께 하시겠다는 약속(6:16-18)이다. 다시 말해서 하나님께서 우리와 함께 거하시기 위해서 우리를 당신이 거하는 성전으로 삼으시겠다는 약속이다. "하나님은 두려워 하는 가운데서" 여기 '두려움'은 포보($\phi\delta\beta\iota o$)로 더러움과 죄악을 심판하시는 하나님의 공의와 경외심을 의미한다. 우리 성도들은 하나님을 경외하고 두려워할줄 알아야 한다. 그러기 위해서는 성결한 삶을 살아야 한다. "거룩함을 온전히 이루어" 이 말은 하나님의 성전으로서의 성도에게 요청되는 것은 거룩함이다. 하나님께서 거룩하기 때문에 성도들도 마땅히 거룩해야 한다(레 19:2). "육과 영의 온갖 더러운 것에서 자신을 깨끗이 하자" 여기서 '육과 영'이란 그리스도의 전인격적 자를 의미하며 하나님과의 관계를 의미한다(고전 7:34).

오늘 본문에서 바울이 말한 온갖 더러운 것은 무엇인가? 바울은 고린도 교회 성도들이 이미 더럽혀졌음을 암시하고 있는지도 모른다. 여기 '더러운 것'은 몰뤼스무($\mu o\lambda\upsilon\sigma\mu o\hat{\upsilon}$)로 우상의 신전에서 음식을 함께 나누는 것, 이방인의 사원에서 열리는 축제나 의식에 참여하는 것, 어떤 특정한 이교에 가입하여 회원이 되는 것을 가리킨다 (고전 8:10-). 오늘 이 시간 본문 말씀을 통하여 "자신을 깨끗이 하자"라는 제목으로 은혜를 받자.

I. 하나님을 두려워하는 마음으로 자신을 깨끗이 해야 한다.

성령 충만한 성도는 하나님을 두려워하며, 하나님을 사랑한다. 하나님이 우리에게 요구하시는 것은 성결한 삶이요, 성령 충만한 삶이다. 마가복음 10: 28절에 "몸은 죽여도 영혼을 능히 죽이지 못하는 자를 두려워하지 말고 오직 몸과 영혼을 능히 지옥에 멸하는 자를 두려워하라"고 했다.

II. 육과 영에서 온갖 더러운 것을 깨끗케 해야 한다.

육체의 일이 무엇인가? "음행, 더러운 것, 호색, 우상숭배, 분쟁, 시기" 등(갈 5:19-21, 딤후 3:1-2 참조) 영적인 온갖 더러운 것은 무엇인가? 오늘날 성령에 대해 무관심한 사람이 너무 많다. "성령을 깊이 모르면 하나님과 교통할 수 없다." 영이 마비된 것은 영이 더러워진 증거이다. 우리는 영과 육을 깨끗이 해야 한다.

고린도후서 7장 2절

마음으로 우리를 영접하라

"마음으로 우리를 영접하라 우리가 아무에게도 불의를 하지 않고 아무에게도 해롭게 하지 않고 아무에게도 속여 빼앗은 일이 없노라"(2절) 여기 '마음으로 우리를 영접하라' 이 말은 바울의 매우 솔직한 말이다. 이 말은 6:13과의 연속선상에 있는 것으로 거듭 화해와 일치를 촉구하고 있다. 이것은 1절의 "온갖 더러운 것"이 분쟁, 시기, 분냄, 분리 등이 되는 것과 깊은 관련이 있음을 암시해준다. 여기 '영접하라'는 코레사테($\chi\omega\rho\acute{\eta}\sigma\alpha\tau\epsilon$)로 장소를 나타내는 코로스($\chi\hat{\omega}\rho o\varsigma$)에서 파생된 말로 …을 위해 장소를 마련하다의 뜻이다. "마음 속에 우리가 들어갈 수 있는 자리를 만들라"로 말할 수 있다. 바울이 말하는 '영접하라'는 말은 상대를 위해 마음에 장소를 만들고 받아 들이는 것을 의미한다. 사도 바울은 자기가 고린도 교인들에게 무슨 악이나 잘못이 없으니 자신을 영접해 주기를 간절히 바라는 심정으로 애정이 넘치는 호소를 하였다. 성도들과 교역자간에는 반드시 마음으로 사랑하고 영접하는 교제가 이루어져야 한다.

I. 바울이 받은 오해가 무엇인가?

바울의 반대파들은 바울이 참사도가 아니라 사람들을 속였다는 것이요, 돈을 취했다는 것이었다. 그러나 사도 바울은 ① 아무에게도 불의를 하지 않았다(4:2, 5:12, 13, 6:3). ②남을 해롭게 하지 않았다. 해롭게 하지 않았다는 말은 영적으로 물질적으로나 그 무엇으로도 해롭게 한 것이 없음을 말한다. ③ 속여 빼앗은 일이 없다고 하였다.

II. 마음으로 영접할 때 축복을 받는다.

사도 바울이 고린도 교회를 설립할 때 많은 수고를 하였다. 죽을 고비를 넘겨가며 천신만고 끝에 교회를 세웠다. 이런 전도자를 마음으로 영접하지 않으면 어떻게 되겠는가? 예수님께서 말씀하시기를 "너희를(전도자) 영접하는 자는 나를 보내신 이를 영접하는 것이다. 선지자의 이름으로 선지자를 영접하는 자는 선지자의 상을 받을 것이요…"(마 10:40-41). 하나님의 사자인 바울을 마음으로 영접하는 고린도 교회는 상과 축복을 받을 것이다.

고린도후서 8장 1절

주 예수 그리스도의 은혜

"우리 주 예수 그리스도의 은혜를 너희가 알거니와…"(9절) 사도 바울은 1절에서 마게도냐 교회들에게 주신 은혜라고 하였고, 4절에 이 은혜있기를 원했고, 6절에도 "이 은혜를 그대로 성취하라" 하였고, 7절에는 "이 은혜에도 풍성하게 할찌니라"고 하였으며, 오늘 본문 9절에도 "우리 주 예수 그리스도의 은혜"라고 하였다.

I. 은혜란 무엇인가?

'은혜' 란 카리스($\chi\acute{\alpha}\rho\iota\varsigma$)로 하나님의 사랑에 의해 주권적으로 값없이 주어지는 선물이다(시 84:11). 은혜의 원천은 하나님과 예수 그리스도이다. 욥은 "하나님의 생명과 은혜를 내게 주시고 권고하심으로 내 영을 지키셨나이다"(욥 10:12)라고 하였으며, 바울도 은혜란 하나님이 주셨다고 그의 서신에서 기록하고 있다(롬 15:5, 엡 2:1-10). '은혜' 는 예수 그리스도 안에서 우리에게 주어지는 구원의 선물이다(엡 2:5-10). 은혜는 그리스도 안에서 영원하다(요 1:14, 16, 17). 예수께서 성육신 하심으로 인간과 하나가 되었다. 예수께서 하늘의 영광을 버리시고 이 세상에 오신 은혜는 곧 사랑이다. 예수 그리스도는 본질적으로 하나님의 본체이셨으나(빌 2:6) 하늘의 영광을 버리고 낮고 천한 인간의 육신을 입고 오시어 머리 둘 곳조차 없는 희생과 고난의 삶을 사셨다(마 8:20, 눅 9:58). 마지막에는 십자가에 죽으심으로 가난의 모습을 보여 주셨다.

II. 가난함으로 부요케하신 은혜

여기 부요는 물질적인 것이 아니라 정신적인 것을 의미하는 것으로 "넉넉한 마음'을 의미한다. "가난함으로 부요케하셨다" 는 말은 예수 그리스도께서 우리의 심령을 가난케 하시어 '넉넉한 마음'을 가지게 하셨다는 말이다. 예수님은 하늘의 영광을 버리고 비천한 말구유에서 육신을 입으시고 태어났지만 그 크신 사랑으로 우리를 변화시켜 '넉넉한 마음'을 가지게 하셨다. 마태복음 5:3의 "심령이 가난한 자"도 마음이 넉넉한 자를 말하며 바로 이같은 사람이 남을 용서하고 도울 수 있으며 축복을 받게 된다. 마게도냐 교인들이 심한 가난 중에서 풍성한 연보를 한 것도 그들이 넉넉한 마음을 가졌기 때문이다. 이들의 넉넉한 마음이 곧 예수 그리스도의 은혜이며, 바울은 하나님이 이들에게 주신 은혜라고 했다(고후 8:1). 마게도냐 교인들은 어려운 가운데서도 인색하게 하지 않고 연보를 하였다. 예수님은 "주는 것이 받는 것보다 복이 있다"고 하셨다(행 20:35). 주 예수의 은혜가 넘치시길 원한다.

고린도후서 9장 1절~7절

연보(헌금)을 어떻게 할 것인가?

오늘날 성도들이 하나님께 연보를 하는 것은 축복을 심고 거두는 것이다. 연보는 축복의 씨이다. 헌금이란 영어로 blessing이라고 번역되어 있다. 이는 축복이란 말이다. 그러므로 헌금은 곧 축복의 씨가 된다는 말이다.

I. 연보(헌금)는 힘에 지나도록 자원해서 해야 한다.

마게도냐의 성도들은 가난한 중에서도 자진하여 힘에 넘치도록 헌금을 하였다(고후 8:3). 극심한 가난 중에서도 헌금을 기쁘게 드렸으니 이것은 은혜받은 증거이다. 마게도냐 교회는 헌금을 하면서 기쁨이 넘쳤다. 이와 같이 헌금은 자원함으로 해야 한다. 왕하 12:4절에도 "모든 은을 자원하여 여호와의 전에 드렸다"고 했다. 억지로 하는 것은 헌금이 아니다(7절). 마게도냐 교회는 말과 혀로만 사랑하지 않고 행함과 진실함으로 헌금을 하였다. 오늘 우리는 하나님의 은혜를 많이 받았다. 그러므로 그 은혜에 감사 감격하여 자원하여 하나님께 영광을 돌립시다.

II. 연보(헌금)는 마음에 정한대로 해야 한다(7절).

여기 본문의 말씀은 "마음에 정한대로 할 것이요"(7절) 이 말은 무슨 말인가? 연보의 액수가 중요한 것이 아니라 내적인 결심에 의해 즐거운 마음으로 연보하는 것을 말한다. "하나님은 즐겨내는 자를 사랑하시느니라" 연보(헌금)를 기쁨으로 드려야 한다. 헌금은 율로기아($\epsilon\upsilon\lambda o\gamma\iota a\nu$)로 축복을 의미한다. 마게도냐 교인들은 가난했지만 그들은 기쁨으로 하나님께 드렸다. 하나님은 억지로나 인색함으로 드리는 것은 열납치 않고 즐겨드리는 것만을 기쁨으로 받으신다. 출애굽기 25:2절에서 "하나님은 즐거운 마음으로 드린 자의 예물을 받으신다"고 하셨다. "하나님은 영이시니 예배하는 자가 신령과 진정으로 예배할찌니라"(요 4:24). 사도 바울은 '복음의 빚진 자'(롬 1:14)라고 하였다. 오늘 우리도 복음에 빚진 자들이다. 하나님은 우리의 구원을 위해 예수를 이 땅에 보내사 십자가에 죽게 하셨다. 우리는 그 은혜를 감사하며 연보를 드려야 한다. 기쁨과 사랑과 즐거운 마음으로 드려야 한다. 예수께서 "너희 보물이 있는 곳에 너희 마음도 있으니라"(눅 12:34). 하나님을 사랑하는 자는 아낌없이 드린다. 하나님은 즐겨내는 자를 사랑하신다.

고린도후서 9장 14절~15절

말할 수 없는 그의 은사

"말할 수 없는 그의 은사"란 말은 하나님께서 주신 은사가 너무 크고 풍성해서 말로 표현할 수가 없다는 뜻이다. "은사를 인하여 하나님께 감사하노라"(15절) 고린도 교인들은 하나님의 은혜를 많이 받았다. 그래서 다른 사람들을 돕고자 하였고, 어려운 교회를 돕고자 하는 마음이 있었다. 사도 바울은 고린도 교인들의 믿음을 보고 하나님께 감사를 돌렸다. 오늘 이 시간 본문 말씀을 통하여 "말할 수 없는 그의 은사"란 제목으로 은혜를 받고자 한다.

I. 말할 수 없는 그 은사(15절)

여기 '은사'는 카리스($\chi\alpha\rho\iota\varsigma$)로 두 가지로 해석된다. ① 고린도 교인들의 풍성한 연보와 그것으로 말미암는 예루살렘 성도들과 고린도 성도들 간의 화해를 말하며 "하나님의 지극한 은혜"(14절)를 의미한다(Calvin). ② 성육신하신 하나님의 아들 예수 그리스도 즉 복음을 의미한다. ③ 하나님께서 갖가지 주신 은사를 의미한다.

1. 과거의 은혜를 감사하며 살아야 한다.

우리는 과거에는 죄의 종이며, 마귀의 종이었다. 그런데 주님의 보혈로 마귀의 종에서 자유함을 얻었다. 세상에서 제일 큰 은사, 은혜는 구원 얻은 은혜이다.

2. 현재의 은혜를 감사하며 살아야 한다.

우리의 삶속에 건강주시고 풍성함을 주시니 감사하자. 생활의 감사, 건강에 대한 감사, 사업에 대한 감사, 감사하며 살자.

3. 미래의 은혜에 감사하면서 살아야 한다(계 21:3-7).

영원한 하늘나라를 바라보면서 영광의 면류관을 바라보며 살아야 한다. 받은 은혜에 늘 감사하면서 믿음으로 승리하며 삽시다.

II. 하나님께 감사(15절)

"은사를 인하여 하나님께 감사하노라" 고린도 교인들이 배푼 은혜는 그들 스스로에게서 온전한 의의를 갖는 것이 아니라 오직 하나님에 의해서만 그 참된 의미가 발견된다. 고린도 교인들이 다른 사람을 돕고자 하는 마음이 있고 또 도울 수 있는 물질적 여력이 있다면 그것은 하나님께서 그들에게 은혜와 복을 주셨기 때문이다. 그래서 바울은 모든 감사를 하나님께 돌리고 있다.

고린도후서 10장 3절~6절

성도의 영적싸움

우리 믿는 사람들은 영적 싸움을 계속하고 있다. "마귀는 우는 사자같이 두루 다니며 삼킬 자를 찾나니 너희는 믿음을 굳게하여 저를 대적하라"(벧전 5:8-9). 오늘 본문을 통하여 성도의 영적 싸움의 병기가 무엇인지 생각해 보고자 한다.

I. 성도의 영적싸움의 병기(3-4절)

우리의 싸우는 병기는 육체에 속한 것이 아니라 하나님의 능력이다. 전쟁을 하는 데는 무기가 있어야 한다. 우리의 싸움은 혈과 육에 대한 것이 아니요 악한 마귀와의 싸움이다(엡 6:11-17). 하나님의 병기는 믿음과 말씀의 능력이다. 사탄과 싸워 이기려면 ① 겸손한 마음을 가져야 한다. 교만하거나 거만하면 사탄의 계략에 빠지기 쉽다. 잠 16:18에 "교만은 패망의 선봉이요 거만한 마음은 넘어짐의 앞잡이니라" 그러므로 우리는 겸손한 태도를 가져야 한다. 겸손이야말로 사탄과 싸워 이길 수 있는 능력이다(잠 15:33). ② 능력을 받아야 한다(눅 9:1, 막 16:17-18). 성령의 능력, 말씀의 능력을 가져야 한다(엡 6:11-17). "육체에 있어"(3절)는 엔 사르키($\acute{\epsilon}\nu$ $\sigma\alpha\rho\kappa\acute{\iota}$)로 바울이 육체에 종속되어 있다거나 육의 지배를 받는다는 의미가 아니다. 왜냐하면 그리스도인으로서 하나님의 영이 거하는 사람은 육신에 있지 않고 영에 있기 때문이다(롬 8:9).

II. 영적 싸움의 목적(5절)

사탄을 정복하고 우리를 그리스도에게 복종케 하려는 것이 곧 영적 싸움이 목적이다. "모든 생각을 사로잡아…복종케하니"(5절) 여기 '생각' 은 노에마($\nu\acute{o}\eta\mu\alpha$)로 어떠한 계략이든지 다 사로잡아서 그리스도께 복종시킨다는 말이다. 여기 '모든 이론' 은 세상사람들을 미혹케하는 허황된 궤변, 특히 고린도 교회에 있던 헬라철학의 영향을 받은 거짓 교사들의 궤변을 가리킨다(살후 3:6). 한편 "모든 생각을 그리스도께 복종시킨다"는 말은 단순히 인간의 지성을 무시하는 것이 아니라 하나님의 능력은 인간의 지·정·의를 능가하실 뿐만 아니라 지배한다는 것을 암시한다. 오늘날 사람들은 교회가 영적 싸움중에 있다는 사실을 모르고 있다. 우리는 영적 싸움에서 승리하려면 철저히 무장해야 한다(엡 6:11-17). 여호수아처럼 승리하자(수 6:1-20).

고린도후서 10장 12절~18절

주 안에서 자랑할찌니라

사람은 자기를 자랑하기 좋아한다. 이것은 인간의 본성이다. 과거 헬라인들은 그들의 철학을 자랑했고 로마인들은 그들의 법을 자랑했다. 잠언 27:2절에 '스스로를 자랑하지 말라"고 했다. 그러나 사도 바울은 자랑하려면 주 안에서 자랑하라고 했다(17절).

I. 바울은 자랑할 것이 많았다.

사도 바울이 예수를 믿기 전에 자랑할 것이 많았다. ① 이스라엘 족속이다(택함받은 선민). ② 히브리인 중의 히브리인이요, ③ 베냐민지파 출신이요, ④ 난지 8일만에 할례받았고, ⑤ 바리새인이요(신앙정통파), ⑥ 율법의 의로는 부족함이 없었다, ⑦ 열심히는 교회를 핍박했고, ⑧ 다소 대학 출신이요, ⑨ 가말리엘 문하생이요, ⑩ 로마시민권도 가지고 있었다. 그러나 이러한 모든 것은 배설물로 여기고(빌 3:8), 오직 예수 그리스도와 십자가만 자랑했다(갈 6:14).

바울이 회개한 후에도 자랑할 것이 많았다. 바울은 예수를 만난 이후에 생명을 바쳐 사명을 다했다. ① 4차에 걸친 전도 여행에서 수많은 사람을 회개시키고 교회를 세웠다. ② 13서신을 기록했고, ③ 성령을 체험했고, 3층천에 갔다 왔다.

II. 모든 자랑은 주 안에서 할찌니라(17절).

우리는 주 안에서 자랑해야 한다. ① 예수님만 자랑해야 한다. 빌립보서 3:3절에서 "하나님의 성령으로 봉사하며 그리스도 예수를 자랑하고…" ② 십자가만 자랑해야 한다. 갈라디아서 6:14절에서 "그러나 내게는 우리 주 예수 그리스도의 십자가외에 결코 자랑할 것이 없으니…" 세상 자랑은 무익합니다. 건강 자랑, 청춘 자랑은 무익합니다. "전도자는 말하기를 모든 것이 헛되고 헛되다"(전 1:2,3)고 했다. 우리의 아름다움도, 건강도, 청춘도 사라져 버리기 때문이다(전 12:1). 오직 예수 자랑하며 주 안에서 자랑할찌니라. "옳다 인정함을 받는 자는"(18절) 본절은 '자랑'에 관한 주제의 핵심이 드러나고 있다. 바울은 진정으로 자신을 통해 인정 받아야 할 분이 누구인지 알고 있다. 바울은 사람들에게 인정 받기 보다는 (마 6:2, 6, 16) 하나님께 인정 받기를 원했다(고전 4:5, 롬 2:29).

고린도후서 11장 2절~4절

신앙의 정절을 지키자

우리 성경에 "예수는 신랑으로 교회는 그의 신부로" 묘사되고 있다(마 9:15, 엡 5:25). 구약성경에도 "이스라엘은 하나님의 신부가 되었고 하나님은 이스라엘의 신랑이 되셨다(사 54:5, 62:5). 오늘 본문에서도 사도 바울은 고린도 교회를 그리스도의 신부로 묘사하고 있다. 여기서 '교회'란 성도를 말한다. 그래서 바울은 고린도 교회를 향하여 '정결한 처녀'의 몸을 가지라고 교훈했었다. 약혼한 처녀는 결혼을 위해 순결을 지킬 의무가 있다. 마찬가지로 그리스도의 신부된 성도들은 주님과 결혼을 위해(계 19:7,8) 처녀의 순결을 지킬 의무가 있다. 예수님이 요구하고 계시기 때문이다. 오늘 이 시간 "신앙의 정절을 지키자"는 제목으로 은혜를 나누고자 한다.

I. 신앙의 정절을 지키려면 진실한 믿음을 가져야 한다(2절)

"정결한 처녀로 중매함이로다" 사도 바울은 고린도 교인들을 그리스도께 중매시킨 장본인이다. 여기 "중매함이로다" 이 말은 약혼시켰다, 정혼시켰다는 뜻이다. 바울은 순결한 처녀인 고린도 교인들을 오직 한 남편인 그리스도에게 약혼시켰다(엡 5:27, 요일 3:2,3). 우리 성도에게 가장 중요한 것은 무엇보다도 진실한 믿음이다. 진실한 믿음은 생명이요, 능력이다. 진실은 믿음의 생명이다. 하나님께서는 아벨의 제사는 받으시고 가인의 제사는 받지 않으셨다(창 4:4,5). 아벨은 진실한 믿음으로 제사를 드렸으나 가인은 불신앙으로 드렸기 때문이다. 욥은 고난 중에도 입술로 범죄치않고(욥 2:9,10) 신앙의 정절을 지킨 결과 갑절의 축복을 받았다(욥 42:10-17). 예수께서 말세에 진실한 믿음의 사람이 적은 것을 탄식하면서 "인자가 올 때에 세상에서 믿음을 보겠느냐"(눅 18:8).

II. 깨끗한 사랑을 가져야 한다.

사도 바울은 고린도 교인들을 향하여 "너희가 산을 옮길 만한 믿음이 있을지라도 사랑이 없으면 아무것도 아니라"(고전 13:2)고 했다. 기독교는 사랑의 종교이다. 그래서 "믿음 소망 사랑 그 중에 제일은 사랑이라"(고전 13:13)고 했다. 교회가 사랑이 충만할 때 부흥된다.

III. 성령의 능력을 받아야 한다.

마귀는 우는 사자처럼 우리의 신앙을 유혹한다. 베드로는 "근신하라 깨어라 너희 대적 마귀가 우는 사자와 같이 두루 다니며 삼킬 자를 찾나니 너희는 믿음을 굳게 하여 그를 대적하라"(벧전 5:8-9). '성령충만' 하여 신앙의 정절을 지켜 신부된 성도의 사명을 다 합시다(계 19:1-9).

고린도후서 12장 9절

내 은혜가 네게 족하도다

"내 은혜가 네게 족하도다"(9절) 주님의 응답은 바울이 원했던 것과는 상반된 것이었다. 사도 바울이 뼈아픈 '가시'(7절)를 그대로 지닌 채 만족해야 했다. 여기 '은혜'는 그가 사도가 되고 또 사도로서의 활동하는 것을 가리킨다. "내 능력이 약한데서 온전하여 짐이니라"(9절) 바울의 간구를 거절하신 주님 바울이 인간적인 약점이 없었다면 그의 사역이 그 자신의 능력으로 잘못해서 바울 스스로 자고할 수 있으며 다른 사람들이 그를 신처럼 떠받들었을 것이다. 그러나 그가 약점을 지님으로써 자신에게 나타내는 능력이 오직 하나님에게서 비롯되었음을 자각하게 되어 겸손하게 되었다. 이처럼 하나님은 겸손한 자에게 은혜를 베풀어 주신다(약 4:6). 오늘 이 시간 본문 말씀을 통하여 "내 은혜가 네게 족하도다"란 제목으로 은혜를 받고자 한다.

I. 바울의 육체를 찌르는 가시는 무엇인가?

1. 바울의 육체를 찌르는 가시가 무엇인가?

① 육신의 질병이었다. 고후 12:7절에 "…육에 가시…"라고 했다. 여기 '가시'는 스콜룹스($\sigma\kappa\acute{o}\lambda o\psi$)로 파편, 말뚝 등을 의미한다. 여기 '가시'는 안질이나 간질을 의미한다. 바울이 다메섹 도상에서의 강렬한 빛 때문에 눈이 어두워졌었다(행 9:1-, 갈 4:13-15). ② 그리스도의 복음을 전파하다. 닥치는 핍박이었다(고후 11:22-27). ③ 예수를 핍박했을 때를 생각하면서 양심에 가책을 말한다. 바울이 믿기 전에 그리스도와 그의 백성을 핍박하던 것을 생각하면서 괴로워했다.

2. 하나님께서 왜 가시를 주셨을까?

바울은 가시를 빼어 달라고 세 번씩이나 기도했었다. 그때 응답하시기를 "내 은혜가 네게 족하도다" 바울은 자기가 받은 계시(세째 하늘의 신비체험)가 너무 크기 때문에 너무 자고하지 않게 하시려고 가시를 주셨다고 간증했다(7-9절). 하나님은 당신의 능력을 나타내시려고 가시를 주셨다(9절). 고후 12:10절에도 "이는 내가 약할 그때에 곧 강함이니라" 여기 '내 능력'이란 하나님의 권능을 의미한다. 사도 바울이 육체의 가시에 찔려 철저히 약해진 후에야 비로소 하나님의 능력이 나타나게 되었다. 여러분, 가시가 있을 때마다 참고 기도하여 승리합시다.

고린도후서 13장 5절~10절

자신을 시험하라

"믿음이 있는가…자신을 시험하고…"(5절) 여기 '시험하고'는 페이라제테($πειράζετε$)로 되돌아보다, 성찰하다는 의미이다. 지금까지 고린도 교인들은 바울의 사도적 권위를 시험해 왔다(11:20). 이제 바울은 두 가지 점에서 고린도 교인들의 잘못을 시정토록 촉구하고 있다. 하나는 자신을 시험하라는 것이요, 다른 하나는 믿음의 상태를 점검하라는 것이다. 시 26:2에 "여호와여 나를 살피시고 시험하사 내 뜻과 내 마음을 단련하소서" "그런즉 선 줄로 생각하는 자는 넘어질까 조심하라"(고전 10:12). 오늘 본문 말씀을 통해서 '자신을 시험하라' 는 제목으로 은혜를 받고자 한다.

I. 믿음이 있는가 시험하라(5절).

"너희가 믿음이 있는가 너희 자신을 시험하고"라고 했다. 여기 "믿음' 에 있는가? 믿음은 능력이다. "의인은 믿음으로 살기 때문이며"(합 2:4). 믿음은 역사를 일으킨다. "믿는 자에게는 능치 못할 일이 없느니라"(막 9:23). 믿음의 기도는 병든 자를 일으킨다(약 5:15). 믿음은 산을 옮길 수 있는 능력이 있다(마 17:20). 예수 그리스도께서 내 안에 계신지 시험하라.

II. 온전케 되었는지 시험하라(9절).

"너희의 온전케 되는 것" 여기 '온전하게 되는 것' 은 카타르티신($κατάρτισιν$)으로 그물을 고치는 것(막 1:19), 잘못 놓여있는 것을 바로 잡는 것, 잘못된 성도를 바로 잡는 것(갈 6:1) 개선하는 것 등을 가리킨다. 사실 고린도 교회에 바로 잡고 개선해야 할 것들이 많이 있었다. 사도 바울은 고린도 교인들이 죄악으로부터 벗어나고(12:20,21) 영적으로 온전해지기를 원했고 자신이 고린도 교인들로부터 진정한 사도로 인정받기를 원했다. "너희 자신을 확증하라"(5절) 여기 '확증하라' 는 도키마제테($δοκιμάζετε$)로 시험하여 인정된 의미이다. 고린도 교인들은 스스로에게 엄격한 시험을 적용하여 자신들의 믿음이 그리스도에 의해 인정받을 수 있는지 없는지에 대해 스스로 확증해야 한다. "예수 그리스도께 너희 안에 계신 줄을 너희가 스스로 알지 못하느냐 그렇지 않으면 너희가 버리운 자니라" 성도가 자신의 신앙상태를 살피는 일이 얼마나 중요한지 아무리 강조해도 지나침이 없다.

고린도후서 13장 11절~13절

바울의 마지막 축복기도

오늘 본문은 고린도 교인을 향한 바울의 격려와 인사이며 마지막 축복기도이다. "마지막으로 말하노니 형제들아 기뻐하라 온전케 되며 위로를 받으며 마음을 같이 하며 평안할 지어다 또 사랑과 평강의 하나님이 너희와 함께 계시리라 거룩하게 입맞춤으로 서로 문안하라"(11절) "주 예수 그리스도의 은혜와 하나님의 사랑과 성령의 교통하심이 너희 무리와 함께 있을찌어다"(13절).

Ⅰ. 바울의 마지막 권면

1. 근심하지 말고 기뻐하라"(11절). 여기 '기뻐하라'는 카이레테($\chi\alpha\acute{\iota}\rho\varepsilon\tau\varepsilon$)로 인사말로 안녕히 계십시오, 하나님의 은혜와 사랑을 늘 체험하라는 의미이다.

2. 온전하게 되어라(9,11절). 사도 바울은 고린도 교인들이 온전케 되기를 원했다. 환자의 몸이 건강하게 회복되듯이 고린도 교회가 영성으로 회복되기를 원했다.

3. 위로를 받으라. 여기 '위로'는 파라클레세오스($\pi\alpha\rho\acute{\alpha}\kappa\lambda\eta\sigma\iota\varsigma$)로 격려하다, 위로하다, 돕는다는 뜻이다(12:20).

4. 마음을 같이하라. 이 말은 동일한 생각과 사상을 지니라는 의미이다. 교회는 하나가 될 때 부흥된다(요 17:22).

5. 평안하라. 이 말은 마음을 같이 가질 때 평안이 온다(Calvin)(롬 12:18, 살전 5:13).

Ⅱ 바울의 마지막 축도

1. 주 예수 그리스도의 은혜 오늘날 교회에서 목회자들에 의해 행해지는 축도의 전형이다. 은혜는 항상 주 예수 그리스도로부터 나온다. 로마서 3:24에 "하나님의 은혜로 값없이 의롭다 얻은 자 되었느니라"

2. 하나님 아버지의 사랑 하나님의 사랑은 그리스도의 희생 속에서 드러난 것이다.

3. 성령의 교통 여기 '성령의 교통'에서 '교통'은 헤 코이노니아($\acute{\eta}\ \kappa o\iota\nu\omega\nu\acute{\iota}\alpha$)로 성령과 성도간의 연합관계를 나타내고 있다. 성령이 충만한 성도는 늘 기쁨과 온전함에 거할 수 있다. "성령의 참된 교통은 하나님과의 바른 관계를 가질 때(요일 1:3, 6)와 성도들이 서로 사랑할 때(요 13:34) 이루어진다. 이것이 코이노니아이다.

에베소서

바울의 문안과 인사 | 그리스도 안에서 | 예정론이란 무엇인가? | 하늘에 속한 신령한 축복 | 바울의 기도 | 충만한 교회 | 하나님의 사랑 | 오직 은혜의 선물 | 성도의 사명 | 하나님의 권속 | 성도의 특징 | 그리스도의 사랑 | 바울의 기도 | 성도의 생활과 삶 | 성령 안에서 하나 | 사도의 사명 | 새사람을 입으라 | 사랑 가운데서 행하라 | 세월을 아끼라 | 성령의 충만을 받으라 | 부모에 대한 효도 | 마귀와 싸워 이기려면 | 성도의 삶

에베소서 1장 1절

바울의 문안과 인사

본 서신은 사도 바울이 A.D.63년경 로마 옥중에서 기록했다. 수신자는 에베소 교회와 성도들이다(1:1). 본 서신의 독특한 문체와 관련하여 아미테이지 로빈슨(Armitage Robinson)은 이 책은 사도바울의 서신서들 중의 백미라고 불렀고, 윌리암 바클레이(Willian Barclay)는 인간의 언어로 기록된 글 중 가장 사랑스러운 글이라고 평가했다. 또 사무엘 테일러 콜러리지(Samuel Taylor Coleridge)는 본 서신은 서신들의 여왕이라고 하였다. 신학적 주제는 하나님의 선택이며, 그리스도 안에서 창세전에 택하셔서 양자됨과(1:4,5) 죄사함(1:7), 성령의 인침(1:13)을 성도들에게 주신 것이다. 십자가를 통한 구원을 중심으로 교리를 강조하고 있다.

I. 하나님의 뜻으로 사도된 바울(1절).

본문에서 바울은 자신이 하나님이 선택에 의해서 그리스도의 대리자가 되었음을 고백한다(갈 1:1). 여기 사도란 아포스톨로스($ἀπόστολος$)로 보내다, 보냄을 받은 자란 뜻이다. 예수 그리스도의 사명을 받고 보내심을 받은 자를 의미한다. 사도의 권위는 하나님께로부터 위탁(위임)받은 권위이다. 그러므로 사도는 자기 원대로 살 수 없고 그리스도께서 원하시는 삶을 살아야 한다. "하나님의 뜻으로 말미암아 그리스도 예수의 사도된 바울"(1절), 바울은 하나님께서 자신을 택하셔서 하나님의 사도로 일하게 했다고 한다. ① 사도는 바른 말을 해야 한다. 사도는 성도들을 바르게 가르쳐야 한다. ② 사도는 바로 살아야 한다. 언행일치, 불의와 타협하지 않고 곧은 신앙으로 살아야 한다. ③ 사도는 바로 죽어야 한다. 주님을 위해 충성해야 한다. 순교를 각오하며 교회를 잘 섬기고, 사명을 다해야 한다.

II. 사도 바울은 에베소 교회를 향하여 은혜와 축복이 있기를 원했다(2절).

"하나님 우리 아버지와 주 예수 그리스도로 좇아 은혜와 평강이 너희에게 있을지어다"(2절). 여기 '은혜'는 카리스($κάλις$)로 그리스도 예수 안에서 그리스도의 구속사역으로 값없이 누리게 되는 구원의 은총을 의미한다. 은혜는 하나님의 선물이다(엡 2:1-10). 구원의 은혜, 성령의 은혜, 사랑의 은혜, 예언의 은혜, 신유의 은사, 은혜가 다 그것이다. 사도 바울은 이 은혜들이 에베소 교회에 풍성히 있기를 원했다. 여기 '평강'은 에리레네($εἰρήνη$)로 히브리어 샬롬(שלום)의 번역으로 히브리인들이 개인의 물질적 축복과 번영을 기원해주는 인사말이다(창 29:6, 삼상 25:6). 삼하 20:9, 삼하 4:26). 사도 바울은 에베소 교회에 하나님의 축복이 넘치기를 원했다.

그리스도 안에서

지금 사도 바울은 로마 옥중에 갇혀 있으면서도 "그리스도 예수 안에서 행복을 누리는 심령이기 때문에 본서(에베소) 중에서만도 "그리스도 안에서", 예수 안에서, 주 안에서, 그 안에서 란 말이 무려 40번이나 기록되었으니 바울은 역시 주 안에서 그의 사명을 다한 사람이다.

I. 그리스도 안에서(έν κριστω)

"그리스도 안에서" 이 말은 그리스도와 연합을 통해서 하나님의 축복이 그리스도인에게 주어짐을 의미한다. 그리스도 안에서는 바울의 깊은 신앙체험을 말한다. "내가 그리스도와 함께 십자가에 못박혔으니 그런즉 이제는 내가 산 것이 아니요 내 안에 그리스도께서 사신 것이라"(갈 2:20). 여기 "하늘에 속한" 이 말은 신령한 과 같은 의미를 지닌다. 하나님이 주시는 축복은 그리스도인들을 하늘의 영역과 연결시키는 구원의 축복이다. 그러나 이 축복은 미래에 맛보는 것이 아니라 현재 그리스도의 삶 가운데 속하는 축복이다(Lincoln). 여기 "신령한 복으로" 이 말은 여기서 신령한 복은 성령의 현존으로 이루어진 결과를 가리킨다(5:19, 골 1:9, 3:16). 이 복은 육적인 축복이 아니라 천상적이며 영적인 축복이다.

II. "그리스도 안에서"는 바울신학의 사상이다

바울은 어릴 때부터 율법을 공부했고 가말리엘 문하에서 교육을 받은 유대주의자였다. 이런 사람이 다메섹 도상에서 예수를 만남으로 새사람이 되었다(행 9:1). 우리는 하나님 자기계시를 통하여 하나님의 뜻을 알 수 있다. "계시" 란 아포칼립시스(αποκαλυψισ)로 '베일을 벗기다' '덮개를 열다' '드러내 보이다' 란 뜻이다. 사도 바울은 그리스도 안에서 그리스도를 통해서 성경을 재검토하고 신학계를 재수립한 사람이다. 사도 바울은 그리스도 안에서 그리스도를 배경으로 삼고, 그리스도를 중심으로 삼고, 그리스도의 사명을 위해 최선을 다했다. 우리는 하늘에 속한 자들이다. 우리를 하나님의 일꾼으로 세우시고 하늘에 신령한 복으로 넘치게 하셨으니 늘 감사하며 살자.

에베소서 1장 3~6절

예정론이란 무엇인가?

하나님께서 우주만물을 창조하셨다(창 1:1). 성경은 내가 있기 전 세상이 있기 전 하나님이 계셨음을 가르쳐주고 있다. "작정과 예정"은 다르다. 작정은 세상을 창조하시는 하나님의 계획 전체를 말하고 예정은 하나님의 작정 가운데 죄인을 구원하시는 특별한 계획을 가리켜 예정이라고 한다. 하나님은 이와같이 작정과 예정을 세우신 후에 세상을 창조하시고 메시야를 세상에 보내시고 우리를 불러 구원의 길로 인도하신 것이다. 인간을 구속하시려는 하나님의 예정은 세상의 만물이 있기 전, 즉 창세 전에 있었던 일임에도 인간은 이 진리를 깨닫지 못했던 것이다.

I. 예정론(Predestination)이란 무엇인가?

창세 전에 택하셨다는 말이다(4절). "곧 창세 전에 그리스도 안에서 우리를 택하사"라고 했다. 여기 "택하사" 이 말은 선택하다란 뜻이다. 창세 전에 하나님께서 당신을 위하여 우리를 택하셨음을 의미한다. 만세 전에 하나님의 경륜 가운데 미리 작정하셨다는 말이다(딤후 1:9). 하나님 자신을 위한 사역이며, 하나님의 주권과 은혜 하에서 이루어진 것이다. 결국 "예정론"은 에베소서 1:9, 11절에 "곧 그 기쁘심을 따라 그리스도 안에서 그 마음에 원하는대로…우리가 예정을 입어 그 안에서 기업이 되었다" 하나님의 자녀가 되게 하신 것을 말한다(5절). 이것은 우리에게 거저주시는 은혜였다(6절). 성령으로 인치시기 위해 예정하신다. 예정한 사람은 성령으로 인침받는다(엡 2:8, 고전 12:3).

II. 예정된 것을 어떻게 믿는가?

하나님은 창세 전부터 성도들을 보내사 그들을 거룩하고 흠없는 자로 만들어 당신의 자녀가 되게 하려고 예정의 은총을 베푸셨으며 하나님께 찬양하게 하셨다(4-6절). 여기 "예정"이란 프로오리사스($προορίσας$)로 미리 계획했다는 뜻으로 하나님께서 영원 전부터 많은 인류 중에서 성도들을 택하사 그리스도 안에 들어오게 하신 구원계획을 말한다. 우리는 하나님을 아바 아버지라 부른다(갈 4:6, 롬 8:15). 예수를 우리의 구속주로 믿고 부른다(고전 12:3). 우리는 양자됨을 축복으로 믿는다. 이제 우리는 하나님의 예정대로 내가 택함을 입고 복음을 믿어 자녀가 되었으니 성령의 능력을 믿어야 한다.

에베소서 1장 3~14절

하늘에 속한 신령한 축복

오늘 우리 성도는 하늘의 신령한 복을 사모하며 그 복을 즐거워하며 살아야 한다. 하나님은 사모하는 자에게 신령한 복을 채워주신다(시 107:9, 마 6:32, 33). 본문 말씀을 통해서 "신령한 복"이 어떤 복인지 생각해 보자.

I. 우리를 선택해 주신 복이다(3-4절).

"곧 창세 전에 그리스도 안에서 우리를 택하사"라고 했다. 하나님께서 우리를 선택하신 것은 ① 하나님 자신을 위한 사역이며, ② 하나님의 주권과 은혜 하에서 이루어졌다. 여기 "창세 전에" 이 말은 우리가 택하심을 받은 것은 우리가 세상에 태어나 살던 중 어떤 필요에 의해 선택된 것이 아니라 창조 이전에 우리를 이 땅에 보내시되 하나님의 자녀로 삼을 계획을 하셨던 것이다. 이처럼 우리는 하나님의 원대하신 구속사역 가운데 포함되어 있었다. 이것이 하나님의 신령한 축복에 포함되었음을 의미한다(5-8절).

II. 하나님의 비밀을 아는 축복이다(9-11절).

우리는 하나님의 풍성하신 은혜로 지혜와 총명을 통해서 하나님의 뜻인 비밀을 알게 된다. 여기 "비밀"은 뮈스테리온($\mu\nu\sigma\tau\eta\rho\iota o\nu$)으로 단순히 숨겨져 있는 사실을 가키키는 것이 아니라 이미 밝혀진 신비를 의미한다(골 1:27). "비밀"은 ① 감취었다가 밝혀진 진리를 가리키며 ② 세상 모든 사람에게 알려야 할 신비로 나타난다. 이 "비밀"은 그리스도 안에서 성취하신 하나님의 구원계획을 의미한다(9,10, 3:3-10, 5:32, 6:19).

III. 성령으로 인침받는 복이다(13절).

"그 안에서 너희도 진리의 말씀 곧 너희의 구원의 복음을 듣고 그 안에서 또한 믿어 약속의 성령으로 인치심을 받았으니"라고 했다. 하나님의 구원은 유대인에게만 해당되는 것이 아니다. 이제는 이방인에게도 구원의 복음이 전해졌다. "복음"은 다른 곳에서 주의 말씀(고전 14:36, 살전 2:13), 하나님의 말씀(고전 14:36), 그리스도의 말씀(골 3:16), 생명의 말씀(빌 2:16), 화해의 말씀(고후 5:19)이라고도 불러진다. 여기 "인치심을 받았으니" 이 말은 소유권을 나타내거나(아 8:6) 어떤 것을 보증할 때 사용되었다. 예수를 영접한 우리는 하나님의 택한 백성이 되며 하나님은 그들의 소유주와 보호자가 되신다(롬 8:9,16).

에베소서 1장 15~23절

바울의 기도

사도 바울은 에베소 교인들의 믿음과 사랑에 대해 들었음을 밝히고 있다(15절). "주 예수 안에서 너희의 믿음과 모든 성도를 향한 사랑을 나도 듣고…" 바울은 로마의 감옥 안에서 에베소 교인들의 사정을 듣고 하나님께 감사하며 그들을 위하여 기도했다. 바울은 기도할 때마다 에베소 교인들의 믿음과 사랑에 대해 감사하는 것을 잊지 않았다. 교회는 사랑이 충만해야 한다. 에베소 교회는 사랑이 많은 교회였다. 우리 교회도 사랑이 많은 교회로 소문나야겠다.

I. 바울의 기도

하나님을 알게 해 달라고 기도했다(17절). "…지혜와 계시의 정신을 너희에게 주사 하나님을 알게 하시고"(17절) 여기 "정신"은 퓨뉴마($\pi\nu\epsilon\hat{\upsilon}\mu\alpha$)로 성령에 의해서 인간의 영(Spirit)에 주어진 "성령의 은사"(Spiritual gift)를 가리킨다. "지혜"는 그리스도 안에서 하나님이 행하신 사역을 이해하는 것이며(8절, 3:10, 5:15), "계시"(Revelation)는 하나님의 비밀을 이해할 수 있도록 하나님께서 성령을 통해 모든 성도들에게 주신 것을 의미한다. "하나님을 알게 하시고" 이 말은 성도들은 성령(Spirit)의 역사를 통해 받은 지혜와 계시에 의해서 하나님을 알게 된다.

II. 소망을 알게 해달라고 기도했다(18절).

"너희 마음 눈을 밝히사 그의 부르심의 소망이 무엇이며…"라고 했다. 마음 눈은 우리들의 마음속에 하나님을 바라보는 눈이 있는 것처럼 묘사하는 아름다운 표현이다. 에베소 교인들은 그리스도인이 되기 전에는 총명이 어두웠고(4:18), 어둠에 거하였었다(5:8). 그러나 구원을 받은 에베소 교인들은 성령의 조명하심으로 복음을 통해 깊은 깨달음을 얻고 하나님께서 그들에게 알게하시는 모든 것을 이해할 수 있게 되었다. 사도바울은 에베소 교인들이 성령의 역사를 통해 세 가지를 알게 되기를 기도했다. ① 그의 부르심의 소망이 무엇이며, "부르심"은 선택과 예정을 전제로 한다(4, 5, 11절). ② 성도 안에서 그 기업의 영광의 풍성이 무엇이며(19절), ③ 하나님의 능력의 역사하심이 어떤 것인지를 알기위해 기도했다(19절). 하나님께서 우리를 부르시고 그리스도의 보혈로 구속하사 하나님의 자녀가 되게 하셨다. 우리 성도의 소망은 하늘에 쌓아 둔 것이다(골 1:5). 사도 바울은 그리스도인을 향해 행하신 하나님의 능력이 어떤 것인지를 에베소 교인들이 알기를 기도했다. 기도는 능력이다. 능력받아 주 안에서 승리하자.

에베소서 1장 23절

충만한 교회

"교회는 그의 몸이니 만물 안에서 만물을 충만케 하시는 자의 충만이니라"(23절) 교회에서 가장 많이 사용하는 말 가운데 하나가 "충만(fullness)"이다. 교회란 무엇인가? 사도 바울은 본 서신에서 구원받은 성도들의 모임인 교회($\dot{\epsilon}\kappa\kappa\lambda\eta\sigma\iota\alpha$)에 관해서 다루고 있다. 교회는 믿음이 충만해야 한다(약 2:5). 교회의 재산은 돈(물질)이 아니라 믿음이다.

I. 교회의 기원

교회는 구원을 위하여 선택받은 자들의 눈에 보이지 않는 "무형교회"다. 구원을 실현하기 위하여 지상에 존재하는 "유형교회"가 있다. 하나님은 이미 당신의 작정안에 창세 전부터 자신의 은혜를 나타내기 위하여 교회를 조직하셨다(1:3-6). 교회는 그리스도의 예언대로(마 16:18) 오순절 성령강림사건으로 인하여 신약교회가 탄생했다(행 2:2-4,47, 4:32). 지상에 존재하는 교회는 흑암의 세력과 영적 투쟁을 벌이는 전투적 교회요(6:12-13), 천상의 교회는 승리적 교회이다(계 21:4). 성경에서 "하나님 나라"(The Kingdom of God)는 그리스도의 성육신(Incarnation)과 함께 지상에 실제적으로 임재한 것 즉 성도들의 심령(눅 17:20, 21)과 성도들의 모임인 교회(마 13:31, 33, 44, 47)를 가르키기도 하고 그리스도께서 왕노릇하시는 천년왕국(삼하 7:10-16, 시 89:3,4, 20-37)과 새 하늘과 새 땅(계 21:1-4)을 가리키기도 한다. 이와같이 그리스도의 신적 왕권이 미치는 영역을 하나님 나라로 볼 때, 이는 지상의 교회와 부분적으로 일치하며 승리적 교회와는 완전히 일치한다고 하겠다. 그러므로 충만한 교회란 완성된 교회를 말한다.

II. 충만한 교회란 만물을 충만케 하는 교회이다.

"그리스도는 믿음 안에서 "만물을 충만케 하는 자이다. 하나님은 그리스도의 몸된 교회를 통하여 당신의 뜻을 이루어가신다. 교회가 은혜로 축복으로 충만하여 넘쳐날 때 그것이 밖으로 흘러 넘쳐나간다. 우리의 받은 축복이 바깥세계로 넘쳐날 것이다. 사도 바울은 "고린도 교회를 향하여 하늘나라는 말에 있지 않고 능력에 있다"(고전 4:20)고 했다. 충만한 교회는 말썽이 없다. 오늘의 우리 교회를 충만한 교회로 능력있는 교회로 만들어 가자.

에베소서 2장 1~5절

하나님의 사랑

우리 기독교는 사랑의 종교이다. 하나님은 사랑이라고 가르쳐 주는 진리이다(요일 4:8). 기독교는 교회 건물이나 예배당이 아니다. 교리(Christology)도 아니다. 기독교는 사랑이다. 원수까지도 사랑하는 사랑이다. 독생자까지 주시는 사랑(요 3:16)이다. 사랑에는 네 가지 종류가 있다. ① 부자간의 사랑(Storge, 창 37:4), ② 부부간의 사랑(Eros 삼하 13:4), ③ 친구간의 사랑(Fillia, 삼상 20:17), 그리고 ④ 하나님의 사랑(Agape 마 20:18)이 있다. 그 외에도 물질에 대한 사랑, 지식의 사랑, 명예를 위한 사랑 등이 있다. 하나님의 사랑은 죄인을 구원하기 위한 사랑이다(요 3:16).

I. 교회는 사랑의 충만해야 한다(4절).

"긍휼에 풍성하신 하나님이 우리를 사랑하신 그 큰 사랑을 인하여 "라고 했다. "긍휼에 풍성하신 하나님"은 하나님에 대한 히브리적 표현이다(출 34:6, 시 103:8, 145:8, 욘 4:2). 이 말은 하나님께서 언약을 충실히 지키며 사랑을 베푸시는 것을 시사한다. 하나님은 자신의 본질인 사랑을 통해서 우리에게 구속의 은총을 베푸셨다(롬 5:8). 타 종교는 인간이 신을 찾아가지만 기독교는 계시의 종교로서 하나님의 인간을 향하여 찾으시는 종교이다. 아담과 하와가 범죄하여 무화과나무 밑에 숨어 있을 때 하나님이 찾아오셨다. "아담아 네가 어디 있느냐"(창 3:9) 물으신 하나님이시다.

II. 하나님의 사랑은 거룩한 사랑이요, 영원한 사랑이다.

세월은 흘러서 시대는 바뀌고 인간의 사랑은 변해간다. 그러나 영원히 변하지 않는 것이 있다. 그것은 하나님의 사랑이다. 하나님의 사랑은 거룩한 사랑이다. "내가 거룩하니 너희도 거룩하라"(벧전 1:15-16). 하나님의 사랑은 아가페의 사랑이다. 지(知), 정(情), 의(意)를 갖춘 인격적 사랑이다. "너희가 은혜로 구원을 얻은 것이라"(5절) 사도 바울은 에베소 교회를 향하여 "죄로 인해 죽어 마땅한 인간이 하나님의 은혜로 구원이 이루어졌다"고 했다. "긍휼이 풍성하신 하나님께서 죄와 허물로 죽은 우리를 그리스도와 함께 살리시고 은혜로 인하여 구원을 얻게 하셨다. 이는 하나님의 큰 사랑의 선물이다. 이 선물을 받는 방법은 오직 믿음뿐이다. 교회에 하나님의 사랑이 가득차게 하자. 그리고 이 땅에 하나님의 나라를 건설하자.

에베소서 2장 4~8절

오직 은혜의 선물

"너희가 그 은혜를 인하여 믿음으로 말미암아 구원을 얻었나니 이것이 너희에게서 난 것이 아니요 하나님의 선물이라"(8절)

I. 은혜(Gratia)란 무엇인가?

"은혜"란 말은 헬라어로 카리스(κάρις) 라틴어로는 그라치아(Gratia)이다. 카리스는 아름답다, 사랑스럽다는 뜻으로 쓰이고 그라치아는 총애 또는 호의(好意)를 뜻한다. 그러므로 "은혜"란 인간을 구원하시기 위한 하나님의 총애 또는 호의를 가리킨다. 특히 바울신학의 기본어가 은혜이다. 인간의 구원은 자력(自力)으로 될 수 없고 예수님을 믿음으로 구원이다(행 4:12, 16:31). 구원(Salvatino)은 인간의 행위에 있지 않고 전적으로 하나님의 은혜에 있다(엡 2:1-10). 칼빈은 구원도 믿음도 하나님의 선물이라고 했다. 우리가 죄사함을 받고 의롭게 된 것도 하나님의 은혜요, 성화(Sanctification)된 것도 하나님의 은혜요, 먹고 입고 사는 것도 하나님의 은혜요, 성령을 받은 것도 하나님의 은혜라고 했다.

II. 하나님의 선물이 무엇인가?

"너희가 그 은혜를 인하여 믿음으로 말미암아 구원을 얻었나니 이것이 너희에게서 난 것이 아니요 하나님의 선물이라"(8절) ① 선물이란 값없이 주는 것이다. 기쁨으로 자진해서 주는 것이다. 필요할 때 주는 것이다. ② 성령을 받은 것이다(행 2:38). ③ 하나님의 은혜를 받은 것이다(롬 5:15). ④ 분량대로 선물을 주셨다(엡 4:7-11, 3:7). ⑤ 그리스도를 우리에게 주신 선물이다(약 1:17).

최상의 선물은 예수 그리스도를 우리에게 주신 일이다. 결국 하나님의 선물이란 성령의 은사를 받아 독생자를 믿음으로 구원을 얻게 되는 사실이다.

III. 선물을 어떻게 받을 것인가?

믿음으로 받아야 한다. 믿음으로 아멘하고 감사함으로 받아야 한다. 또한 의심하면서 받으면 안된다. '은혜'를 깨닫는 것이 은혜이다.

성도의 사명

"이제는 전에 멀리 있던 너희가 그리스도 예수 안에서 그리스도의 피로 가까워졌느니라(13절). 과거 이방인들은 하나님과 멀리 떨어져 있는 상태였으나 이제는 하나님과 교제를 나누는 존재가 되었다. 이방인의 이런 상태는 "그리스도의 피"에 의해 이루어졌다(히 10:19-22). "그리스도의 피"는 하나님과 화해를 이루는 그리스도의 대속적인 희생의 피다(1:7, 롬 5:10, 골 1:1:20-22). 오늘 본문을 통해서 예수님의 사역에 대해서 은혜받기를 원한다.

I. 예수 그리스도는 중간에 막힌 담을 무너뜨리셨다(14절).

"그는 우리의 화평이신지라 둘로 하나를 만드사 중간에 막힌 담을 허시고"라고 하셨다. 여기 "화평"은 에이레네(εἰρήνη)로 구약의 샬롬(שָׁלוֹם)에서 유래된 말이다. 샬롬은 인간 삶의 총체적인 행복과 평안을 의미한다. 그러나 본절의 화평은 유대인과 이방인 사이에 평화를 의미한다. 그리스도께서 평강의 왕으로서 십자가의 구속사역(Ministry of Redemption)을 담당하셔서 유대인들과 이방인들을 하나로 만드셨다. 이것이 그리스도의 화해사역이다. "중간에 막힌 담"이란 말은 죄로 인해 인간과 하나님과의 교제가 끊어졌음을 의미한다. 하나님과 교제를 하기 위해서는 가로막힌 장벽을 무너뜨려야 한다. 하나님과 우리 사이에 막힌 담을 헐 수 있는 길은 오직 예수뿐이다. 예수만이 우리를 하나님과 화해시킬 수 있다.

II. 예수 그리스도는 의문에 속한 계명의 율법을 폐하셨다(15절).

여기 "의문에 속한 율법"은 원수된 것을 수식하는 것으로 십계명과 같은 계명과 수많은 세세한 규정들로 모세의 율법을 의미한다. 그리스도는 자기 육체, 즉 십자가의 대속적 죽음으로 율법을 폐하셨으며(롬 7:4, 갈 3:13) 율법에 의해서 지배를 받던 옛질서를 폐하셨다. 그러나 율법을 폐지하셨다는 것은 유대인과 이방인으로 구성된 하나님의 새로운 백성이 율법을 지켜야 하는 의무에서 벗어났다는 의미이다(롬 7:6). 율법을 없애 버렸다는 뜻이 아니다. 도리어 믿음은 율법을 굳게 세운다(롬 3:31-4:25). 왜냐하면 율법을 행함으로 이신득의의 복음을 드러내기에 때문이다. 결국 그리스도는 새사람을 지으셨다. 옛사람은 죄의 노예로서(롬 5:17) 율법의 지배를 당한다. 그러나 새사람은 죄에 대하여는 죽은 자요, 하나님을 대하여는 산 자이다(롬 6:11). 새사람에 속하는 그리스도께서 부여하신 새생명이었다. 새생명을 얻은 우리 성도는 하나님의 은혜에 감사하면서 성도의 사명을 감당해야 한다.

에베소서 2장 19절

하나님의 권속

사도 바울은 모든 이방(異邦) 성도를 향하여 전에는 이스라엘 백성과 이방인 간에 간격이 있었지만 그리스도로 말미암아 그 장벽이 헐리고 이제는 누구든지 오직 성도들과 같이 동일한 시민이 되었고 하나님의 권속, 하나님의 가족이 되었다고 했다. "너희가 그리스도 예수 안에서 그리스도의 피로 가까워졌느니라"(13절). "그는 우리의 화평이신지라 둘로 하나를 만드사 중간에 막힌 담을 허시고"(14절). 여기 "권속"(family)이란 집안식구, 가족을 의미한다. 오늘 이 시간 본문 말씀을 통하여 "하나님의 권속"이란 제목으로 은혜를 받고자 한다.

I. 우리는 하늘나라 시민이다(19절).

"…오직 성도들과 동일한 시민이요, 하나님의 권속이라"고 했다. 여기 "성도"는 하나님의 모든 백성 즉 그리스도인을 의미한다. 이제 에베소 교인들은 과거의 소외된 이방인의 신분에서 벗어나 나머지 그리스도인들과 연합한 그리스도인들이다(1:18). 또한 그들은 하나님의 권속, 즉 가족이다(요 1:13, 갈 4:7). 사도 바울은 빌립보교인들에게 "오직 우리의 시민권은 하늘에 있다"고 했다(빌 3:20). 즉 그리스도인은 외인도 아니요, 손도 아니다. 오직 성도들은 천국의 시민이요, 하나님의 권속이다.

II. 우리는 하나님의 가족이다.

본문에 "너희는 외인도 아니요 손도 아니요 하나님의 권속"이라고 했다. 교회에 나온 성도는 모두가 하나님의 가족이다. 괜히 겉돌면서 자기에게 대접 안해준다고 불평하지 말고 깊이 들어와서 주인이 되어 다른 성도들을 대접하고 영접하는 성도들이 신속히 되어야 한다. 교회생활하면서 내가 외인이나 손님으로 취급받는다고 생각하며 고독감, 소외감을 느끼는 성도가 있는가? 교회 나온 신자는 모두가 하나님의 가족이다. 괜히 겉돌지 말고 깊이 와서 주인이 되어 다른 사람들을 대접하고 영접하는 사람들이 속히 되세요. 여기 "손"이란 말은 파로이코이($\pi\acute{\alpha}\rho o\iota\kappa o\iota$)로 체류자, 기류자, 권리가 없는 자를 뜻한다. 하나님의 가족은 다같이 하나님의 집에서 살아야 한다(21절). 하늘의 시민 하나님의 가족들이 함께 모여 사는 곳이 하나님의 성전이요, 하나님의 집이다. 우리는 성전의 한 구성원으로서 이미 택함을 받았다(고전 3:16). 예수 그리스도안에 있는 우리는 차이가 없다. 한 형제요, 한 식구이다. 우리는 하나님의 가족이다. 구별하지 말고 축복된 삶을 누리며 살자.

에베소서 2장 4~8절

성도의 특징

"그리스도 예수의 일로 너희 이방을 위하여 갇힌자 된 나 바울은…"(1절) 사도 바울은 자신이 갇히게 된 것은 "이방인을 위하여"라고 했다. 사도 바울은 하나님의 계시의 비밀을 알고 그리스도의 비밀을 깨달아서 이방인들에게 전도함으로 이방인들이 복음으로 말미암아 그리스도 예수 안에서 함께 후사가 되고 함께 약속에 참예하는 자가 되게 하였다(1-4절). 바울은 그리스도의 복음 때문에 고난도 받고 옥에도 여러 번 갇히고 매도 수없이 맞고 여러 번 죽을 고비를 넘겼다(고후 11:23-27). 그래도 바울은 자신의 몸을 돌보지 않고 오히려 교회를 염려했다. 바울은 자신에게 주어진 특권을 행사하지 않았다. 오히려 그리스도의 복음을 전하는데 방해가 되는 것은 배설물로 여겼다(빌 3:8). 그러면 바울이 추구했던 특권이 무엇인가?

I. 그리스도 안에서 함께 후사가 되는 것이다(6절).

"이는 이방인들이 복음으로 말미암아 그리스도 예수 안에서 후사가 되고…"라고 했다. 3절에 "계시로 내게 비밀을 알게 하신 것은…"라고 했다. 여기 "계시"란 아포칼립시스(αποκαλψισ)로서 베일을 벗기다, 덮개를 열다, 드러내 보이다를 의미한다. "계시"는 하나님이 당신을 인간에게 제시하는 방법으로 성령의 감동과 조명을 통해서 이루어진다. 바울은 다메섹 도상에서 예수 그리스도의 계시를 통해 비밀, 즉 하나님의 감추어진 계획을 알게 되었다. 우리가 하나님의 후사가 된 것은 예수 그리스도의 구속을 통해 알 수 있다.

II. 함께 지체가 되었다는 사실이다.

여기 "함께 지체가 되고"이 말은 이방인들도 그리스도께서 머리가 되신 교회(엡 4:15, 5:23, 골 1:18)의 지체가 됨을 의미한다. 이방인도 유대인과 더불어 그리스도의 몸 된 교회에 새로운 공동체를 형성한다.

III. 함께 약속에 참여하는 자가 되었다는 사실이다.

"함께 약속에 참여한 자가 됨이라"(6절) 여기 약속은 하나님께서 아브라함에게 하신 것이다(창 12:1-3). 과거에 이방인들은 약속의 언약에 대해 제외된 자들이었다(2:12). 유대인들과 약속에 동등하게 참여하는 자가 되었다(갈 3:22, 29). 이스라엘 백성들은 이 약속을 받아 가나안 땅을 향해 갈 수 있는 특권을 부여받았다.

에베소서 3장 18~19절

그리스도의 사랑

유명한 나폴레옹은 "나의 사전에는 불가능이란 단어는 없다"고 자랑했으나 그가 최후를 세인트헤레나 섬에서 지낼 때 탄식한 말이 "나는 칼로 세계를 정복하려 했으나 실패했고 예수는 사랑으로 다스렸기에 세계를 정복했다"고 하였다. 인간의 명예나 명성은 세월이 흐르면 잊혀진다. 그러나 그리스도의 사랑은 영원한 것이다. 그래서 사도 바울은 로마 옥중에서 에베소 교회 성도들에게 "너희는 그리스도의 사랑을 알아 그 넓이와 길이와 높이와 깊이가 어떠 함을 깨달아"(18-19절) 알기를 원했다.

I. 그리스도의 사랑의 넓이(18-19절)

"…모든 성도와 함께 지식에 넘치는 그리스도의 사랑을 알아 그 넓이와…"라고 했다. 여기 "모든 성도와 함께" 이 말은 바울은 모든 성도들이 그리스도의 사랑을 깨달아 강건해지기를 간구했다. 이세상에서 가장 측량할 수 없는 것이 있다면 이는 그리스도의 사랑일 것이다. 우리가 부모님의 사랑을 말할 때 바다보다 깊고 하늘보다 높다고 한다. 그러나 그리스도의 사랑은 한이 없다. 그리스도의 사랑은 인간의 지식으로 측량할 수 없는 무한한 것이다.

II. 그리스도의 사랑의 길이

인간의 사랑은 변한다. 그러나 하나님의 사랑은 영원하다. 로마서 8:35절에 "누가 우리를 그리스도의 사랑에서 끊으리요…" 그리스도의 사랑의 길이는 자로 잴수 없다. 그리스도의 사랑은 길이나 높이를 잴 수 없다. "하나님의 모든 충만하신 것으로 너희에게 충만하게 하시기를 구하노라"(18-19절). 본 절은 바울의 중보기도의 절정이다. 바울은 그리스도인들이 충만한 것을 획득하기를 기도한다.

III. 그리스도의 사랑의 깊이

우리들은 넓고 깊고 큰 것을 흔히 바다에다 비유한다. 그리스도의 사랑의 깊이는 바다보다 깊다. 측량할 수 없다. 요한복음 15:9에 "아버지께서 나를 사랑하신 것이 나도 너희를 사랑하였으니 나의 사랑 안에 거하라" "깊은 물은 고요하다"는 말이 있다. 하나님의 크신 사랑 속에서 날마다 믿음으로 승리합시다. 날마다 성령충만하여(16-19절) 그리스도의 장성한 분량까지 성장하자(4:11-13). 이것이 하나님께서 요구하시는 것이다.

에베소서 3장 14~19절

바울의 기도

사도 바울은 위대한 전도자요, 목회자요, 능력의 종이었다. 바울은 눈물의 사람이요, 기도의 사람이요, 능력의 사람이었다. 오늘 본문에서 바울은 에베소 교회를 위하여 무릎 꿇고 기도했다(15절). 여기 "무릎 꿇고" 기도한 바울, 유대인들에게는 서서 기도하는 것이 관례였으나(마 6:5, 눅 18:11) 사도 바울이 "무릎 꿇고" 기도하는 것은 그의 간절한 마음과 복종을 의미한다. 에베소 교회를 향한 그의 기도는 어떤 기도였는가?

I. 속사람이 강건하기를 기도했다(16절).

"그 영광의 풍성을 따라 그의 성령으로 말미암아 너희 속사람을 능력으로 강건하게 하옵시며" 라고 했다. 바울은 "속사람이 강건해지기를" 기도했다. 여기 속사람은 성령을 통해서 능력으로 강건해진다. 사도 바울은 에베소 교회의 성도들이 속사람이 강건해지기를 기도했다. 이 악한 세상에서 마귀와 싸워 승리하려면 하나님의 능력을 힘입어야 한다. 우리 성도는 내주하시는 성령의 역사를 통해 그리스도를 위해 살아갈 수 있게 된다(고전 16:13). "내게 능력 주시는 자 안에서 내가 모든 것을 할 수 있느니라" (빌 4:13)

II. 그리스도께서 마음에 계시게 위해 기도했다(17절).

"믿음으로 말미암아 그리스도께서 너희 마음에 계시게 하옵시고" 라고 했다. 우리 성도는 믿음을 통해서 그리스도와 연합을 이루며 그리스도의 내주를 경험한다(요 1:12, 14:20, 17:21, 롬 8:9,11, 고전 3:16). 그리스도께서 내주하시는 곳은 마음이다. 마음은 인격의 중심으로서 삶의 방향을 정하는 전인(全人)의 사고와 감정과 의지를 나타낸다. 기도는 능력이다. 바울은 기도의 능력과 성령의 능력을 믿었다.

III. 사랑 가운데서 살기 위하여 기도했다(17절).

"…너희가 사랑 가운데서 뿌리가 박히고 터가 굳어져서" 라고 했다. "뿌리가 박히고 터가 굳어져서" 이 말은 그리스도께서 직접 하신 것으로(마 7:15-20, 24-27장) 바울은 골로새서에서 믿음과 연결지었고(골 1:23, 2:7), 본 절에서는 사랑과 연결된다(17-18절). 사랑은 그리스도인들이 뿌리가 박히고 터가 굳어지는 토양으로서 그리스도의 내주의 결과이다. 사랑은 하나님이 그리스도 안에서 그리스도인에게 부어주신 것으로(롬 5:5) 이 사랑을 통해서 하나님은 물론 타인을 사랑하게 되기 때문이다. 바울은 에베소 교회의 성도들이 사랑 가운데서 살기를 기도했다. 예수 안에서 승리하자.

에베소서 4장 1~3절

성도의 생활과 삶

오늘 우리는 하나님의 부르심을 받은 사람들이다. 세상에 많은 사람들 가운데 특별히 선택받아 부름을 받은 하나님의 사람들이다. 그래서 성경은 우리를 가리켜 성도 또는 하나님의 자녀로 부르는 것이다(벧전 1:4). 우리는 하나님의 부르심을 받은 사람들이다. 그러므로 그리스도 안에서 합당한 삶을 살아야 한다.

I. 부르심을 입은 부름에 합당한 삶을 살아야 한다(1절).

"…주 안에서 갇힌 내가 너희를 권하노니 너희가 부르심을 입은 부름에 합당하게 행하여"(1절)라고 했다. 여기 "주 안에서 갇힌 나"는 바울이 그리스도의 복음을 위해 충성하다가 감옥에 갇혔음을 의미한다. 여기 "합당하게"는 그리스도인들이 삶속에서 어떤 기준을 세워야 함을 의미한다. 그 기준은 부르심으로서 부르심은 하나님께서 행하신 구속을 통한 새생명의 초대이다(1:4, 5, 12, 13). 우리 성도는 하나님의 부르심에 합당하게 응답함으로써 하나님께서 우리를 부르신 목적에 부합되는 삶을 살아야 한다.

II. 겸손, 온유한 삶을 살아야 한다(2절).

본 절은 하나님의 부르심을 입은 성도가 어떻게 살아가야 할 것인가를 제시해 주고 있다. 여기 "겸손"은 자신의 부족과 무가치함을 깨닫고 자신보다 남을 낮게 여기는 마음 자세이다(빌 2:3). 예수님은 친히 겸손을 우리에게 보여 주셨다(빌 2:6-11, 벧전 5:5). 여기 "온유"란 말은 이해심 깊은 이란 말로서 정중함이다. 그리스도의 성품(고후 10:1) 성령의 열매(갈 5:22, 23)로 나타난다. 하나님은 겸손한 자에게 은혜는 베풀어 주신다(약 4:6, 벧전 5:5, 잠 3:34).

III. 오래 참고 그 사랑 가운데서 서로 용서하는 삶을 살아야 한다(2절).

여기 "오래 참음"은 죄인을 대하시는 하나님의 성품이며(롬 2:4, 9:22, 벧전 3:20, 벧후 3:15) 성도들이 타인을 대할 때 나타나야 할 열매이다(고전 13:4, 고후 6:6, 갈 5:22 골 3:12). 여기 "사랑 가운데서 서로 용납하고" 이 말은 성도들이 타인을 용서하고 용납할 수 있는 유일한 수단은 사랑이다. 여기서 사랑은 성령에 의해 공급되어지는(롬 5:5) 능력으로(고전 13장, 갈 5:14, 22) 어떤 보상을 바라지 않고 자기 희생적인 사랑이다.

에베소서 4장 4~6절

성령 안에서 하나

"평안의 매는 줄로 성령이 하나 되게 하신 것을 힘써 지키라"(엡 4:3). 그리스도께서 하나님과 사람 사이의 원수된 관계를 화해시키고 이방인과 유대인 사이의 장벽을 허물고 화해를 이루셨다(2:14-18). 그리고 그리스도인들에게 "하나됨"을 유지하도록 하기 위해서 평안과 화해의 직분을 주셨다(고후 5:18). 여기 "매는 줄"는 쉰데스모($συνδέσμῳ$)로 성도들을 서로 묶어주는 사랑을 상징적으로 표현한 것으로(골 3:14) 족쇄보다 강한 결속을 의미한다.

I. 성령 안에서 하나된 것을 굳게 지키려면

1. 겸손해야 한다(엡 4:2). 예수님의 겸손을 배워야 한다(마 11:29). 빌 2:3절에 "오직 겸손한 마음으로 남을 낫게 여기고" 벧전 5:5 "서로 겸손으로 허리를 동이라"고 했다. 하나님은 겸손한 자에게 은혜를 베푸신다(약 4:6) 2. 온유한 마음을 가져야 한다(엡 4:2). 3. 사랑하는 마음을 가져야 한다. 4. 용서하는 마음을 가져야 한다. 예수님은 "일흔 번씩 일곱 번이라도 용서해주라"고 했다. 그럴 때 우리는 하나가 될 수 있다.

II. 바울은 교회가 하나가 되는 비결을 일곱 가지로 제시하였다(4-6절).

1. 몸이 하나이요, 여기 "한몸"은 (4절) 이방인과 유대인으로 구성된 그리스도의 몸 곧 교회를 뜻한다(1:23, 2:14-22). 교회는 그리스도를 머리로 하고 성도들은 지체로 하는 몸인 것이다. 그러므로 나뉘질 수 없다. 2. 성령이 하나이요, "보혜사 성령"은 하나이다. 오순절 내린 성령이나(행 2:1-4) 오늘 우리에게 내린 성령이나 다같다. 3. 소망도 하나이요(4절), 하나님은 그리스도인들을 특별한 소망을 위해서 부르셨다(1:9,10). 4. 주도 하나이요(5절), 이것은 예수 그리스도의 주권을 인정하고 주를 따르며 복종한다는 의미이다. 교회는 한 통치자의 인도하에 있으므로 통일성을 이루는 것이 마땅하다. 5. 믿음도 하나이요(5절), 6. 세례도 하나이요(5절), 세례(침례) ($ἕν\ βάπτισμα$) 여기 세례는 그리스도의 몸과 연합됨을 의미한다. 그리스도의 죽음과 부활에 참여하여 성령의 인치심을 받아 그리스도의 몸과 연합되었음을 의미한다(1:13, 2:5,6). 7. 하나님도 한 분이시다(6절). 바울은 하나됨의 마지막으로 만유 가운데 충만하게 임재하시는 한 하나님을 언급했다. 하나님은 인간을 구속하셨고 구원하셨다. 오늘 우리는 성령 안에서 하나가 되었다. 교회 구성원은 다르다. 지력도 다르고, 체력도 다르고, 은사도 다르다. 그러나 우리는 성령 안에서 하나이다.

에베소서 4장 11-12절

사도의 사명

오늘 본문은 초대교회의 조직과 행정의 모습을 보여주고 있다. 본절에 언급된 직분 중 세 직분 즉 '사도' '선지자' '복음전하는 자'는 전체 교회를 대상으로 사역했던 것인 반면 나머지 두 직분 곧 '목사'와 '교사'는 지역 교회에 국한된 직분들이다. 교회는 한가지 직무나 은사만으로 운영될 수 없으며 각자 하나님으로부터 받은 개성이나 은사도 협력하는 가운데 교회는 하나될 수 있다.

I. 사도란 무엇인가?

1. "사도"란 아포스톨로스($ἀπόστολος$)로서 하나님에 의해 보냄을 받은 자란 뜻이다. 이들은 교회를 설립하고 교회를 섬긴 자들이다. 이들은 예수님의 열두 제자외에 바울 자신과 바나바(행 14:14), 실라(살전 2:6) 등을 의미한다. 이들은 예수님을 목격하고 부활하신 주를 증거했다(행 14:4, 14, 고전 15:5, 갈 1:19). 2. "선지자"는 하나님의 계시를 중재하며 지혜를 깨닫게 하고(고전 14:24), 교회를 훈계하기도 하였다(행 15:32). 이들은 극심한 박해와 직권 오용 그리고 정경의 등장으로 인해 교회에서 사라졌다(행 13:1, 고잔 12:28). 3. "복음전하는 자" 선교의 차원에서 복음을 선포하는 자로 빌립(행 8:4-7), 디모데(딤후 4:5), 에바브라 등이다. 4. "목사와 교사" 목사는 교회를 돌보며 성도를 인도하는 자이다. 교사는 사도적 교훈을 보존하고 전달하는 자로 볼 수 있다.

II. 사도(직분자)의 사명

1. 성도를 온전케 한다(12절). "성도를 온전케하며"라고 했다(12절). 이 말은 외과의학에서 부러진 뼈를 맞추거나 그물을 수리할 때(마 4:21) 또한 범죄한 자를 바로 잡는다고 할 때(갈 6:1) 사용되었다. "사도"는 성도를 온전케 되도록 회복시켜야 한다(고전 1:10).

2. 봉사의 일을 하게 한다(12절). "봉사의 일을 하게 하며"라고 했다. 이것은 회복과 훈련을 통해 온전케 된 성도들이 하나님의 사역을 감당하도록 도와주는 것이다(벧전 2:4). 3. 그리스도의 몸을 세우려 함이라. "그리스도께서 은사를 주신 목적은 교회를 성장시키고 온 성도들을 영적으로 성장시킴을 의미한다. 그리스도의 몸은 교회로서(엡 1:23, 2:21-22) 거기에는 여러 지체가 있다. 그러나 그 몸은 하나인 것이다. 교회의 직분을 주신 것은 성도들을 온전케 하려는 목적이다. 성도의 사명을 잘 감당하여 교회를 부흥시키자.

에베소서 4장 17-24절   년 월 일

새사람을 입으라

사람은 누구나 새것을 좋아한다. 새옷, 새자동차, 새집, 할 것 없이 새것을 좋아한다. 새해가 되면 사람들은 "새해 복많이 받으세요" 하고 인사한다. 새사람이 되려면,

I. 옛사람을 벗어버려야 한다(22절).

여기 "옛사람"은 죄로 인해 하나님의 형상을 잃어버린 그리스도를 알지 못하는 인간이다(Calvin). 또한 옛사람은 중생하기 이전의 행실, 성격, 태도를 총칭하는 말로서 옛생활을 되풀이 하려는 육적인 본성을 의미한다. 이것은 악이나 그 세력의 지배하에서 살아가는 삶을 의미한다. "썩어져 가는 구습을 쫓는" 이 말은 현재 시상(時相)으로 점점 더 악화되어가는 부패의 과정을 의미한다. "썩어져 가는 구습"은 그리스도를 영접하기 이전의 이방인 생활을 가리킨다(2:3). 1. 독선과 아집을 버려야 한다(17-19절). 이방인의 허망심을 버리라. 총명의 흐림에서 마음을 굳히지 말라. 방탕에 방임하지 말라. 2. 세속적인 권세와 명예를 버려야 한다. 거듭나야 한다(요 3:1-). 고후 5:17 "누구든지 그리스도 안에 있으면 새로운 피조물이라 이전 것은 지나갔으니 보라 새것이 되었도다"

II. 새사람을 입어야 한다(20-24절).

여기 "새사람"은 갓 만들어낸 사람을 의미한다(2:15). 하나님께서 그리스도 안에서 이루신 구속사역을 통해 재창조된 하나님의 백성을 가리킨다. 새사람의 할 일은 거짓을 버려야 한다(25절). 분을 품지 말아야 한다(26절). 마귀로 틈타지 못하게 해야 한다(27절). 도적질하지 말아야 한다(28절). 더러운 말을 하지 말아야 한다(29절). 성령을 근심케 말라(30절). 모든 악을 버리라(31절).

III. 새 삶이 되었으면

참된 말을 하라(25절). 선한 일에 힘쓰라(28절). 구제에 힘쓰라(28절). 덕을 세우는 말을 하라(29절). 인자와 긍휼을 품으라(32절). 서로 용서하라(32절). 우리는 이제 새사람을 입었다. "내가 그리스도와 함께 십자가에 못 박혔나니 그런즉 이제는 내가 산 것이 아니요 오직 내 안에 그리스도께서 사신 것이라"(갈 2:20).

년 월 일   에베소서 5장 1~2절

사랑 가운데서 행하라

"그리스도께서 너희를 사랑하신 것같이 너희도 사랑 가운데서 행하라"(2절). 우리 성도들은 먼저 하나님의 사랑을 입은 자녀들이다. 사랑은 하나님의 성품의 본질이며, 동시에 성도들이 닮아야 하는 성품의 본질이다(요일 4:7). 그리스도께서 우리를 사랑하셨으니 우리도 사랑 가운데서 행해야 한다.

I. 우리를 사랑하신 하나님

하나님은 우리를 사랑하시어 독생자를 보내주셨다(요 3:16). 그리고 우리를 끝까지 사랑하셨고(요 13:1) 목숨까지 버리게 하셨다(요 10:11). 로마서 5:8절에 "우리가 아직 죄인되었을 때에 우리를 위하여 죽으시고 우리에게 대한 자기에 사랑을 확증하셨느니라" 엡 2:4-5절에 "긍휼에 풍성하신 하나님이 우리를 사랑하사 그 큰 사랑을 인하여 허물로 죽은 우리를 그리스도와 함께 살리셨고 너희가 은혜로 구원을 얻은 것이라" 요일 4:8절에 "하나님은 사랑이시라" "그리스도께서 너희를 사랑하신 것같이 너희도 사랑 가운데서 행하라"(2절).

II. 그리스도는 우리를 위하여 자신을 버리셨다.

예수 그리스도는 우리를 위하여 자신을 버리셨다. "…그는 우리를 위하여 자신을 버리사 향기로운 제물과 생축으로 하나님께 드리셨느니라"(2절). 그리스도는 우리를 위하여 자신을 희생제물로 드리셨다. 여기서 "우리를 위하여" 이 말은 무엇을 대리하여 행한다는 것을 강하게 암시하는 것으로 그리스도의 희생이 대속(Redemption)적인 것임을 시사한다. 한편 바울은 그리스도의 대속적 죽음을 "향기로운 제물과 생축"으로 표현하고 있다. 여기 "제물"은 그리스도의 생애 전체를 통해서 행하신 순종을 가리키며 "생축"은 그리스도의 희생적인 죽음을 가리킨다(시 39:7, 히 10:5). 하나님은 사랑이시다(요일 4:10, 16).

III. 하나님은 우리에게 사랑을 요구하신다.

신 6:5 "너는 마음을 다하고 성품을 다하고 힘을 다하여 네 하나님 여호와를 사랑하라" 시 31:23 "너희 모든 성도들아 여호와를 사랑하라" 요 14:15 "너희가 나를 사랑하면 나의 계명을 지키라" 하나님을 사랑할 때 능력을 받고 축복을 받는다(대하 16:9, 출 20:6). "우리 주 예수 그리스도를 변함없이 사랑하는 자에게 은혜가 있을찌어다"(엡 6:24).

에베소서 5장 15~17절   년   월   일

세월을 아끼라

"세월을 아끼라 때가 악하니라"(16절) 여기 "아끼라"는 도로사다, 속량하다란 의미로 신약성경에서 율법으로부터의 구속과 관련하여 사용되었다(갈 3:13, 4:5). "세월"은 중요한 시기 또 금방 지나가버리는 특별한 기회를 의미한다. 본 절은 기회를 잡으라는 의미로 주어진 환경 속에서 기회를 찾아 그에 따르는 어떠한 희생과 대가를 치르더라도 그것을 놓치지 말라는 권면이다(갈 6:9,10).

I. 우리 성도는 자세히 주의하며 살아야 한다(15~16절).

시간은 하나님께서 주신 선물이다. 시간을 내 재산이 아니다. 하나님께서 우리에게 임시로 맡기신 선물이다. 그 시간을 잘 선용하여 하나님을 위하여 나를 위하여 사람을 위하여 좋은 일을 많이하고 하나님께 영광을 돌려야 한다.

시간은 쉬지 않고 흐른다. 그 시간을 붙잡을 수 없다. 쌀독의 쌀은 퍼내야 없어지지만 시간을 저절로 없어진다. 시간을 찾을 수 없다. 시간은 돈보다 귀하다. 시간은 생명이다. 사도 바울은 에베소 교인들에게 어리석은 자가 되지 말고 주의 뜻을 이해하는 자가 되라고 했다. "주의 뜻을 이해하는 자"는 15절의 지혜있는 자에 대한 정의이다(칼빈). 여기 "이해하다"(17절)는 쉬니에테(συνίετε)로 어떤 것에 마음을 기울여 파악한다. 혹은 노력을 쏟는다는 의미이다. 이것은 그리스인들이 악한 이 세상을 살면서 주의 뜻을 잘 분별하고 주의 뜻대로 삶을 영위하여 빛의 열매를 맺어야 함을 의미한다(9, 10, 롬 12:2).

II. 세월을 아끼라는 말은 기회를 사라는 말과 같다.

옛날부터 내려오는 말에 '천시'라는 것이 있다. 이는 하늘의 때라는 의미이다. 하늘이 준 기회라는 뜻도 된다. 하늘의 때가 있다. 만사에는 때가 있다(전 3:1). 심을 때가 있으면 거둘 때가 있다. 시간은 과거 현재 미래이다. 그러나 현재이다. 지금이다. 오늘이다(잠 27:1). 우리에게 가장 중대한 시간은 현재 지금이다. 오늘을 바로 써야 한다. 오늘 일을 내일로 미루지 말고 현실에 충성합시다.

년 월 일 에베소서 5장 18절

성령의 충만을 받으라

사람의 마음은 진공상태로 있을 수 없다. 무엇으로든지 차 있어야 한다. 사람의 마음 속에 무엇이 차 있느냐가 중요하다. 성경은 "성령으로 충만하라"고 했다. 성령충만이란 성령으로 충만히 차 있음을 의미한다. "누구든지 그리스도의 영이 없으면 그리스도의 사람이 아니다"라고 했다(롬 8:9). 오늘 이 시간 성령을 충만히 받자.

I. 성령의 명칭

1. 성령의 이름은 몇가지인가?

① 하나님의 신(창 1:2), ② 지혜와 총명의 신(사 11:2), ③ 모략과 재능의 신(사 11:2), ④ 지식과 여호와를 경외하는 신(사 11:2), ⑤ 주 여호와의 성신(사 61:2), ⑥ 대언자(마 10:20), ⑦ 아버지의 성령(마 10:20), ⑧ 성령(눅 11:13), ⑨ 보혜사(요 14:16), ⑩ 진리의 영(요 14:17), ⑪ 선물의 영(행 2:38), ⑫ 예수의 영(행 16:7), ⑬ 성결의 영(롬 1:4), ⑭ 그리스도의 영(롬 8:9), ⑮ 하나님의 성령(고전 3:16), ⑯ 살아계신 하나님의 영(고후 3:3), ⑰ 주의 영(고후 3:17), ⑱ 아들의 영(갈 4:6), ⑲ 약속의 성령(엡 11:13), ⑳ 계시의 영(엡 1:17) 등이 있다.

II. 성령이 어떻게 나타나는가?

구약시대에도 성령의 나타나심이 계셨지만 특별히 나타나신 것은 예수님이 승천하신 이후이다. 예수께서 세상에 계실 때에 내가 가서 다른 보혜사(성령)를 보내주리라(요 14:16) 약속하셨다. "너희는 몇날이 못되어 성령으로 침례(세례)를 받으리라"(행 1:3-5) 이 약속을 믿고 기도하다가 성령을 받았다(행 2:1-4).

III. 성령의 충만을 받으려면

1. 부르짖는 기도가 있어야 한다(눅 11:13). 2. 사모하는 믿음이 있어야 한다(시 107:9). 3. 회개의 기도가 있어야 한다(행 2:38). 4. 말씀을 들어야 한다(행 10:44). 5. 안수기도를 받을 때 성령이 임했다(행 8:14-17, 행 19:1-7).

예수님도 "성령을 받으라"(요 20:22)고 하셨다. 성령의 능력받아 성도의 사명을 다하자.

에베소서 6장 1~3절

부모에 대한 효도

"자녀들아 너희 부모를 주 안에서 순종하라 이것이 옳으니라"(1절)

I. 효도는 주 안에서 순종하라고 했다.

"주 안에서" 자녀는 부모에게 순종하고 효도해야 한다. 부모에 대한 자녀의 순종은 동서고금을 막론하고 인륜(人倫)으로 받아 들여지며 더 나아가 그리스도에 대한 충성과 부모에 대한 순종은 그리스도인 자녀에게 있어서 마땅한 일이다. "네 아버지와 어머니를 공경하라"(2절) 본절은 70인역의 출 20:12절과 신 5:16절에서 언급된 십계명의 제 5계명을 인용한 것이다.

그리스도인들은 ① 부모의 마음을 이해해야 한다. 부모의 마음은 거짓이 없다. 세상에서 참을 찾아보기가 어렵다. 부모의 마음은 자식을 향해서 시종 진실한 마음이다. ② 부모의 마음은 자식이 잘 되기를 바란다. ③ 기쁜 마음으로 부모를 공경해야 한다.

II. 부모님께 효도할 때 축복을 받는다(3절).

"이는 네가 잘 되고 땅에서 장수하리라" 사도 바울은 "너희 하나님 여호와가 네게 준 땅에서"(출 20:12, 신 5:16) 란 문구를 "땅에서"로 자유롭게 변형시켜 인용하고 있다. 십계명에 보면 "부모를 공경한 자에게 하나님은 생명이 길고 복을 누리리라"(신 5:16)고 약속하셨다. 시편 1:1-3 "복 있는 사람은…형통하리라"고 했다. 오늘날 부모를 소홀히 대하는 사람들을 종종 봅니다. 주님을 섬기는 마음으로 부모를 섬겨야 한다. 효도는 하나님의 명령이며 축복받는 비결이다. 부모님께 효도하여 축복받는 성도들이 됩시다. 자식이 부모를 공경하는 일은 하나님을 경배하는 일이다. 부모를 공경하는 자녀는 잘 되고 땅에서 장수할 것이다.

III. 효도는 하나님의 계명이다(2절).

본절은 70인역(LXX)의 출 20:12과 신 5:16에서 언급된 십계명의 제 5계명을 인용한 것이다. "나를 미워하는 자의 죄를 갚되 아비로부터 아들에게로 삼사대까지 이르게 하거니와 나를 사랑하고 내 계명을 지키는 자에게는 천대까지 은혜를 베푸느니라(신 5:9,10). 우리 성도들이 부모에 대한 효를 실천하지 않으면 어떻게 보이지 않는 하나님께 충성할 수 있단 말인가?

에베소서 6장 10~18절

마귀와 싸워 이기려면

오늘 이 세상은 험악한 세상이요, 온갖 불의와 마귀가 꽉찬 세상이다. 마귀는 언제 어떤 모양으로 침입해서 우리를 넘어뜨릴지 알 수 없다. 바울은 "하나님의 전신갑주를 취하라"(13절)고 했다. 마귀는 우는 사자같이 두루 다니며 삼킬 자를 찾는다고 했다. 그러므로 우리는 믿음을 굳게 하여 마귀를 대적해야 한다. 마귀와 싸워 이기려면,

I. 주 안에서 능력으로 강건해야 한다(10절).

"종말로 너희가 주 안에서 그 힘의 능력으로 강건하여지고"라고 했다. 여기 "강건하여지고"는 엔뒤나무스테($ἐνδυναμοῦσθε$)로 강하여지다(be empowered)는 의미이며, 현재로서 "강건하여짐"이 날마다 순간마다 경험되어져야 함을 의미한다. 사도 바울은 에베소 교인들에게 날마다 강건해야 함을 권면하면서 두 가지 방법을 제시했다. ① 주 안에 서라. 이것은 그리스도와 연합을 의미한다. ② 그 힘의 능력으로, 하나님께서 그리스도를 부활시킨 것과 마찬가지로 그리스도는 우리를 죄와 죽음의 속박에서 구원하시고(1:19-2:10) 성령을 통해서 강건하게 하신다(3:16).

II. 전신갑주를 취해야 한다(13-17절).

"그러므로 하나님의 전신갑주를 취하라"고 했다. 11절의 반복으로서 그리스도인들의 전투가 단순히 인간과의 싸움이 아니라 하늘의 영적 존재들과의 싸움이기 때문에 하나님의 전신갑주를 입어야 함을 의미한다. 우리가 취해야 할 전신갑주는 어떤 것인가? ①진리의 허리띠(14절) ② 의의 흉배(14절) ③복음의 신(15절) ④ 믿음의 방패(16절) ⑤ 구원의 투구(17절) ⑥하나님의 말씀이신 검(17절)이다.

III. 성령 안에서 기도해야 한다(18-19절).

바울은 본절에서 '기도하고' '깨어 구하라'고 했다. 그러면서 '성령 안에서' 기도하라고 하였다. 성령 안에서는 성령의 능력 안에서 성령의 도우심으로 기도하는 것을 말한다. 바울은 이런 기도에 대해서 '무시로'라고 했다. 여기 '무시로'는 모든 시간에 라는 의미로 항상 기도해야 함을 의미한다(살전 5:17). 또 바울은 '깨어 있기'를 권면했다. 그리스도인들이 깨어 있어야 하는 이유는 기도하기 위함이다. "시험에 들지 않게 깨어 있어 기도하라"(마 26:40) 성령은 하나님의 약속이다(행 1:4-5, 14-15).

에베소서 6장 12절

성도의 삶

"우리의 씨름은 혈과 육에 대한 것이 아니요…"(12절) 여기 "씨름"은 팔레($πάλη$)로 싸움이나 전투를 가리킨다. 그리스도인들이 행해야 하는 전투의 대상은 혈과 육이 아니다. 본 절에서 혈과 육은 유한하고 연약한 인간의 본성을 가리킨다. 우리의 싸움의 대상은 연약한 인간이 아니다. 악한 영적 세력들이다. 여기 "정사와 권세"는 영지주의자들이 섬기던 악한 영의 세력을 의미한다(골 2:15). 예수님은 이런 영적 세력들을 이 세상뿐 아니라 오는 세상에서도 완전히 정복하시고 무릎을 꿇게 하셨다(빌 2:10). 오늘 이시간 본문 말씀을 통하여 "성도의 삶"이란 제목으로 은혜받고자 한다.

I. 악한 영들과 싸워 이기려면 하나님의 능력이 있어야 한다.

대하 16:9 "하나님은 당신을 향하는 자에게 능력을 주시고…" 왕하 2:9 "엘리사는 갑절의 능력을 받았다. 고후 4:7 "이는 능력의 심히 큰 것이 하나님께 있도다" "복음은 구원을 주시는 하나님의 능력이라"(롬 1:16). 예수께서 우리에게 귀신을 제거하며 병을 고치는 능력을 주셨다(눅 9:1). 여호와는 내생명의 능력이시니 내가 누구를 무서워 하리요"(시 27:1)

II. 하나님의 전신갑주를 입어야 한다.

"악한 영들과 싸워서 이기려면 전신갑주를 취하라"(엡 6:13)고 했다. "이는 악한 날에 …서기 위함이라"(13절) 여기 "악한 날"은 ① 시험을 의미하며 ② 세상 종말에 있을 환난을 의미하며 ③ 종말의 날에 마귀가 기승을 부리는 날을 가리킨다. "영적 투쟁을 위해 하나님의 전신갑주를 입으라"

III. 전신갑주가 어떤 것인가 알아야 한다(13-17절 참조).

IV. 성령의 능력을 받아야 한다(행 8:14-17).

V. 믿음이 있어야 한다.

"마귀를 대적하라 그리하면 너희를 피하리라"(약 4:7) "믿는 자에게는 능치 못한 일이 없느니라"(막 9:23) "내게 능력 주시는 자 안에서 내가 모든 것을 할 수 있느니라"(빌 4:13)

빌립보서

그리스도 예수 안에서 | 문안과 인사 | 바울의 감사 | 바울의 기도 | 바울의 사명 | 복음에 합당한 생활 | 성도의 사명 | 예수의 마음을 품자 | 모든 일을 원망과 시비가 없이하라 | 바울과 두 제자 | 에바브로디도의 충성 | 주 안에서 기뻐하라 | 모든 것을 해로 여기라 | 달려가는 신앙 | 우리의 시민권은 하늘에 있다 | 주 안에서 살리라 | 성도의 사명 | 항상 기뻐하라 | 바울의 기도 | 하나님께 아뢰라 | 하나님의 평강 | 내게 능력주시는 자 안에서 | 성도의 헌금 | 감사하는 성도가 받을 축복 | 가이사 사람들

그리스도 예수 안에서

 본 서신은 옥중서신이며, 기독론(Christology)의 진수이다. 빌립보 교회는 옥중에 있는 믿음의 스승인 바울을 염려했으며, 바울 자신은 빌립보 교회 성도들을 염려하고 격려하는 아름다운 모습이 깊이 담겨져 있다.

I. 빌립보서의 저자와 수신자

 본 서신의 저자는 바울이다(1:1). 사도 바울의 로마 옥중에서 기록한 옥중서신이다. 수신자는 바로 빌립보 교회이다. 초대교회 교부들인 로마의 클레멘트(Clement of Rome)나 익나티우스(Ignatinus), 폴리갑(Polycarp) 등도 본 서신이 바울의 역작임을 인정했다.

II. 역사적 배경

 빌립보는 에게해에서 내륙으로 약 16Km 정도 떨어진 곳에 있다. 빌립보 교회는 A.D.50년경 바울의 2차 전도여행 중에 세워졌다(행 16장). 빌립보 교회는 이방여인 루디아의 집에서 시작되었으며 최초의 신자로는 귀신들렸던 하녀와 빌립보 감옥의 간수와 그 가족들이었다(행 16:33). 이처럼 빌립보 교회는 소수로 시작했지만 바울은 희생적으로 교회를 섬겼다. 빌립보 교회에도 몇가지 문제가 있었다. ① 유오디아와 순두게 때문에 생긴 교회 안의 분열(4:2) ② 유대주의자들의 분쟁(3:1-3) ③ 바울의 장기화된 투옥에 대한 비판(2:19-24) ④ 외부의 적에 대한 불만(1:28, 29) ⑤ 행위로 완전에 이른다는 사상(3:12-14) 등이다.

III. 기록 목적

 ① 바울은 빌립보 교인들에 대한 깊은 애정을 가지고 있었다(4:1). 그래서 기회만 있다면 서신을 보내려고 했었다(2:25-28). ② 바울은 자신이 처한 상황을 알리기 위함이었고 또 자신은 기쁨의 생활을 하고 있음을 빌립보 교인들에게 상기시켜 주고자 했다(1:12-26, 2:24). ③ 에바브로디도는 바울을 시중 들기 위해 로마에서 왔으나 얼마 안되어 병이 들었다(2:26, 30). 이 소식을 들은 빌립보 교인들은 근심하게 되었고, 바울은 그들을 위로했다(2:27). 그후에 건강이 회복되어 바울은 에바브로디도를 빌립보 교회로 보내면서 주 안에서 기쁨으로 영접할 것을 권했다. ④ 사도 바울은 빌립보 교인들이 궁핍한 가운데서도 자신을 위해 필요한 것을 공급해 준 사실에 대해 감사했다(4:10-20).

빌립보서 1장 1~2절

문안과 인사

사도 바울은 지금 로마의 옥중에 있으면서 자신이 그리스도의 복음을 전하여 교회를 설립한 빌립보 교인들에게 편지하면서 먼저 문안의 인사를 은혜와 평강으로 빌었다. "그리스도 예수의 종 바울과 디모데는…"(1절) 본문의 인사말 속에 바울과 디모데가 함께 등장한 것은 당시 디모데가 빌립보 교회에 잘 알려진 지도자였으며 바울이 디모데를 빌립보 교회에 보낼 계획이 있었기 때문이다(2:19). 사도 바울이 다른 서신과는 달리(롬 1:1, 딛 1:1) 사도($ἀπόστολος$)라는 호칭을 사용하지 않고 종으로만 표현한 것은 두 가지 이유에서이다 ① 바울이 빌립보에서는 자신의 사도직에 대해서 도전을 받지 않았기 때문이요 ② 그곳 성도들과 깊은 사랑의 결속을 하기 위함이었다. 여기 '종'은 둘로이($δοῦλοι$)로 노예라는 말이다.

여기 성도(1절)란 말은 하기오스($ἅγιος$)로 성별된 자, 구별된 자를 의미한다. "감독"은 장로라는 말과 거의 같이 사용되었다(딤전 5:1, 딛 1:5-7, 벧전 5:1, 2). 여기서 감독은 하나님의 백성을 주관하도록 선택된 목사와 장로들과 기타의 사역자들을 가리킨다(Calvin). "집사"(1절)란 말은 디아코노이스($διακόνοις$)로 성도들을 위하여 서로 돕는 일과 교회를 섬기는 사람을 의미한다. 바울이 감독들과 집사들을 언급한 것은 빌립보에 갈 때 그 권위를 세워주기 위함이었고 빌립보 교회에서 감독들과 집사들이 헌금을 모아서 바울에게 전해주었기 때문이다(Chrysostom).

I. 사도 바울은 빌립보 교회에 하나님의 은혜와 평강이 있기를 원했다(2절).

1. 은혜란 무엇인가?

은혜는 위로부터 오는 일체의 축복을 의미한다. 인간의 행위에 관계없이 하나님으로부터 값없이 오는 선물이다. 영적 축복이요, 사랑이 넘치는 축복이다.

2. 평강은 무엇인가?

평강($εἰρήνη$, 에이레네)은 그 은혜의 결과로서 하나님과의 관계에서 화목을 누리고 사람들 사이에 화해를 이룸을 의미한다. 평강은 하나님께서 그 백성에게 화해를 주심으로해서 오는 영적 행복이요, 축복이다. 이러한 영적 축복을 받아 하나님과의 은혜와 평강이 우리 마음을 주장할 수 있도록 살자.

빌립보서 1장 3~11절

바울의 감사

사도 바울은 빌립보 전도 당시에 베푼 호의와 옥중에 있는 자기를 위로하고자 에바브로디도를 파송하여 위로와 격려를 해준데 대하여 감사가 넘쳤다. 바울은 빌립보 교인들의 진실한 신앙생활을 감사한다고 했다. 바울이 빌립보 교회를 설립한 지 이미 10년이 되었다. 빌립보 교인들이 어려운 가운데서도 10년 동안 꾸준히 바울을 위해 기도하고 섬김에 대해 감사했다. 바울의 감사는,

I. 첫날부터 지금까지 교제했기 때문이다(5절).

"첫날부터 이제까지 복음에서 너희가 교제함을 인함이라"(5절)라고 했다. 여기 "첫날부터"란 말은 바울이 빌립보에 복음을 전한 첫날을 의미한다. 본서에 교제에 참여했다는 말이 네 번 나온다. 여기서 "교제"란 말은 코이노니아($κοινωνία$)로 빌립보 교인들이 사도 바울의 고난에 동참했고 예루살렘 교회가 궁핍에 처했을 때 구제했던 것을 가리킨다(롬 15:26, 고후 8:1-5, 9:). 바울이 빌립보에 도착하여 복음($ευαγγέλιον$)사역을 시작할 때 루디아는 그의 집을 개방하였고(행 16:14-15), 간수는 그를 친절하게 대접하였으며(행 16:19-34), 2차 전도여행시 바울이 데살로니가와(빌 4:16) 고린도(고후 11:9)에 있을 때 에바브로 디도를 통해서 헌금을 보내오기도 했다. 빌립보 교회는 바울의 ① 복음에 참여했고(5절), ② 은혜에 동참했고(7절), ③ 고난에 참여했고(7절), ④ 괴로움에 참여했고(4:4), ⑤ 물질로 협력했으며(4:14-16), ⑥ 마음으로 협력했었다(4:10, 18).

II. 그들이 바울의 마음에 있었기 때문이다(7절).

"…이는 너희가 내 마음에 있음이며"(7절) 여기 "마음"은 카르디아($καρδία$)로서 정신과 의지를 포함하는 말로서 인간의 의식과 인격의 가장 깊은 곳에 자리잡고 있는 마음을 가리킨다. 바울은 빌립보 교인들을 마음 속에 깊이 사랑하고 있음을 의미한다. 여기 "심장"은 스플링크노이스($σπλάγχνοις$)로 짐승의 내장, 심장, 간, 콩팥 등을 가리킨다(행 1:18). 바울은 이처럼 예수의 심장을 가지고 빌립보 교인들을 사랑했다. 바울이 이처럼 예수의 심장으로 그들을 사랑할 수 있었던 것은 바울 안에서 성령이 역사하셨고, 예수 중심으로 살았기 때문이다. "내가 너희를 생각할 때마다 나의 하나님께 감사하며"(3절) 바울의 감사는 ① 첫날부터 지금까지 교제했기 때문이요, ② 그들이 바울의 마음에 있었기 때문이었다.

빌립보서 1장 9~11절

바울의 기도

사람이 남을 생각해주며 또 남을 위해서 기도해준다는 것은 쉬운 일이 아니다. 사도 바울은 빌립보 교회 성도를 위해 하나님께 감사하며(3-8절) 기도했다(9-11절). 사도 바울의 기도는 어떤 기도였는가?

I. 빌립보 교회에 사랑이 풍성해지기를 기도했다(9절).

"내가 기도하노라"(9절) 바울은 빌립보 교인들을 보고 싶었지만 옥중에 있었기 때문에 볼 수 없었다. 그래서 그는 기도($ποσευχή$)하는 수밖에 없었다. "너희 사랑을 풍성하게 하사"(9절) 이 사랑은 어떤 사랑인가? 성도들의 상호간의 사랑이다. 이 사랑(아가페, $άγαπη$)은 하나님의 사랑이다(고전 13:13). 사도 바울은 빌립보 교회에 사랑이 부족하다는 것을 생각하고 사랑이 풍성해지기를 기도했다. 교회는 사랑이 충만해야 부흥된다. 사랑이 없는 교회는 메마른 교회이다. 바울은 빌립보 교회에 사랑에 두 가지를 더해서 풍성해지기를 간구했다. ① "너희 사랑을 지식과…"(9절) 여기 "지식"은 에피그노세이($επιγνώσει$)로서 분별력을 의미한다. 사도 바울은 사랑에 분별력을 더하여 악한 것과 선한 것을 분별하기를 기도했다. ② 총명으로 (9절) 여기 "총명"은 아이스데세이($αίσθήσει$)로서 분별력을 의미한다. 사도 바울은 사랑에 분별력을 더하여 악한 것과 선한 것을 분별하기를 기도했다. "너희로 지극히 선한 것을 분별하며"(10절) 바울은 빌립보 교인들이 그리스도께서 다시 오시는 날까지 하나님 앞과 사람들 앞에서 진실함과 정직함 그리고 깨끗한 마음을 소유하며 행할 것을 위해서 기도했다.

II. 하나님께 영광이 되기를 기도했다(11절).

바울의 기도는 "의의 열매가 가득하게 되기를" 기도했다. 성도의 열매는 하나님과의 바른 관계를 맺을 때 가능한 것이다(갈 5:22, 23). "의의 열매"가 가득하며(11절) 요 15:8절에 "너희가 과실을 많이 맺으면 내 아버지께서 영광을 받으실 것이요" 하나님은 예수 그리스도의 사역을 통해서 그들을 구속하였고 성령을 보내셔서 열매를 맺게 하셨다. "성령의 열매"를 맺게 하셨다(갈 5:22-23). 사도 바울은 믿음의 기도가 엄청난 능력이 있음을 알고 있었기 때문에(행 4:29-31, 행 12:5-12) 빌립보 교회의 기도를 의지했다(19절). 성도의 사명은 오직 하나님께 영광을 돌리고(마 5:16, 요 15:8, 17:4) 성령의 열매, 의의 열매를 맺는 것이다.

빌립보서 1장 19~21절

바울의 사명

　바울의 삶은 오직 예수였다. "오직 전과 같이 이제도 온전히 담대하여 살든지 죽든지 내 몸에서 그리스도가 존귀히 되게 하려 하노니 이제는 내가 산 것이 그리스도니 죽는 것도 유익함이라" 했다(빌 1:20-21, 갈 2:20). 오늘 우리 성도들도 예수의 피로 구속함을 받았으니 이제 우리가 살았다 하면 우리가 스스로 산 것이 아니요 내 안에 나를 구속하신 예수 그리스도가 사신 것이다. 사도 바울의 신앙사상은,

I. 내가 사는 것이 그리스도라고 했다(19-21절).

　21절에 "내가 사는 것이 그리스도니…"라고 했다. 여기 "사는 것이 그리스도"라는 말은 그리스도인들이 그리스도와 연합하여 하나가 되었음을 의미한다. 이것은 삶 자체가 그리스도에 의해서 통치를 받으며 진실, 사랑, 희망, 복종, 전파 등이 삶속에서 그리스도로 말미암아 넘쳐나는 것을 의미한다. 바울 자신은 죽음을 통해서 그리스도와 함께 있게 되고(23절, 고후 5:8), 상급을 받는 축복 가운데 영원히 살 것이며(딤후 4:7-8), 동시에 그리스도에게 영광을 돌리고 존귀케하는 것을 방해하던 모든 것에서 떠나게 되기 때문이다. "내게 사는 것이 그리스도니" 이 말은 생의 목적도 그리스도요, 오직 예수란 말이다. 다시 말해서 그리스도와 성도와 영원한 사랑의 연합을 의미한다.

II. 죽는 것도 유익함이라고 했다(21절).

　시편 116:15에 "성도의 죽은 것을 여호와께서 귀중히 보시는도다" "내게 사는 것이 그리스도니" 바울의 삶은 그리스도와 함께 사는 것이었다. 그리스도께서 내 안에 사심을 어떻게 알 수 있는가? 열매로 알 수 있다. 곧 사랑, 희락, 화평, 오래참음, 자비, 양선, 충성, 온유, 절제이다(갈 5:22-23).

III. 살든지 죽든지 내 몸에서 그리스도가 존귀히 되는 것이었다(20절).

　사도 바울은 "살아도 주님을 위하여 죽어도 주님을 위하여 삶을 살았다(롬 14:8). 성도 여러분, 그리스도를 위하여 사는 삶을 가지도록 노력하며 기도해야 한다. "내게 사는 것이 그리스도니" 고백하며 삽시다(갈 6:17). 성령을 충만히 받아(엡 5:18) 성도의 사명을 다하며 삽시다. 예수님도 "성령을 받으라"고 하셨다(요 20:20). "내게 능력 주시는 자 안에서 내가 모든 것을 할 수 있다"(빌 4:13)

년 월 일   빌립보서 1장 27~30절

복음에 합당한 생활

초대교회는 성령의 능력을 받아서 서로 물건을 통용하고 나눠주고 마음을 같이 하여 성전에 모이기를 힘쓰고 집에서 떡을 떼며 기쁨과 순결한 마음으로 음식을 먹고 하나님을 찬양했다(행 2:44-47). 그 결과 온 백성에게 칭송을 받았다(행 2:47). 오늘 본문을 통해서 초대교회 성도들은 어떻게 하여 복음에 합당한 생활을 하였는가 알아보자.

I. 그리스도 안에서 한마음 한뜻으로 서로 협력하였다(27-28절).

사도 바울은 빌립보 교인들에게 그리스도 복음에 합당하게 생활하라고 했다. 여기 "생활하라"는 폴리튜에스데(πολιτεύεσθε)로서 시민답게 살아라, 하늘의 시민답게 살아라 란 의미이다. 하늘의 시민답게 사는 삶의 기준은 복음이다. 그들의 시민권은 하늘에 있기 때문이다(빌 3:20).

II. 대적을 두려워하지 않았다(28절).

여기 "대적하는 자들"은 유대인이 아니라고 주장하는 자도 있으나 바울이 세운 교회에서 유대인들이 문제를 일으켰던 것들을 통해서 볼 때(행 17:5,13) 유대인들을 포함한 하나님을 대적하는 자들을 가리킨다. 바울은 빌립보 교회를 향하여 핍박과 유혹속에서 두려워하여 도망치거나 회피하지 말고 영적 싸움에서 승리하라고 했다. "십자가의 도가 멸망하는 자들에게는 미련한 것이지만 구원을 얻는 성도에게는 하나님의 능력"이다. 이 능력을 받은 성도는 어떤 핍박과 시련이라도 믿음을 지킨다.

III. 그리스도의 고난을 감수해야 한다(29절).

오늘 우리 성도들이 하나님의 자녀가 된 것은 은혜의 선물이다(엡 2:1-10). 우리 성도들은 그리스도를 인격적으로 신뢰하고 의지해야 하며(요 8:30), 하나님의 목적을 이루기 위해 독생자이신 그리스도께서 고난당하신 것처럼(히 2:10) 그리스도의 고난에 동참해야 한다(약 1:3-4, 벧전 1:6-7). "우리가 주와 함께 죽었으면 또한 살 것이요 참으면 또한 함께 왕노릇할 것이요"(딤후 2:11-12). 그리스도의 고난을 감수하여 복음운동 일으키고 이 운동에 협력하여 하나님의 뜻을 이루자.

빌립보서 2장 1~4절

성도의 사명

빌립보 교회는 많은 장점이 있었다. 사랑도 충만했고 은혜도 넘치는 교회였다. 그러나 한 가지 단점이 있었다. 그것은 하나가 되지 못하고 서로 질투하며 시기로 인하여 교회가 분열상태에 놓이게 되었다. 그래서 바울은 하나가 되도록 기도하며 권면하였다. 교회(Ἐκκλησία)는 하나님의 교회이다(마 16:16, 딤전 4:10, 행 20:28). "하나님이 자기 피로 사셨기 때문이다(행 20:28). 성도의 사명을 다하려면,

I. 하나가 되어야 한다(2절).

여기 "마음을 같이하여"는 생각을 같이하여 라는 의미이다. 감정과 태도, 의지를 같이 하라는 말이다. 사도 바울은 빌립보 교회가 "마음을 같이하여 한 마음을 품고 믿음을 지킬 것"을 권면하였다. 그리고 교회의 일치를 위해서는 다툼이나 허영을 버리라고 했다(3절). 여기 3절에 "다툼이나 허영으로 하지 말고"라고 했다. 여기서 "허영"은 케노톡시안(κενοδοξίαν)으로 내용없는 영광이나 자랑을 의미한다. 자기 자신을 높이고 헛된 영광을 추구할 때 다툼이 일어나게 된다.

II. 겸손한 마음으로 자기보다 남을 낫게 여겨야 한다(2절).

예수께서 이 땅에 오셔서 겸손의 본을 보여주셨다(8절, 요 13:1-20). "나는 마음이 온유하고 겸손하니"(마 11:29) 겸손한 자에게 은혜를 베푸신다(약 4:6). "너희 안에 이 마음을 품으라 곧 그리스도 예수의 마음이니"(빌 2:5). 바울은 고린도 교회를 향하여 "너희는 나를 본받으라"(고전 4:16)고 했다. 바울 자신이 철저히 주님을 본받았기 때문이다. 겸손은 하나님의 은혜를 받는 원리이다(잠 3:34).

III. 다른 사람의 일을 돌아보아야 한다(4절).

4절에 "…각각 다른 사람의 일을 돌아보아 나의 기쁨을 충만케하라"고 했다. 여기 "돌아볼"은 스코푼테스(σκοποῦντες)로 목표 혹은 목적을 바라본다는 의미이다. 오늘 우리 성도들은 교회 안에서 자신의 이익과 은사를 살펴야 되지만 타인의 이익과 은사를 잘 살펴서 서로를 포용하며 연합으로 일치를 이루어야 한다. 이것이 우리(성도)의 사명이다. 교회에 관심을 보이고 어려운 형제를 돕고 믿음으로 성장하도록 인도해야 한다. 예수의 마음으로 예수의 사랑으로 (롬 8:9, 빌 2:5) 교회를 섬기며 성도의 사명을 다합시다.

빌립보서 2장 5~11절

예수의 마음을 품자

속담에 "열길 물속은 알아도 한길도 안되는 사람의 마음은 모른다"는 말이 있다. 이 말은 마음의 중요성을 강조하는 것이다. 사람의 "마음"이란 그 사람의 생활을 좌우하고 행동과 진로를 좌우하고 또 인생의 실패를 좌우하고 그 삶의 일생(운명)을 좌우한다. 사람이 마음 먹기에 달려있다는 말이다. 오늘 이 시간 본문 말씀을 중심해서 "예수의 마음은 어떤 마음인가?"란 제목으로 은혜를 받고자 한다. 예수의 마음은,

I. 예수의 마음은 깨끗한 마음이다(5절).

예수의 마음은 의롭고 거룩하고 깨끗하다. 다윗은 "하나님이여 내속에 정한 마음을 창조하시고 내안에 정직한 영을 새롭게 하옵소서"(시 51:10). 잠 4:23절에 "무릇 지킬만한 것보다 더욱 네 마음을 지키라"라고 했다. 사도 바울은 빌립보 교회를 향하여 그리스도 예수의 마음을 품으라고 했다. "그는 하나님의 본체시나"(6절) 여기 "본체"는 모르페(μορφή)로 하나님의 속성과 성품을 가리킨다. 그리스도는 하나님의 본체 안에서 존재하신다. 하나님의 본성을 비롯한 정체 전부를 가리킨다. 이처럼 그리스도는 하나님과 동등한 정체를 지니셨지만 자신을 비하하셨다(7절).

II. 예수의 마음은 온유한 마음이요, 겸손한 마음이다(5절).

마태복음 11:29절에 "나는 마음이 온유하고 겸손하니…" "너희 안에 이 마음을 품으라 곧 그리스도 예수의 마음이니…"(5절) 예수께서 자신을 낮추시고 죽기까지 복종하셨으니 곧 십자가에 죽으심이라"(8절) 렘 17:9절에 "만물보다 거짓되고 심히 부패한 것은 마음이니" 오늘 우리도 겸손하여 나 자신을 낮출 때 교회는 하나가 될 수 있다. 하나님은 겸손한 자에게 은혜를 베풀어 주신다(약 4:6, 벧전 5:5).

III. 예수의 마음은 사랑하는 마음이다(신 6:5).

우리 기독교는 사랑의 종교이다. 교회는 사랑이 충만할 때 부흥된다. 사랑은 죽음보다 강하다(막 8:67). 예수님도 "새 계명을 너희에게 주노니 서로 사랑하라"하셨다(요 13:34). 예수께서 우리를 사랑하시되 끝까지 사랑하신다(요 13:1). 사랑의 마음을 가집시다(고후 5:14, 엡 5:2, 요일 4:16). 예수 그리스도는 우리에게 희생의 본을 보이셨고(5-7절), 복종의 본을 보이셨고(7-8절), 영광의 본을 보이셨다(9-11절). 사도 바울은 고린도 교회를 향하여 "너희는 나를 본받는 자 되라"(고전 4:16)고 했다.

빌립보서 2장 12~14절

모든 일을 원망과 시비가 없이하라

"모든 일을 원망과 시비가 없이하라"(14절) 여기 "원망"은 투덜대는 불평을 의미하며, "시비"는 악의있는 논쟁을 의미한다. 결국 사소한 일을 가지고 악의 있는 마음으로 불평하는 태도를 가리킨다. 바울은 빌립보 교회가 내부의 불화때문에(2절) 분열될까 걱정하면서 모든 일을 원망과 시비가 없이하라고 권면하였다. 우리의 구원은 하나님 편으로 보아 이미 완성되었다. 칼빈은 예정론에서 이미 구원 얻을 자의 구원은 완성되었다고 주장한다. 그러나 우리가 죄를 범하면 사랑하는 자에게 징계를 하신다. 그리스도의 정신을 발휘하려면,

I. 하나님께 항상 복종해야한다(12절).

"…항상 두렵고 떨림으로 너희 구원을 이루라"(12절) 우리는 하나님의 주권에 의해 선택되었다. 아브라함도 이 선택에 의해 순종의 삶을 살았다(창 12:1-9). 독자 이삭을 번제로 드리라는 하나님의 명령에 순종했다(창 22:2). 그 결과 믿음의 조상이 되는 축복을 받았다. "너희 안에 행하시는 이는 하나님이시니"(13절) 여기 "행하시는"은 아네르곤($\acute{\epsilon}\nu\epsilon\rho\gamma\tilde{\omega}\nu$)으로 하나님께서 진정한 힘을 부여하시며 우리의 결심과 소원까지도 인도하시는 능력의 하나님이심을 의미한다. "사람이 마음으로 자기의 길을 계획할지라도 그 걸음을 인도하시는 이는 여호와이시니라"(잠 16:9) "사람이 제비는 뽑으나 일을 작정하기는 여호와께 있느니라"(잠 16:1) "순종이 제사보다 낫다"(삼상 15:20-23).

II. 하나님을 경외해야 한다(12절).

우리의 구원은 하나님의 은혜에 의한 것이다(엡 2:1-10). 자력으로 구원을 이룰 수 없다. 오직 예수를 믿음으로 이루어진다(행 16:31). 행 4:12절 " 다른 이로서는 구원을 얻을 수 없나니" "두렵고 떨림으로 너희 구원을 이루라" 이 말씀은 하나님의 말씀을 두렵고 떨림으로 순종하라는 의미이다. 사도 바울은 빌립보 교회 안에서 원망과 불평, 시비가 없기를 간절히 바랬다. 왜 원망을 하는가? 불만때문이요, 자기 욕구때문이다. 이스라엘 백성들이 모세를 원망했다(출 1410-12, 15:22-26,16:1-3). 원망하면 망한다(민 11:1, 14:27, 16:46).

빌립보서 2장 19~24절

바울과 두 제자

사도 바울이 로마 옥중에 있을 때 충성스럽게 잘 섬겼던 두 제자가 있었다. 그들이 바로 디모데와 에바브로디도이다. 바울은 이들(두 제자)을 통해 많은 위안을 받고 힘을 얻었다. 오늘 본문을 통해서 두 제자의 신앙은 어떠했는가 알아보려고 한다.

I. 디모데의 신앙(19절~)

바울은 디모데를 빌립보 교회에 보내기를 원했다. 바울이 디모데를 빌립보 교회에 보내는 데는 두 가지 목적이 있다. ① 빌립보 교인들에게 바울의 근황을 전하여서 빌립보 교인들을 위로하며, ② 디모데가 바울에게 돌아왔을 때 빌립보 교인들에 대한 소식을 들어서 바울 자신이 위로를 받는 것이었다(20절). 바울은 디모데를 빌립보 교회에 파송하면서 교인들에게 이렇게 천거했다(20절). "디모데의 연단을 너희가 아나니"(22절) 디모데는 바울이 1차 전도여행시 빌립보지방에서 복음을 전할 때 바울을 만나 그리스도를 영접하여 바울의 믿음의 아들이 되었으며(행 16:3), 바울의 2차 전도여행시 에베소의 소동으로 바울이 휘말려 있을 때 바울을 대신하여 빌립보 지역을 순회하며 심방하였고(행 19:22), 바울의 3차 전도여행시 핍박을 피해온 바울을 영접하고 그들과 함께 복음에 동참하였다(행 20:4). 디모데는 주 안에서 바울의 신실한 아들이었다(고전 4:17, 딤전 1:2, 딤후 1:2).

II. 에바브로디도의 신앙(29-30절)

"주 안에서 모든 기쁨으로 저를 영접하고 또 이와같은 자들을 존귀히 여기라"(29절) 여기 "주 안에서"($ἐν\ κυρίῳ$) 빌립보 교인들이 에바브로디도를 영접하고 존귀히 여겨야 하는 이유는 저가 그리스도를 위하여 죽기에 이르러도 자기 목숨을 돌아보지 않기 때문이다(30절). 에바브로디도는 로마 옥중에 갇힌 바울을 돕기 위해 처형 당할 것을 두려워하지 않고 심지어 자신이 병들어 죽게될 지경에 이르기까지 헌신하였다. "나를 섬기는 너희의 일에 부족함을 채우려함이라"(30절) 에바브로디도는 복음전파사역을 위해 바울과 함께 동참했었다. 사도 바울은 에바브로디도를 가리켜 나의 형제 나와 함께 수고한 자요, 동역자요, 함께 군사된 자라"고 했다(25절). 사실 에바브로디도는 젊은 청년으로서 로마까지 가서 그리스도의 복음을 위하여 죽기에 이르러도 자기의 생명을 돌아보지 않고 주님을 위해 바울을 위해 지극히 충성한 일꾼이었다.

빌립보서 2장 25~30절

에바브로디도의 충성

에바브로디도는 빌립보 교회에서 모범이 되는 집사였다. 그는 바울이 로마 옥중에 갇혀있을 때 빌립보 교회에서 헌금한 위로금을 가지고 멀리 로마까지 가서 바울을 면회하고 위로하였다. 바울은 에비드라디도의 방문으로 큰 위로를 받고 큰 힘을 얻어 복음전파에 열심히 했다. 사도 바울은 에바브로디도를 더 두고 싶었으나 다시 그를 빌립보 교회로 돌려보냈다. 그를 보내게 된 이유는 ① 그간 빌립보 교인들 역시 에바브로디도를 그리워하고 사모했기 때문이요, ② 바울 역시 빌립보 교회를 사랑하고 에바브로디도를 아끼고 사랑했기에 다시금 빌립보 교회로 돌려 보내게 된 것이다.

I. 그는 교역자를 잘 돕는 진실한 일꾼이었다(25절).

"에바브로디도"는 신약성경의 다른 곳에 언급된 에바브라와는 다른 인물이다(골 4:12, 몬 11:23). 골로새서에서 언급된 에바브라는 골로새 출신이고 본절의 에바드로디도는 빌립보 출신이다. 에바브로디도는 본 서신을 빌립보 교회에 전달한 사람이다. 바울은 에바브로디도를 다섯 가지 칭호로 부르고 있다. ① 나의 형제요, 에바브로디도는 바울과 함께 복음을 전파했으며 깊은 애정을 나눈 자이다. ② 함께 수고하고, 이는 동역자를 의미한다. ③ 함께 군사된 자요, 이는 하나님의 복음을 위해 적들과 싸우는 일꾼을 가리키는 것으로 그가 계속해서 싸우는 일꾼을 가리킨다. ④ 너희 사자로, "사자"란 말은 사도를 가리키는 것으로 에바브로디도는 사역을 위해 권위를 부여받고 보냄을 받은 자이다. ⑤ 나의 쓸 것을 돕는 자, 이는 봉사를 의미한다. 에바브로디도는 빌립보 교인들이 바울을 도와주기 위해서 보낸 자이다.

II. 교회를 위해 수고한 일꾼이었다(26-28절).

에바브로디도는 로마에 있으면서 빌립보 교인들을 간절히 사모했고(26절) 교회를 염려했다. "그가 너희 무리를 간절히 사모하고"(26절) 여기 "간절히 사모하고"는 에피포돈($\epsilon\pi\iota\pi o\theta\hat{\omega}\nu$)으로 강렬한 열망을 의미한다. 바울이 빌립보 교인들을 사랑하는 마음과(1:8) 갓난아이가 젖을 간절히 원하는 것을 나타냄을 의미한다(벧전 2:2). 이것은 에바브로디도가 빌립보 교인들을 얼마나 간절히 사랑했는지를 말해준다. 에바브로디도는 그리스도를 위하여 충성을 다하는 사람이었다(29-30절). 에바브로디도처럼 교역자를 잘 돕고, 교회를 위해 수고하는 일꾼, 주님을 위해 충성하는 성도들이 됩시다.

빌립보서 3장 1~2절

주 안에서 기뻐하라

주 안에서(ἐν κυρίῳ), 예수 안에서, 그리스도 안에서 란 말은 바울서신의 특징이며, 바울신학에서 바울의 사상표현이다. 바울서신 중에 주 안에서 라는 말이 146회나 쓰여져 있다.

I. 주 안에서 바울의 사명

사도 바울은 그리스도 안에서 사명을 다했다. 사도 바울이 주 안에서 사명을 다했을 때 ① 예루살렘에서 주님의 환상을 보았고(행 22:6), ② 예루살렘에서 주님의 환상을 보았고(행 22:19), ③ 드로아에서 보았고(행 16:9), ④ 고린도에서 주님의 환상을 보았고(행 18:9), ⑤ 로마로 호송되면서 아드리아 바다에서 주님의 환상을 보았다(행 27:23).

II. 주 안에서 기뻐하라(1절).

사도 바울은 빌립보에서 많은 박해를 받았으며 심지어는 죽음의 위험까지도 당했었다. 그러나 바울은 그 모든 것을 넘어선 기쁨이 있었다. 그것은 바로 주 안에서 기뻐하는 것이었다. 바울은 본 서신의 여러 곳에서 기뻐하라고 명령하고 있다(1:18, 4:4, 10). 빌립보 교인들은 바울이 옥중에 있을 때 여러 가지 어려움을 당하고 있었다. 그런 상황에서도 기뻐하라고 한 것은 기뻐함을 통해서 교회 내부에서 일어나고 있는 불일치를 해소할 수 있기 때문이다. 주 안에서 성도들이 기뻐할 수 있는 것은 하나님의 은혜로 가능한 것이다.

III. 개들을 삼가라(2절).

여기 "개들"은 길거리를 다니면서 사람들에게 덤벼드는 사나운 짐승을 가리킨다(신 23:18, 삼상 17:43, 잠 26:11, 사 56:10,11). 예수님은 이 말을 진리를 거역하는 자들에게 사용하였고(마 7:6), 이방인을 가리킬 때도 사용하셨다(마 15:26, 27). 오늘 본문에서 개들은 성도들을 괴롭히는 유대주의 행악자들을 지칭한다. 이들은 하나님의 은혜를 믿지 않고 율법을 행함으로 구원을 얻으려고 하는 자들이다. "손할례당"은 절단한 자를 의미한다. 손할례당이란 형식적인 것에 관심을 두는 사람을 가리킨다. 예수님 당시에도 바리새인들은 율법에 얽매여 있었다. 초대교회도 예수를 믿어도 할례를 받아야 한다고 했다(갈 2:3). 이런 자들을 바울은 "가만히 들어온 자들"이라고 했다(갈 2:4). 주 안에서 기뻐합시다.

모든 것을 해로 여기라

사도 바울은 전날의 자랑거리를 그리스도를 위해서는 해로 여기고 모든 것을 내어버리고 배설물로 여겼다. 바울은 왜 모든 것을 분토처럼 버렸을까?

I. 그리스도를 얻고자 했기 때문이다(7-8절).

바울은 그리스도를 얻기 위해서 모든 것을 내어버리고 배설물로 여겼다. 그리스도를 아는 것이 고상함이었기 때문이다(8절). 바울에게는 자랑거리가 많았다. 그러나 그가 그리스도를 만난 후부터는 이전의 자랑거리가 아무 쓸모없는 것이 되고 말았다. 구원이 하나님의 은혜로 주어지는 것임을 깨달았기 때문이다(엡 2:1-10). 모든 것을 배설물처럼 여겼다. 여기 배설물은 스퀴발라($\sigma\kappa\acute{v}\beta\alpha\lambda\alpha$)로 이것은 바울이 그리스도를 만난 후 그 이전의 삶 전체에 대해서 얼마나 철저하게 버렸는가를 말해주고 있다.

II. 그 안에서 발견되려 했기 때문이다(9절).

"그 안에서 발견되려 함이니"(9절)라고 했다. 하나님께서는 언제든지 의인과 악인을 살피신다. 그러므로 바울은 하나님께서 불꽃같은 눈으로 살피실 때 그리스도 안에서 자신이 발견되기를 원했던 것이다. 이처럼 우리를 지켜보고 계신다. 그때 우리는 어디서 발견되어야 하는가? 오직 예수 안에서 발견되어야 한다. 기도하다가 발견됩시다. 충성된 자리에서 발견됩시다.

III. 그리스도 안에서 있는 것을 잡으려고 했기 때문이다(빌 3:12, 14).

"오직 내가 그리스도 예수께 잡힌바 된 그것을 잡으려고 좇아가노라"(빌 3:12). 여기 "그리스도 예수께 잡힌바 된 것"은 바울이 다메섹 도상에서 부활하신 그리스도와 만났던 것을 의미한다. 그는 그곳에서 예수를 만남으로 회심하게 되었다. "앞에 있는 것을 잡으려고 푯대를 향하여 상을 얻기 위하여 좇아가노라"(빌 3:13, 14). 여기 "푯대를 향하여"는 카타스코폰 ($\kappa\alpha\tau\acute{\alpha}\sigma\kappa o\pi o\nu$)으로 '푯대를 똑바로 쳐다보고'라는 의미이다. 성도는 자신의 영적 성장을 위하여 계속 달음질해야 한다. 여기 상은 경기에서 승리자에게 주어지는 상급을 의미하며 그리스도 안에서 구원의 완성을 말한다. 하나님의 영광을 바라보자.

빌립보서 3장 10~16절

달려가는 신앙

오늘 우리는 그리스도의 보혈로 구속받고 하나님의 은혜로 구원받은 거룩한 성도들이다. 그러므로 구원을 이루기 위해서는 계속 전진해야 한다. 사도 바울은 신앙의 전진을 위하여 예수께 잡힌바 된 그것을 잡으려고 좇아간다고 했다. 이처럼 우리 성도들도 푯대를 향해 달려가려면 성령의 능력을 받지 않고서는 달릴 수 없다. 성령을 통해서 힘을 공급받아야 한다. 그렇지 않으면 끝까지 달릴 수가 없다. 그러면 우리 성도는 무엇을 얻기 위해 달려가야 하는가?

I. 예수께 잡힌바 된 것을 잡으려고 달려가야 한다(12절).

여기 "그리스도 예수께 잡힌바 된 그것"은 바울이 다메섹 도상에서 부활하신 그리스도를 만났던 것을 암시한다. 그는 그곳에서 부활하신 그리스도와의 만남을 통해 회심하게 되었다. 그의 회심은 믿음의 경주에 있어서 끝이 아니라 시작이었다. 믿음의 경주 즉 영적 성장을 향해 계속해서 달려가야 한다. 하나님께서 그를 사용하신 목적은 예수 그리스도의 이름을 이방인과 임금들과 이스라엘 자손들 앞에서 전하기 위함이었다(행 9:15).

II. 앞에 있는 것을 잡으려고 달려가야 한다(13절).

여기 "…앞에 있는 것을 잡으려고…"는 무슨 말인가? 바울이 자신의 과거에 집착하지 않고 하나님께서 자신을 구해주신 목적을 성취하려 나아감을 의미한다. 여기 "좇아가노라"(12절)는 디오코(διώκω)로 추적한다는 의미로 사냥이나 달리기 경주에서 사용된 용어이다.

III. 부름의 상을 위하여 달려가야 한다(14절).

여기 "푯대를 향하여" 이 말은 푯대를 똑바로 쳐다보고 라는 의미이다. 바울은 푯대이신 예수 그리스도(히 12:1,2)만을 바라보고 경주한다고 했다. "상"은 경주 뒤에 있을 영광을 의미하며 그리스도 안에서 이루어질 구원의 완성을 시사한다. 부름의 상이란 그리스도와의 완전한 연합을 의미한다. 이 연합은 영광의 자유(롬 8:21)이며, 또한 몸의 구속(롬 8:23)을 의미하기도 한다.

빌립보서 3장 20절

우리의 시민권은 하늘에 있다

그 당시 로마제국은 세계적으로 최강의 나라요, 방대한 영토를 소유하고 있었다. 그런 결과 각지에 식민지를 많이 소유하고 있었다. "오직 우리의 시민권은 하늘에 있는지라"(20절) 빌립보 시민들이 비록 로마로부터 멀리 떨어져 있다 할지라도 여전히 로마제국에 속해 있었다. 빌립보 교인들이 이땅에서 외국인과 나그네(히 11:13, 벧전 2:11)처럼 산다 할지라도 하늘에 소속된 시민이다(Calvin). 바울은 빌립보 교인들에게 비록 지금은 지상에 살고 있지만 하늘의 시민권을 가진자들이므로 하늘나라 시민으로서 합당한 생활을 하라고 권면했다.

I. 우리의 시민권은 하늘에 있다.

"시민권"이란 말은 시민으로 행함을 의미한다. 거기에서 국가헌법 시민권 등을 표시하게 되었다. 그 당시 로마의 시민권을 소유하는 길은 본래부터 소유한 자요, 국가에 특별한 공훈이 있는 자요, 돈을 주고 매수하는 방법이 있었다. 아무튼 로마의 시민권을 소유했다는 것은 그만큼 특권 계급이었다. 그런데 바울은 자기 자신이 로마의 시민권이 있다고 자랑했다. 우리의 시민권은 하늘에 있다.

"거기로서 구원하는 자 곧 주 예수 그리스도를 기다리노니" 여기 "거기로서"는 '시민권' '하늘' 이란 뜻이다. 그리스도인들은 자신들의 연고지가 하늘이기 때문에 모든 관심사가 하늘에 있으며, 진정한 구속자이신 예수 그리스도의 재림을 기다린다(롬 8:21, 23). 왜냐하면 그의 재림이 그리스도인들에게 죄의 세력에서 완전히 해방시키는 온전한 구원을 가져다 주기 때문이다. 우리의 시민권은 하늘에 있다. 그러므로 오직 예수, 항상 예수, 영원한 예수를 바라 봅시다(히 12:1, 2).

사도 바울은 예수 그리스도의 재림을 고대했다. 바울은 주의 재림시에 육체적인 몸들이 영체로 변하되리라고 가르치고 있다(20, 21절, 고전 15장). 사도 바울은 재림을 소망하는 성도는 성령의 열매를 맺어야 한다고 했다(갈 5:22-23). 그리스도인들은 하늘나라의 시민권을 가진 자들로서 그리스도를 닮아가는 자들이며, 교회는 하늘나라 축소판이 되어야 한다. 사도 바울은 주의 재림시에 육체적인 몸들이 영체(spiritual bodies)로 변화된다고 가르치고 있다(20-21, 고전 15장).

년 월 일   빌립보서 4장 1절

주 안에서 살리라

바울서신 가운데 옥중서신인 빌립보서는 오늘 우리에게 깊은 감동을 주고 있다. 빌립보 교회는 핍박을 잘 견디었고 복음을 실천했으며(1:7, 28, 30), 가난한 교회였지만(고후 8:1-2) 사도 바울을 도왔다(1:25, 30). 한때는 율법주의자들의 유혹으로(3:1-2) 교회가 분열 위기에 처해있었다(4:2). 그런데도 그들은 잘 참고 주 안에서 승리했다.

"주 안에서 서라"(1절) 4절에는 "주 안에서 항상 기뻐하라 내가 다시 말하노니 기뻐하라"고 하였으며, 13절에는 "내게 능력 주시는 자 안에서 내가 모든 것을 할 수 있느니라"고 하였다. 여기 "주 안에서"(ἐν κυρίῳ, 엔 퀴리오)는 바울의 신앙이요, 신학이요, 기독교 신앙의 본질을 말한다. 바울은 두 차원에서 살았다. 즉 육신은 로마 감옥에서 살았지만 그의 심령은 주 안에서 산 것이다.

I. 주 안에서 사는 자는 신령한 양식을 먹으며 산다(1절).

"나의 기쁨이요 면류관인 사랑하는 자들"(1절) 여기 "면류관"은 스테파노스(στέφανος)로 당시 운동경기에서 승리자에게 월계관이나 연회에서 얻은 화관을 의미한다. 바울에게 있어서 빌립보 교인들이 영적으로 성장하여 성도의 사명을 다했을 때 그에게 주어진 기쁨이었다. 여기 "주 안에서 서라"는 스테게테(στήκετε)로 진실되게 서다, 굳게 서다란 의미이다. 빌립보 교인들이 어려운 가운데서도 흔들리지 않고 견고하게 있었던 것은 주 안에서 있었기 때문이다(Calvin).

II. 주 안에서 사는 자는 성령의 열매를 맺는다.

사도 바울은 빌립보 교회를 무척 사랑했었다. 비록 몸은 로마의 옥중에 있으나 그의 마음(영혼)은 항상 그들에게 있었다. 육체로 사는 자는 육체의 열매를 맺는다(갈 5:19). 그러나 주 안에서 사는 자는 성령의 열매를 맺는다(갈 5:22-23). "하나님 나라는 오직 성령 안에서 의와 평강과 희락이라"

III. 주 안에서 사는 자는 주님과 함께 산다.

우리 주님은 언제나 나와 함께 하신다. 실패했을 때도, 병들었을 때도, 슬플 때도 주님은 나와 함께 하신다. 외로울 때도, 괴로울 때도 주님이 같이 하신다. 주 안에서 사는 자는 주님이 함께 하시기 때문에 언제나 평안하고 즐겁게 산다. 주님 안에서 주신 사명을 감당하며 살자.

빌립보서 4장 2~3절

성도의 사명

빌립보 교회는 바울의 전도를 받은 루디아에 의해서 세워진 교회이다(행 16:13-15). 이러한 교회 안에 다툼이 일어났으니 바울의 마음은 무척 아팠다(2절). "유오디아와 순두게"는 여인들로서 서로 분쟁과 다툼이 있었다. 본문에 소개되는 이 두 여인은 바울의 총애를 받은 여인들이었다. 빌리보 교회 초기때부터 복음사역에 힘쓰던 동역자였다. 따라서 이 두 여인의 다툼과 분쟁은 빌립보 교회에 악영향을 미쳤다. 그래서 바울은 "주 안에서 같은 마음을 품으라"고 권면했다.

Ⅰ. 서로 사랑해야 한다(1절).

"나의 기쁨이요 면류관인 사랑하는 자들아"(빌 4:1). 바울은 빌립보 교회가 영적으로 성장하고 그리스도를 닮아가는 것을 보면서 늘 기뻐했다. 교회는 사랑으로 하나가 되어야 한다. 교회는 성령으로 충만하여 한마음을 품어야 한다. 사도행전 1:4절에 "마음을 같이하여 전혀 기도에 힘쓸때 성령이 임했다"(행 2:1-4)

Ⅱ. 주 안에서 같은 마음을 품어야 한다(2절).

"…주 안에서 같은 마음을 품으라"고 했다. 사도 바울은 빌립보 교회에 두 사람 사이에 불화가 컸기 때문에 이들의 분쟁이 속히 해결되기를 원했다. 그래서 "같은 마음을 품으라"고 권면했었다. 여기서 "같은 마음"은 토 아우토 프로네인($τό\ αὐτό\ φρονεῖν$)으로 주안에서 사랑으로 하나된 마음을 가리킨다. 그리스도 안에서 한마음을 품으려면 ① 자신의 죄를 철저히 회개해야 한다. ② 겸손한 마음을 가져야 한다(마 11:29, 약 4:6). ③ 성령의 능력을 받아야 한다(행 8:14-17). 교회는 서로 사랑하며 하나가 될 때 부흥된다.

Ⅲ. 주 안에서 멍에를 같이 해야 한다(3절).

여기 "나와 함께 멍에를 같이한 자"(3절)란 동역자를 의미한다. 멍에를 같이한 자는 디모데, 에바브로디도, 누가, 빌립보 교회의 감독, 루디아, 유오디아와 순두게의 남편, 실라 등을 말한다. 여기 "복음의 힘쓰던 부녀들"은 유오디아와 순두게를 가리킨다. "그 이름들이 생명책에 있으니라" 예수님은 "너희 이름이 하늘에 기록된 것으로 기뻐하라"고 말씀하셨다(눅 10:20). 우리의 이름이 생명책에 기록되었으니 우리의 수고가 헛되지 않는다(계 3:5).

빌립보서 4장 4절

항상 기뻐하라

"주 안에서 항상 기뻐하라 내가 다시 말하노니 기뻐하라"(4절) 우리 기독교는 기쁨의 복음이다. "복음"이란 말은 "기쁜 소식" "복된 소식"을 의미한다. 여기 "기뻐하라"는 카이레테($\chi\alpha\iota\rho\epsilon\tau\epsilon$)로 어떤 상황에서도 기뻐해야 할 것을 강조한다. 사실 바울은 본 서신을 쓸 당시에 로마 감옥에 투옥되어 어려운 상황 형편에 있었다(1:14, 16, 20, 23). 그는 그러한 가운데서도 자신이 먼저 기뻐하는 생활을 나타냈다(2:17). 빌립보 교회 성도들은 바울의 이러한 삶을 보고 위로와 소망을 얻었다(행 16:19-25). 바울이 고난과 감옥생활 중에서도 믿음에 굳게 서서 그처럼 기뻐한 것(행 16:19-25)을 기억하고 있었다. 바울의 이 말은 빌립보 교인들에게 큰 격려가 되었을 것이다(칼빈). 여기 "주 안에서"는 엔 퀴리오($\epsilon\nu$ $\kappa\upsilon\rho\iota\omega$)로 바울의 기쁨의 원천이 예수 그리스도이심을 말해준다.

I. 주 안에서 항상 기뻐하라.

세상에는 기쁨의 종류가 많다. 주색의 기쁨이 있고, 금전의 기쁨이 있으며, 권세의 기쁨이 있다. 사업 성공의 기쁨도 있다. 그러나 이러한 기쁨은 순간의 즐거움이요, 일시적이다. 그러나 기독교의 기쁨은 주 안에서 기뻐하는 것이다. 사도 바울은 비록 옥중에 있었으나 실상은 주 안에 있었기 때문에 기쁨이 넘쳤다. 요한복음 15:11에 "내가 너희에게 이름은 나의 기쁨이 너희 안에 있어 너희의 기쁨을 충만케 함이라"고 했다(요 16:22, 17:13 참조). 주 안에 있는 자들은 이름이 하늘나라 생명책에 기록되었으니 기뻐한다. 예수께서 "귀신들이 너희에게 항복하는 것으로 기뻐하라"(눅 10:20)고 하셨다.

II. 왜 주 안에서 기뻐해야 합니까?

1. 하나님께서 우리의 기도를 들어주시니 감사요, 기쁨이다.
2. 성령의 감화로 하나님의 진리를 깨닫게 하시니 감사요, 기쁨이다.
3. 마귀를 대적하며 물리칠 수 있는 능력을 주셨으니 감사요, 기쁨이다.
4. 하나님께서 우리에게 권세를 주시고 은사를 주셨으니 감사요, 기쁨이다.
5. 하나님께서 우리에게 지혜를 주시고 만물을 다스리게 하시니 기쁨이다. 주 안에서 항상 기뻐합시다.

빌립보서 4장 5~7절

바울의 기도

"너희 관용을 모든 사람에게 알게하라 주께서 가까우시리라"(5절). 여기 "관용"은 토 에피에이케스(τὸ ἐπιεικές)로 손해나 역경을 당해도 쉽게 동요되거나 넘어지지 않고 평정을 유지하는 영적인 인내를 가리킨다(Calvin). 또한 이것은 자신의 당연한 권리를 포기하고 다른 사람을 향해 너그럽게 대하는 태도를 의미한다. 사도 바울은 이러한 태도를 어느 특정한 사람에게만 나타내는 것이 아니라 불신자들 심지어 자신을 핍박하는 사람까지 포함하여 모든 사람에게 보여야 한다고 호소하고 있다.

I. 바울의 기도(6-7절)

6절에 "아무것도 염려하지 말고…감사함으로 하나님께 아뢰라"라고 하였다. 기도는 절대자에게 의뢰하는 것이다. 기도는 능력이다. 그러므로 염려하지 말라고 했다. 베드로전서 5장 7절에 "너희 모든 염려를 다 주께 맡겨 버리라 저가 너희를 권고하심이니라" 염려에 대한 해결책은 기도와 간구이다. 기도(프로슈케, προσευχή)는 기도하는 사람의 마음 자세가 하나님을 향해 있음을 나타내며, 간구(데에세이, δέησις)는 필요한 것을 하나님께 아뢰는 것을 뜻한다. 한편 "감사함으로"는 그리스도의 모든 기도에 반드시 수반되어야 할 요소로서 기도하는 자가 모든 것을 선하게 이루어주실 것을 확신하며 하나님의 뜻에 전적으로 순종하는 것을 의미한다.

II. 기도의 결과(7절)

"그리하면 모든 지각에 뛰어난 하나님의 평강이 그리스도 예수 안에서 너희 마음과 생각을 지키시리라" 기도의 최대의 결과는 평강이다. 여기 "하나님의 평강" 이것은 염려하지 않고 기도와 감사로 하나님께 아뢸 때 그 기도의 결과로 오는 하나님의 선물이다(핸드릭슨). 사도 바울은 빌립보 교회를 향하여 사랑으로 하나가 되라고 권면했다. 특히 유오디아와 순두게 이들은 빌립보 교회의 일꾼이었다. 바울은 이들에게 주 안에서 같은 마음을 품으라고 했다. 그러면서 "주 안에서 항상 기뻐하라"(4-5절), 관용을 베풀고(5절), 모든 일에 기도하라(6-7절)고 눈물로 호소했다. 염려는 헛된 일이요, 기도는 열매를 맺고 평화가 온다. "모든 일에 기도와 간구로 하나님께 아뢰라" 우리의 마음을 지키시는 하나님께서 반드시 복을 주신다.

빌립보서 4장 6절

하나님께 아뢰라

"아무것도 염려하지 말고 오직 모든 일에 기도와 간구로 너희 구할 것을 감사함으로 하나님께 아뢰라"(6절) 여기 "염려하지 말고"는 메덴 메림나테($\mu\eta\delta\acute{\epsilon}\nu$ $\mu\epsilon\rho\iota\mu\nu\tilde{a}\tau\epsilon$) 금지를 나타내는 현재명령법으로 "염려를 중단하라"는 뜻이다 (Robertson). 오늘날 이 시대는 참으로 어려운 시대이다. 예수님은 이런 때일수록 더욱 깨어 기도하라(마 26:41)고 말씀하셨다. 베드로도 베드로전서 4:7에 "만물의 마지막이 가까웠으니 너희는 깨어 기도하라"고 했다. 기도는 능력이다. 기도할 때 은혜를 받고 능력 받고 축복받는다.

I. 기도는 하나님의 명령이다.

예수님도 "구하라 주실 것이요 찾으라 찾을 것이요 두드리면 열릴 것이니라"(마 7:7)고 말씀하셨다. 이사야 58:9절에 "네가 부를 때에 나 여호와가 응답하리라" 기도는 능력이다. "기도"는 프로슈케($\pi\rho o \sigma \epsilon \nu \chi \acute{\eta}$)로서 기도하는 사람의 마음 자세가 하나님을 향해 있음을 나타낸다. "간구"는 데에세이($\delta\acute{\epsilon}\eta\sigma\iota\varsigma$)로서 필요한 것을 하나님께 아뢰는 것을 의미한다. "감사함으로"는 모든 기도가 이루어질줄 믿고 하나님의 뜻에 순종하는 것을 말한다. 마태복음 15:21-28절에 보면 귀신들린 딸을 가진 한 가나안 여인이 딸을 고치기 위해 예수님께 찾아가서 "주여 나를 불쌍히 여기소서" 간절히 간구했다. 그러나 예수님은 한 말씀도 대답지 않으셨다. 이 여인은 "나를 도우소서. 내 딸이 흉악한 귀신에 붙잡혔나이다"라고 소리질렀다. 결국 이 여인은 소원을 풀었다. 예수님은 이 여인을 칭찬하시면서 "네 믿음이 크도다" 하셨다. 기도는 응답된다.

II. 기도를 어떻게 할 것인가?

기도할 때 ① 간절하게 기도해야 한다. 삼상 1:10 "한나가 마음이 괴로워서 여호와께 기도하고 통곡하며" 왕하 20:1-7 히스기야가 병들어 죽게 되었을 때 간절히 기도했다. 창 32:26 야곱이 간절히 기도하여 응답받았다. 눅 22:44 예수님도 힘쓰고 애써 간절히 기도하셨다. ② 무릎 꿇고 기도해야 한다(왕상 8:54, 18:42, 단 6:10). ③ 예수님 이름으로 기도해야 한다(마 18:20, 요 14:13).

빌립보서 4장 7~9절

하나님의 평강

"그리하면 모든 지각에 하나님의 평강이 그리스도 예수 안에서 너희 마음과 생각을 지키시리라"(7절) 여기 "하나님의 평강" 이것은 염려하지 않고 기도와 감사로 하나님께 아뢸 때 그 기도의 결과로 오는 하나님의 선물이다. 이것은 세상의 평화와 다르다. 세상의 평화는 일시적이고 표면적이지만 하나님의 평강은 영원하며 본질적이며 완전하기 때문이다. 여기 "지키시리라"는 프루레세이($\phi\rho o \upsilon \rho \acute{\eta} \sigma \epsilon \iota$)로서 호위하리란 의미로 군대 용어이다. 하나님의 평강은 믿는 자의 마음을 지키는 파수꾼처럼 모든 근심과 실망으로부터 성도들을 지켜 보호해준다(켄트). 오늘 본문에 "무엇에든지"라는 말이 여섯 번이나 나온다.

1. 무엇에든지 참되며(8절) 여기 "참되며"(알레테, $\alpha \lambda \eta \theta \widehat{\eta}$)는 하나님의 속성이며(롬 3:4), 믿는자의 특징이 되어야 한다. 참이란 진실을 의미한다. 요한복음 14:6에 "그리스도는 길이요 진리라"고 했다.
2. 무엇에든지 경건하며(8절) 여기 "경건하며"(셈나, $\sigma \epsilon \mu \nu \acute{\alpha}$)는 바울서신에만 나타나며(딤전 3:8-1, 딛 2:2) 교회 지도자들에게 요구되는 덕목이다.
3. 무엇에든지 옳으며 여기 "옳으며"(디카이아, $\delta \acute{\iota} \kappa \alpha \iota \alpha$)는 하나님으로부터 옳다 인정함을 받는다"는 뜻이다(롬 3:26).
4. 무엇에든지 정결하며 여기 "정결하며"(하그나, $\alpha \gamma \nu \acute{\alpha}$)는 도덕적인 정숙함을 강조하며 순결을 의미한다(고후 11:2).
5. 무엇에든지 사랑할만하며 여기 "사랑할만하며"(프로스필레, $\pi \rho o \sigma \phi \iota \lambda \widehat{\eta}$)는 신약성경을 통틀어 이곳에만 나오는 단어이다. 이 말은 즐겁고 유쾌하며 사랑스럽다는 뜻이다.
6. 무엇에든지 칭찬할만하며 여기 "칭찬할만하며"(유페마, $\epsilon \check{\upsilon} \phi \eta \mu \alpha$)는 '정중한' '고상한' '우아한'이라는 의미이다.

바울은 빌립보 교인들을 향하여 배우고 받고 듣고 본바를 그대로 행하라고 했다(9절). 이처럼 바울은 그의 가르침을 통해 그들이 믿음 안에 거하고 자신을 본받아 행동하라고 했다. 사도 바울은 빌립보 교인을 향하여 "너희는 나의 기쁨이요 면류관"이라고 했는데, 데살로니가 교회를 향해서는 "너희는 우리의 영광이요 자랑이라"고 했다. 여러분, 칭찬 듣는 성도가 되자.

빌립보서 4장 13절

내게 능력주시는 자 안에서

사도 바울은 어떤 경우에도 자족하며 인내하며 극복하며 악을 미워하며 교회를 위하여 사명을 다할 수 있었다. 바울은 모든 환경을 극복할 수 있는 능력은 오직 예수의 능력이었음을 밝히고 있다. "나를 능하게 하신 그리스도 예수 우리 주께"(딤전 1:12)라는 바울의 고백을 볼 때 그리스도께서 바울에게 능력을 주시는 분이라는 사실을 알 수 있다.

I. 사도바울은 그리스도의 능력으로 박해속에서 인내할 수 있었다.

빌립보서는 바울이 로마 옥중에서 기록한 서신이기 때문에 박해 중에 있었다. 그러면서도 그는 늘 기뻐했다(빌 4:4). 바울이 당한 고난이 고후 11:23-27에 잘 나타나 있다. 바울이 고백하기를 "그리스도의 남은 고난을 그의 몸된 교회를 위하여 내 육체에 채우노라"(골 1:24)고 했다. "모든 일에…일체의 비결을 배웠노라"(빌 4:12) 여기 "모든 일"은 모든 상황을 가리킨다(켄트). 바울은 모든 상황 가운데서 살아계셔서 역사하시는 그리스도의 능력을 의지함으로서 복음 사역을 감당할 수 있었다.

II. 바울은 그리스도의 능력으로 원수를 사랑할 수 있었다.

로마서 12:9에 "사랑에 거짓이 없나니 악을 미워하고 선에 속하라"고 했다. 바울은 "모든 악은 모양이라도 버리라"고 했다. 바울은 그리스도의 능력으로 악을 미워했고 악한 자(원수)를 사랑했다. 잠언 18:13에 "여호와를 경외하는 것이 악을 미워하는 것이라"고 했다. 존 번연(John Bunyan)은 12년 옥중생활에 천로역정을 썼다.

III. 바울은 그리스도의 능력으로 전도를 할 수 있었다.

사도 바울은 가는 곳마다 그리스도의 복음을 전파했고 교회를 세웠다. 바울이 1, 2, 3차에 걸쳐 전도한 것은 "내게 능력주시는 자 안에서 했다"고 했다(13절). 어떤 사람에게 전도할 것인가? 가난한 자들에게(사 61:1), 악한 자에게(겔 33:8), 모든 족속에게(마 8:19) 전도는 왜 해야 하는가? 예수님의 유언이기 때문이다(행 1:8). 예수님의 명령이기 때문이다(마 16:15). 복음에 빚진 자이기 때문이다(롬 1:14). 천국이 가까웠다고(마 3:1-2) 지혜롭게(마 10:16), 예수는 그리스도라고(행 5:42), 죄사함을 받는다고(행 10:43), 예수님의 3대 사역을 가르치시고 전파하시고 치유하셨다(마 4:23-24).

빌립보서 4장 18절

성도의 헌금

"내게는 모든 것이 있고 또 풍부한지라…" (18절) 여기 "내게 모든 것이 있고" 이 말은 내가 이미 받았다(마 6:5), 이것은 나의 영수중이다, 빚진 모든 것을 갚았다 이다. "이는 받으실만한 향기로운 제물이요 하나님을 기쁘시게 한 것이라"(18절) 여기 "향기로운 제물"이란 오스멘 유오디아스 (ὀσμὴν εὐωδίας)로 구약의 제사의식을 반영하는 표현으로서 (창 8:21, 출 29:18, 레 1:9, 13:17, 겔 20:41) 인간의 죄를 대속하기 위해 희생제물이 되신 예수 그리스도를 상징한다(엡 5:2). 또한 이것은 하나님을 향한 성도의 헌신적인 삶을 상징한다(롬 12:1). 결론적으로 이 말은 하나님께서 빌립보 교회의 선물을 기꺼운 마음으로 받으시는 것을 나타낸다. 예수님은 우리의 보물을 하나님나라에 쌓아 두라고 말씀하셨다. 하나님나라에 쌓아둔 보물은 완전하기 때문이다(마 6:20). 사람이 두 주인을 섬길 수 없듯이 하나님과 재물을 겸하여 섬길 수 없다(마 6:24). 우리는 이 땅에 사는 동안 하나님의 것을 맡아 다스리는 청지기이다. 청지기는 자기가 맡은 주인의 재물을 관리하는 것 뿐이다.

I. 성도의 헌금은 향기로운 향이다.

구약시대 때 성전에는 증거궤 앞에 향단이 놓여 있었다. 이 향단에서 제사장이 아침과 저녁때에 향을 피웠다(출 30:7,8). 그 향단에는 제사장 외에는 분향할 수 없었다(민 16:40). 요한계시록에서는 이 향기가 성도의 기도라고 했다(계 5:8, 8:3, 4). 그런데 오늘 본문에서는 향기가 기도와는 다른 의미로 사용되었다. 왜냐하면 바울은 빌립보 교회가 바울의 선교사역을 위해 보낸 헌금과 관련해서 이 향기란 표현을 사용했기 때문이다. 그렇다면 본문에서 이 향기는 하나님을 위한 성도의 봉사를 의미한다. 성도는 성령을 통해서 하나님께 봉사해야 한다. 빌립보 교회가 바울의 선교를 돕기 위해 바친 헌금은 바로 이와 같은 의미의 향기였다.

II. 성도의 헌금은 하나님을 기쁘시게 하는 것이다(18절 하).

우리 성도들이 하나님의 일이나 사역자들을 위해 바친 헌금은 청지기로서의 사명을 잘 감당하는 것이다. 이것은 하나님을 기쁘시게 하는 것이다. 초대교회는 서로 물건을 나눠쓰며 서로 사랑하며 섬겼다(행 2:42-47). 그 결과 교회는 부흥되었다. 우리가 가진 것은 우리의 것이 아니라 하나님의 것이다. 다만 하나님의 것을 맡은 자로서 관리하는 청지기에 불과하다.

빌립보서 4장 14~20절

감사하는 성도가 받을 축복

빌립보 교회는 주의 종들을 사랑하고 대접하는데 정성을 다하였다. 특히 바울이 로마에서 투옥되어 있을 때 에바브로디도를 보내 헌금을 전달해주고 봉사케한 것은 놀라운 일이었다. 빌립보 교회가 보내준 선물은 하나님께서 받으실만한 제물이요, 하나님을 기쁘게 하는 것이었다. 바울은 빌립보 교회의 신세를 다 갚을 수 없어서 하나님께서 축복해주시기를 기도했다. 바울은 지금 "나 바울의 쓸 것을 하나님께서 채워주신 것과 똑같이 하나님께서 빌립보 교회에 쓸 것을 채워주시리라"(19절)고 기도했다. 하나님의 은혜에 감사하는 자는 어떤 축복을 받는가?

I. 주님과 교제하는 복을 받는다(14-15절).

사도 바울은 빌립보 교인들의 선물에 감사하면서 칭찬했다(14절). "주고 받는 내 일에 참예한 교회가 너희 외에 아무도 없었느니라"(15절). 이 세상은 주고 받는 관례가 이루어져야 교제도 함께 이루어진다. 그래서 바울은 피땀 흘려 빌립보 교회를 위해 기도했다. 빌립보 교회는 바울을 통하여 은혜받고 그 받은 은혜를 감사하여 바울의 생활비와 전도비를 공급해 주었다.

II. 열매를 맺게 한다(17절).

"내가 선물을 구함이 아니요" 이것은 빌립보 교인들에 의해 내려질지도 모르는 잘못된 결론을 부정하는 것이다(켄트). 일반적인 선물과는 달리 생계에 필요한 것들을 지원해 주는 것을 의미한다. 여기 "구함이 아니요"는 바라는 것이 아니요, 기대하는 것이 아니요 란 뜻이다. 바울은 빌립보 성도들에게 더 많은 선물을 바라지 않았다. 빌립보 교인들의 봉사가 영적 열매가 맺었음을 의미한다.(19절).

III. 하나님을 기쁘게 하는 자는 축복을 받는다.

"내게 모든 것이 있고 또 풍부한지라" 이 말은 빌립보 교회의 물질적인 도움이 바울의 필요를 채우고도 남았음을 의미한다. 여기 "향기로운 제물"은 구약의 제사의식을 반영하는 표현으로서(창 8:21, 출 29:18, 레 1:9,13,17 겔 20:41). 인간의 죄를 대속하기 위해 이것은 하나님을 향한 성도의 헌신적인 삶을 상징한다(롬 12:1). "하나님께 영광을 돌립시다"(20절) 하나님께 감사하는 성도는 주님과 교제하는 축복을 받으며 감사의 열매를 맺게되며 하나님을 기쁘시게 하고 풍성히 채움을 받고 하나님께 영광을 돌리게 된다.

빌립보서 4장 21~23절

가이사 사람들

사도 바울이 빌립보서를 마감하고 마지막으로 문안인사를 전하면서 자기와 함께 있는 형제들이 문안하고 모든 성도들에게 문안하면서 특별히 가이사 집 사람 중 몇이라고 했다. 여기에 "형제들"은 바울의 동역자들이고 "성도들"은 일반 평신도를 가리킨다.

I. 가이사집 사람들은 누구인가?

여기 "가이사"는 최초의 로마 황제의 이름으로 황제라는 뜻이 있는데 그후 로마 황제에게 공용으로 부르는 칭호가 되었다. 가이사집의 성도들은 사도 바울이 옥중에서 얻은 자녀들이다. 바울은 자신이 전도해서 얻은 신자를 "아들"이라 불렀다. 예를 들면 디모데를 "내 아들"(딤전 1:18)이라 했고, 디도를 그렇게 불렀다(딛 1:4). 특별히 오네시모는 "갇힌 중에서 얻은 아들"(몬 1:10)이라고 했다. 이는 로마 옥중에서 전도하여 얻은 성도란 뜻이다. 사도 바울은 로마에 가서 그리스도의 복음을 전하는 것이 그의 소망이요, 꿈이었다(행 19:21).

II. 가이사집의 사람들은 믿음이 충만했었다.

저들은 믿음을 지키기 위해 생명을 내놓았다. 당시 가이사는 네로 폭군이 지배하고 있었다. 베드로와 바울이 네로에 의해 순교당했다. 이렇게 어려운 시기에 그들은 믿음을 지켰으며 얼마나 훌륭했는가?

III. 가이사집 사람들들을 통해 복음이 확산되었다.

당시는 로마 제국시대였으며, 또 로마 제국의 심장부는 로마 도성이었고 로마 도성의 심장부는 가이사 집이었다. 당시의 격언에 "모든 길은 로마로 향한다"는 말이 있었다. 이만큼 로마의 세력은 전세계를 뒤덮었던 것이다. 바울은 이 로마성을 복음화하기 위해 로마의 심장부인 가이사 집을 복음화하여 세계를 복음화할 것을 구체화했다. 최후 문안과 축도(21-23절) "주 예수 그리스도의 은혜가 너희 심령에 있을지어다"(23절) 예수 그리스도의 계속적인 보호하심이 빌립보 교회의 모든 성도들위에 함께 하시기를 기원했다(갈 6:18, 몬 1:25). 바울은 서신을 맺으면서 주의 은혜가 빌립보 교회 성도들에게 넘쳐나기를 소원하고 있다.

골로새서

성도는 어떤 사람인가? | 바울의 감사기도 | 에바브라의 신앙 | 골로새 교회를 위한 바울의 기도 | 교회의 성장비결이란 | 구속의 유래 | 그리스도의 능력 | 바울의 세 가지 부탁 | 그리스도의 남은 고난 | 내가 교회의 일꾼이 된 것은 | 일꾼의 사명 | 하나님의 비밀 | 바울의 염려 | 예수를 주로 받았으니 | 이단을 경계하라 | 할례와 무할례 | 성도의 신앙승리 | 그리스도의 능력 | 이스라엘의 3대 절기 | 성도의 신앙생활 | 위엣 것을 찾으라 | 위엣것을 생각하라 | 지체를 죽이라 | 그리스도의 평강이 너희 마음을 주장하게 하라 | 무슨 일을 하든지 | 감사함으로 깨어있으라 | 우리를 위하여 기도하라 | 응답되는 기도 | 세월을 아끼라 | 너희 말에 소금을 치라 | 형제 오네시모 | 에바브라의 신앙 | 누가의 신앙 | 바울의 동역자들

골로새서 1장 1-2절

성도는 어떤 사람인가?

본 서신은 이단(영지주의)이 성행했던 골로새 교회를 바로 세우기 위해 기록하였다. 본 서신의 저자는 바울이다(1:1,12, 4:18). 수신자는 골로새 교회의 성도들이다(1:2). 골로새는 로마제국의 식민지였던 아시아 내륙의 루쿠스계곡(Lycus Valley)남안에 위치해 있는 작은 도시였다. 기록장소는 로마의 옥중이었다(4:3,18).

본서는 A.D.62년 경 바울이 처음에 로마 감옥에 투옥되었을 동안에(행 28:30,31) 에베소서보다 약간 먼저 기록된 것으로 보인다. 사도 바울이 본 서신을 기록하게 된 목적은 '에바브라'(1:7,8)가 당시 골로새 교회에 침투한 혼합주의(Syncretism)적인 이단들의 위험성에 대해 보고하자 이에 대한 대응책을 강구하는 데 있었다.

I. 하나님의 백성으로 구별된 사람이다(2절).

여기 "성도"는 하기오스(άγιος)로서 ① 구별된 자 ② 성별된 자를 의미한다. 즉 하나님께서 이스라엘 백성들을 성별하여 선택하였고, 이렇게 "성도"로 불린 이스라엘 백성들은 성결하게 살도록 요청 받았다. "성도"란 한마디로 예수 그리스도를 구주로 시인하고 믿는 사람이다(롬 10:10).

II. 죄와 싸워 이기는 사람이다.

"성도"는 ① 성별된 자요 ② 구별된 자요 ③ 하나님께 헌신한 자이다. 그러므로 세상에서 살면서 죄와 타협하지 아니하고 싸워 이기는 사람이다. 히브리서 12:4에 "성도는 죄와 싸우되 피흘리기까지 한다"고 했다. 사도 바울은 골로새 교회를 향하여 자신을 사도라고 소개하고 있다(1절) "사도"란 아포스톨로스(άπόστολος)로 ① 보냄을 받은 자, ② 파견자의 전권을 위임받은 자란 의미이다(Vaughan).

III. 성도가 받는 축복(2절)

"…그리스도안에서 신실한 형제들…"(2절) 여기 "그리스도 안에서"라는 말은 성도의 영적 지위를 강조한 말로 그리스도와 긴밀한 관계를 맺고 살아가야 한다는 뜻이다. "은혜와 평강이 너희에게 있을지어다.", "은혜"는 카리스(χαρίς)로 하나님께서 그리스도를 통하여 인간에게 주시는 선물, 즉 구원이다. "평강"은 에이레네(είρήνη)로 하나님과 사람 사이에 화해가 이루어지는 상태를 의미한다. 성도가 받는 축복은 ① 하나님의 음성을 듣는다, ② 은혜와 평강의 복을 받는다.

| 년 월 일 | 골로새서 1장 3-6절 |

바울의 감사기도

골로새서는 바울서신이다. 수신자는 골로새 교회 성도들이다(1,2절).
 바울이 영지주의(Gnosticism)를 배격한 것은 (2:8,20) 그 사상이 기독교를 뿌리 채 변질시키려고 했기 때문이다. 영지주의는 영(Spirit)은 선하고 물질은 악하다는 등의 이원론적 사고방식에 기초하며 예수의 신성을 부인하여 초대교회의 신앙을 흔들려고 했다. 사도 바울은 골로새 교회의 위기를 느끼고 본 서신의 절반가량에서 이 문제를 다루고 있다(3:1-4:6). 신학의 주제는 기독론(Christology)이다.

I. 예수안에서 믿음이 있었기 때문이다(3-4절).

"우리가 너희를 위하여 기도할 때마다(3절)" 바울이 비록 골로새 교회를 방문한 적이 없지만 그들을 위해 늘 기도했다. "그리스도 예수 안에 너희 믿음과 사랑을 들었기 때문이다(4절)" 바울은 에바브라(Epaphras)를 통해서 골로새 교회의 신앙상태를 알고 있었다(7-8절, 4:12). 골로새 교회에는 그리스도를 향한 믿음이 있었다. 이 믿음은 예수 안에 있는 믿음이었다. 바울은 이러한 그들의 신앙을 보고 듣고 감격하여 감사의 서신을 보냈다. 골로새 교인들은 바울을 감격하게 만들었다.

II. 성도에 대한 사랑이 있었기 때문이다(4절).

"…모든 성도에 대한 사랑을 들음이요"(4절)라고 했다. 사도 바울은 골로새 교인들이 서로 사랑하며 교회를 섬긴다는 말을 듣고 감사했다. 교회는 사랑의 공동체이다. 바울은 교회가 사랑으로 연합되고(골 2:2), 사랑 안에서 세워지며(엡 4:16), 사랑으로 하나되고(골 3:14), 사랑으로 덕을 세우기를 원했다(고전 8:1).

III. 하늘에 소망을 두었기 때문이다(5절).

"하늘에 쌓아둔 소망"(5절) 이라고 했다. 골로새 교회는 소망이 있었기에 믿음과 사랑을 갖게 되었다. "산 소망"(a living hope)은 썩지 않고, 더럽지 않고, 쇠하지 않고, 영원한 기업을 얻게 한다(벧전 1:3-4). 골로새 교인들이 심한 고난과 환난을 이길 수 있었던 것은 산 소망이 있었기 때문이다. 그 결과 풍성한 열매를 맺었다(6절).
 사도 바울은 이러한 골로새 교회를 바라보면서 눈물로 감사기도를 드렸고 또 그들을 칭찬했다.

골로새서 1장 7-8절

에바브라의 신앙

사도 바울이 옥중에서 골로새 교회에 편지를 쓸 때 한 사람을 소개한다. 바로 그가 에바브라 청년이었다. 에바브라는 골로새 지방 사람으로 바울의 전도로 예수를 믿고 골로새 교회의 큰 인물이 되었다. 사도 바울이 에바브라를 "함께 종된 자"라고 소개한 것은 바울이 그를 복음사역자로 인정했다는 뜻이다. 본문의 에바브라는 빌립보 교회의 신실한 일꾼이었던 에바브로디도(빌 2:25, 4:18)와는 다른 인물이다. 여기 "에바브라"(Epaphras)는 골로새 태생으로(골 4:12), 라오디게아와 히에라볼리에서도 그리스도의 복음을 위하여 큰 사역자로 활약했으며 바울과 함께 옥에 갇히기도 하였다(몬 1:23).

I. 그의 진실성을 배워야한다(7절).

사도 바울은 에바브라를 신실한 그리스도의 일꾼이라고 소개했다. 골로새 교인들은 바울을 통하여 복음을 듣고 은혜를 받았다. 그러나 열매를 맺게 된 것은 에바브라의 신실한 신앙과 그의 충성심을 배웠기 때문이다. "그는 너희를 위하여 그리스도의 신실한 일꾼이요." 에바브라는 바울을 대신하여 골로새 교회를 잘 섬겼고 교인들의 모범이 되었다. 오늘날 교회 성도들이 진실을 잃어버리면 맛을 잃은 소금처럼 밟히게 된다.

II. 그는 성령의 사람이었다(8절).

본문에 "…성령 안에서 너희 사랑을 우리에게 고한 자니라"(8절)라고 했다. 에바브라는 바울을 대신해서 골로새 교회를 방문해 복음을 전했고, 바울에게 되돌아와서 골로새 교인들의 신앙적 상황을 이야기해주었다. 골로새 교인들이 복음(Εὐαγγέλιον, 유앙겔리온)을 통해 하나님의 은혜를 깨닫고 열매를 맺으며 자란다는 것이며, 그들에게서 사랑이 생겨났다는 것이다(4절). 이 사랑은 하나님의 사랑 즉 아가페(ἀγάπη)이다. 칼빈은 이것을 영적인 사랑이라고 해석했다.

III. 그는 기도의 사람이었다(골 4:12)

바울은 골로새서 마지막 부분에 가서 에바브라는 너희를 위하여 항상 애써 기도하는 사람이라고 했다(12절). 에바브라는 바울의 대리자로서 골로새 교회의 설립자였다(1:7). 바울은 골로새 교인들에게 에바브라를 "그리스도 예수의 종"이라고 소개했다. 에바브라는 골로새 교인들이 바른 신앙관을 갖도록 끊임없이 기도했다(골 4:12). 기도는 능력이다. 교회는 성경 읽는 소리, 찬송 소리, 기도 소리가 들려야 부흥된다.

골로새서 1장 7-8절

골로새 교회를 위한 바울의 기도

사도 바울은 골로새 교회를 위하여 항상 기도 했고(3절) 계속하여 기도한다고 했다(9절). "함께 종된 사랑하는 에바브라"(7절) 바울이 에바브라를 "함께 종된 자"라고 소개하고 있는 것은 바울이 그를 복음의 동역자로 인정했기 때문이다. 에바브라는 골로새 태생으로(4:12) 한때는 바울과 함께 옥에 갇히기도 했었다(몬 1:23). 에바브라는 라오디게아와 히에라볼리에서도 큰 활약을 했었다. 에바브라는 골로새 교회를 세웠고 바울을 도왔고 교회의 일꾼으로서 사명을 다했었다. "성령 안에서 너희 사랑을 우리에게 고한자니라"(8절) 에바브라는 바울을 대신해서 골로새 교회를 방문했고 복음을 전했고 바울에게 다시 돌아와서 골로새 교인들의 신앙상태를 보고했다. 그 보고는 "골로새 교인들이 복음을 통해 하나님의 은혜를 깨닫고 열매를 맺으며 신앙이 성장하고 사랑이 넘친다"고 했다(4절). 이 사랑은 에로스($\check{\epsilon}\rho\omega\varsigma$)가 아니라 하나님의 사랑인 아가페($\dot{\alpha}\gamma\acute{\alpha}\pi\eta$), 곧 영적인 사랑이었다(Calvin). 교회는 성령의 능력을 통해 영적 사랑이 넘쳐야 한다.

I. 골로새 교회에 대한 바울의 일곱 가지 기도

① **신령한 총명으로 하나님의 뜻을 아는 것으로 채우게 하시고**(9절) 바울은 에바브라를 통해 골로새 교회 소식을 듣고 감사하며 기도했다(7절, 4:12) "지혜와 총명"은 성령의 역사의 산물이다. 성령을 통해서 주신 지혜와 총명은 하나님의 뜻을 알게 한다. ② **주께 합당하여 범사에 기쁘게 하고**(10절) 주님께 합당하게 행하는 것은 주님을 기쁘시게 하는 것이다. ③ **선한 일에 열매를 맺게 하시고**(10절) 우리는 열매를 맺어야 한다. 성도들이 열매를 맺을 때 주님이 기뻐하신다. ④ **하나님을 아는 것으로 자라게 하시고**(10절) 하나님의 뜻을 아는 것은 영적 성장을 의미한다(벧전 2:2). ⑤ **모든 능력으로 능하게 하시고**(11절) 바울의 기도는 하나님을 아는 지식과 주께 합당한 삶, 그리고 열매 맺는 삶을 넘어 하나님의 능력을 골로새 교인들이 체험하기를 기도했다. ⑥ **기쁨으로 모든 견딤과 인내에 이르고**(11절) 여기 "견딤"은 휘포모넨($\dot{\upsilon}\pi o\mu o\eta\nu$)으로 유혹과 저항을 물리치고 오직 예수를 바라보는 것을 의미한다(히 12:1-). ⑦ **성도의 기업을 얻게 되기를 기도했다**(12절) 여기 "기업"은 육적인 기업이요 영적인 기업이다. 옛날 이스라엘 백성들이 가나안 땅에 들어가 영토를 분배했었다. 여기 "합당하게"는 히카노산티($\dot{\iota}\kappa\alpha\nu\acute{\omega}\sigma\alpha\nu\tau\iota$)로 '충분하게 하다, 적절하게 하다'란 뜻이다.

골로새서 1장 9-12절

교회의 성장비결

지금 한국교회는 성장을 멈추고 있다. 민족 복음화 운동은 하나님께서 교회에 허락하신 사명이요, 축복이다. 사도 바울은 본문을 통해서 골로새 교회를 위하여 기도하면서 교회의 성장비결을 가르쳐주고 있다. 교회가 성장하려면,

I. 성령으로 충만해야 한다(9절)

사도 바울은 골로새 교회를 위하여 기도하기를 "너희로 하여금 모든 신령한 지혜와 총명에 하나님의 뜻을 아는 것으로 채우게 하시고"라고 했다. 여기 "신령"은 프뉴마($\pi\nu\epsilon\acute{u}\mu\alpha$)로 성령을 의미한다. 그러므로 성령 충만한 교회는 성장한다. 사도 바울은 골로새 교인들에게 하나님의 뜻을 알게 해달라고 기도했다. 우리 성도는 성령의 능력을 통해서 하나님을 알게 된다.

II. 성령의 열매를 맺어야 한다(10절).

"주께 합당히 행하여 범사를 기쁘시게 하고 모든 선한 일에 열매를 맺게 하시며 하나님을 아는 것에 자라게 하시고"라고 했다. 여기 "기쁘시게"는 아레스케이아($\acute{a}\rho\epsilon\sigma\kappa\epsilon\acute{\iota}\alpha$)로 거의 아부에 가까울 정도로 상대를 만족시켜주기 위해 미리 알아서 행하는 것을 가리킨다. 여기 "선한 일에 열매를 맺게 하며"는 성도가 선을 행할 때 하나님을 아는 지식에서 점점 자라게 된다(벧전 2:2)는 것이다. 구원받은 성도는 "성령의 열매"를 맺어야 한다(갈 5:22-23). 바울의 기도는 하나님을 아는 지식과 주께 합당한 삶, 그리고 열매맺는 삶을 넘어 하나님의 권능을 골로새 교인들이 체험할 수 있게 해달라고 했다.

III. 감사가 넘치는 교회여야 한다(12절).

"…감사하게 하시기를 원하노라"(12절). 우리는 많은 은혜를 받았다. 우리에게 열매를 맺게 하시고, 자라나게 하시고, 능하게 하시니 감사한 것이다. 사도 바울은 '범사에 우리 주 예수 그리스도의 이름으로 항상 아버지께 감사하라"(엡 5:20)고, 손양원 목사님은 아들이 살해되었을 때, "내 가정에 순교의 영광을 주심을 감사합니다"라고 했다. 오늘 교회가 성장하려면 ① 성령충만해야 하며, ② 많은 열매를 맺어야 하고, ③ 감사가 넘쳐나야 한다.

골로새서 1장 13-14절

구속의 유래

사도 바울은 골로새 교인들을 직접 보지는 못했지만 서신을 통해 인사하면서 자신을 소개하고 있다. 바울은 먼저 자신의 신분을 사도라고 밝히고 있다. "사도"란 헬라어로 (ἀπόστολος)로 파송을 받은 자, 보냄을 받은 자란 뜻으로 그리스도의 복음을 전하기 위하여 하나님께로부터 택정함을 받은 자(행 9:5, 22:21)이다. 성도란 하기오스(ἅγιος)로 성별된 자, 구별된 자, 그리스도 안에 있는 자를 의미한다. 그리스도 밖에 있으면 이방인이며 그리스도 안에 있는 자는 하나님의 권속이다(엡 2:12,13-19). 사도 바울은 로마옥중에 있으면서 '에바브라'를 통하여 골로새 교인들의 사정을 알았다. 에바브라의 보고에 의하면 골로새 교인들은 예수를 믿고 진리 안에서 많은 이단, 특히 영지주의 유혹을 이기고 믿음과 사랑으로 선한 열매를 맺고 있으며 신앙이 성장하고 자라고 있다고 했다(골 1:3-6).

I. 우리를 구속하신 예수 그리스도(13-14절)

여기 "흑암의 권세"란 말은 마귀의 권세요 지옥의 권세이다. "사랑의 아들의 나라로 옮기셨으니" 사랑의 아들은 하나님께서 사랑하시는 아들이란 뜻이다. 여기 "나라"는 바실레이안(βασιλείαν)으로 골로새 교인들의 마음에 현존하는 하나님의 나라이며(요 3:3-5) 인간의 마음을 다스리는 그리스도의 주권적 통치를 의미한다.

II. 구속이란 무엇인가?

"구속"이란 값을 지불하고 어떤 대상을 획득하는 것을 의미한다. 이것은 하나님께서 권세에 매어있던 우리를 그리스도의 피값으로 취하였음을 의미한다(롬 3:24,25, 엡 1:7). 구속사(Heilgeschichte)는 하나님이시다. 하나님의 절대주권에 의해 이루어졌다. 예수 그리스도는 죄의 종이 되어서(요 8:34) 사망과 감옥에 포로가 되었던(롬 3:23)우리를 해방하기 위해 자기 몸을 십자가에 지불했다. 이사야 44장 22절에서 "너는 내게 돌아오라 내가 너를 구속하였고…", "구속"이란 하나님께서 그의 기쁘신 주권적 의지와 계획을 따라 죄로 인해 타락한 그의 백성을 그 아들 예수 그리스도의 십자가 대속을 통하여 구원하실 일을 계시하시고(성경) 교회 운동을 통하여 성취해 가시는 역사적 전쟁과 정복을 뜻한다.

골로새서 1장 15-23절

그리스도의 능력

본 서신은 바울서신이다. 수신자는 골로새 교회 성도들이다(1-2절). 본 서신은 사도 바울이 로마교회에 투옥되어있을 때 A.D. 61-63년 경 기록하였다. 당시 골로새 교회에서 사역하고 있던 에바브라(1:7-8)가 골로새 교회에 침투한 이단 혼합주의와 영지주의 등 위험에 대해 보고하자 이에 대한 대응책으로 본 서신을 쓰게 되었다.

I. 그리스도의 인격과 사역(15-23절)

사도 바울은 골로새 교회를 위해 기도한 다음에 이제 본론으로 들어가 예수 그리스도에 관한 강론을 시작한다. 골로새 교회에 나타난 이단에 대해서 그들의 문제점을 지적했다. 당시 골로새 교회에 침투한 이단자들은 하나님과 인간사이의 중재는 천사들이라고 가르쳤다. 그리하여 예수 그리스도의 지위와 신분을 피조물의 위치로 격하시켜 버렸다. 이에 대한 반박으로 바울은 먼저 피조물과의 관계(15-17절)와 교회와의 관계(18절)를 통하여 그리스도의 신분의 능력을 다루었다(19-23절).

바울은 그들의 잘못된 것을 반박하면서 "그리스도는 보이지 않는 하나님의 형상"이라고 했다(15절). "그리스도가 하나님의 형상"이란 말은 (고후 4:4) "본래 하나님을 본 사람이 없으되 아버지 품 속에 있는 독생하신 하나님이 나타내셨느니라"(요 1:18) 예수 자신은 "나를 본 자는 아버지를 보았다"고 선언했다(요 14:9). 예수 그리스도는 모든 피조물보다 먼저 계신 분이다(17절). 만물이 창조되기 전에 존재하셨다(요 1:1, 8:5,8). 하나님의 형상이신 그리스도에서 만유의 주가 되신다는 것이 바울이 말하는 기독론의 골자이다.

II. 교회의 머리되신 그리스도(18절-)

하나님께서 인간을 구원하셔서 교회라는 공동체를 주셨다. 사도 바울은 교회를 몸으로 지칭했는데 다음과 같은 세 가지의 의미가 내포되어있다. ① 교회는 그리스도가 그의 뜻과 그의 사역을 수행하는 방편이다. ② 교회는 유기체로서 그 구성원이 중요하다. ③ 교회는 하나님이 자기 피로 사신 교회이다(행 20:28). 영지주의자들은 하나님과 인간 사이에 많은 영적 존재들이 있는데 이들을 통하지 않고는 하나님과 인간 사이에 어떠한 교제도 불가능하며 충족시킬 수 없다고 주장한다. 그러나 바울은 이를 반박하면서 그리스도는 하나님과 인간사이에 존재하는 유일하신 중보자이시며 하나님의 속성과 사역이 그 안에 부분적이 아니라 그 안에 집중되어 있다고 선언했다(20-23절).

골로새서 1장 23절

바울의 세 가지 부탁

사도 바울은 골로새 교회를 향하여 "우리가 너희를 위하여 기도할 때마다 하나님 곧 우리 주 예수 그리스도의 아버지께 감사하노라 이는 그리스도 예수 안에 너희의 믿음과 모든 성도에 대한 사랑을 들음이요 너희를 위하여 하늘에 쌓아둔 소망을 인함이니 곧 너희가 전에 복음 진리의 말씀을 들은 것이라"(골 1:3-5). 사도 바울은 골로새 교회를 위하여 감사기도를 하면서 그들에게 세 가지를 부탁하고 있다.

I. 믿음에 거하라고 했다(23절).

"만일 너희가 믿음에 거하고" 22절에서 말한 "거룩하고 흠없고 책망할 것 없는 상태"를 위해서 튼튼한 믿음의 기초위에 바로 서는 일과 그리스도 안에 있는 소망을 굳게 지키는 일이 지속되어야 함을 강조한 것이 된다. 여기서 "믿음"은 성육신하시고 십자가에 피흘려 죽으신 예수에 대한 믿음이다. 오늘 우리 성도는 믿음을 떠나서는 아무것도 할 수 없다. 믿음은 능력이다(막 9:23). 믿음은 승리케 한다(요일 5:4). 그러므로 믿음으로 기도하고(빌 3:3), 믿음으로 봉사하고, 믿음으로 치료받아야 한다(출 15:26).

II. 흔들리지 말라고 했다(23절).

복스러운 소망에서 흔들리지 아니하면 그리하리라. 우리의 신앙이 흔들리면 믿음이 성장하지 않는다. 사도 바울은 신앙의 사람이요, 눈물의 사람이요, 기도의 사람이었다(행 20:17-21). "누가 우리를 그리스도의 사랑에서 끊으리요 환난이나 곤고나 핍박이나 기근이나 적신이나 위험이나 칼이랴"(롬 8:35-). 주님의 재림(파루시아, Parusia)을 기다리면서 신앙에서 흔들리지 말자. 주님의 임재가 늘 있길 바란다.

III. 복스러운 소망을 빼앗기지 말라고 했다.

"복스러운 소망"은 주님이 재림하시는 날을 의미한다. 복음은 믿는 자를 구원하시는 하나님의 능력이다(롬 1:14-17). "나 바울은 이 복음의 일꾼이 되었노라" 사도 바울은 골로새 교인들을 위해 하나님의 복음을 받은 사도요, 일꾼이었다(23절).

일꾼의 사명을 다하려면 ① 그리스도의 사명에 붙잡혀야 한다(행 20:24), ② 말씀에 붙잡혀야 한다(행 18:5), ③ 성령에 붙잡혀야 한다(행 20:22).

골로새서 1장 24절

그리스도의 남은 고난

"내가 이제 너희를 위하여 받는 괴로움을 기뻐하고 그리스도의 남은 고난을 그의 몸된 교회를 위하여 내 육체에 채우노라"(24절). 예수님 자신이 감내하신 고난이 부족했음을 의미하는 것이 아니고 여기 그리스도의 남은 고난이란 말은 주님의 몸된 교회가 당한 고난을 가리킨다. "내 육체에 채우노라" 이 말은 바울이 교회를 위하여 고난을 당한다는 의미이다. 오늘 우리는 그리스도와 한 몸을 이루려면 당연히 교회가 고난을 받아야 한다. 예수님은 교회의 머리이다. 우리는 그 지체들이다. 머리가 고난을 받으면 각 지체는 당연히 고통을 느껴야 한다.

사도 바울은 그리스도의 남은 고난을 그의 몸된 교회를 위해 내 육체에 채운다고 했다. 오늘의 교회는 그리스도의 고난과 희생 위에 세워졌다.

우리가 세상에서 받는 고난은 크게 두 가지이다. ① 우리의 삶에 대한 인생고와 ② 교회를 위해서 받는 고난이다. 로마의 위대한 웅변가요, 정치가였던 키케로는 "고난이 크면 클수록 영광도 크다"고 했다.

I. 예수 그리스도의 생애는 고난의 생애였다.

예수는 마굿간에서 태어났다. 고난의 시작이었다. 성육신하신 예수님은 "여우도 굴이 있고 참새도 깃들일 곳이 있지만 인자는 머리 둘 곳이 없다"고 하셨다. "존 밀턴"은 소경이 되어 실낙원을 썼다.

II. 교회는 고난을 통해 부흥된다.

교회는 고난이 있기 마련이다. 가난한 자, 병든 자, 눌린 자, 소경, 절름발이같은 이들이 있기 마련이다. "한 알의 밀이 땅에 떨어져 죽어야 열매를 맺는다"는 말처럼 그리스도의 남은 고난을 성도들도 함께 해야한다. 존 번연은 그리스도의 복음을 전한다는 이유로 감옥생활을 무려 12년을 했다. 그러나 그는 감옥생활 중에 '천로역정'을 썼고 그 책은 성경 다음가는 책이 되었다.

본 회퍼는 히틀러에 의해 처형되었다. 그는 '주여 나의 고난을 받으소서. 나의 고난을 받으실 분은 주님 밖에 없나이다, 나의 고난받은 것을 주님만이 알고 계신다"고 했다고 한다.

골로새서 1장 25절

내가 교회의 일꾼이 된 것은

"내가 교회의 일꾼이 된 것은 하나님이 너희를 위하여 내게 주신 경륜을 따라 하나님의 말씀을 이루려 함이니라"(25절). 사도 바울은 그리스도의 종으로서 교회의 일꾼이 된 것을 자랑스럽게 여겼다. "일꾼"은 휘페레타스($ὑπηρέτας$)로 배 밑에서 노를 젓는 사람 즉 '천한 노예'를 의미한다. 그리스도의 일꾼은 하나님의 비밀을 맡은 자들이다(고전 4:1-5). "맡은 자"는 오이코노무스($οἰκονόμους$)로 자기에게 맡겨진 사명을 다하는 것이다. 사도 바울은 복음의 일꾼이요(23절), 교회의 일꾼이요(25절), 그리스도의 일꾼으로 사명을 다한다.

I. 교회를 위해 고난받은 일꾼이었다(골 1:23)

바울은 교회를 위해 고난받는 일을 오히려 기뻐했다. "그리스도의 남은 고난을 내 육체에 채우노라"(24절). 사도 바울은 자신이 받는 고난보다는 오히려 교회를 염려했었다(고후 11:23-29). 오늘 우리는 교회의 일꾼으로 부름받았다.

II. 복음을 위해 고난받는 일꾼이었다(25절)

교회의 일꾼은 복음을 전하며 많은 열매를 맺어야 한다. "복음"은 유앙겔리온($εὐαγγέλιον$)으로 ① 복된 소식이요(사 40:9, 52:7, 눅 2:10) ② 기쁜 소식이다 "복음은 구원을 주시는 하나님의 능력이라(롬 1:16)" 능력은 뒤나미스($δύναμις$)로서 힘, 세력을 의미한다. 하나님의 신적인 능력을 의미한다. "하늘나라는 말에 있지 않고 능력에 있다(고전 4:20). 바울은 자신이 교회의 일꾼이 된 것은 하나님의 경륜을 따라 되었다고 했다. "하나님의 말씀을 이루려 함이니라" 여기 "이루다"는 플레로사이($πληρῶσαι$)로 ① 채우다 ② 가득차게 하다 ③ 완성하다 라는 뜻이다(롬 15:19). 바울은 자신에게 맡겨진 말씀을 이방인들에게 충분하게 전파했음을 밝히고 있다.

III. 능력의 역사를 따라 힘을 다하는 일꾼이었다(29절)

바울은 하나님의 능력을 따라 힘을 쓰는 교회의 일꾼이었다. 교회의 일은 자신의 힘으로 되지 않는다(슥 4:6). "이는 힘으로 되지 아니하며 능으로 되지 아니하고 오직 나의 신으로 되느니라" 주님이 능력을 주셔야 할 수 있다. 바울은 성령의 능력을 힘입어 복음을 전파했을 때 역사가 일어났었다. 오늘 교회는 일꾼이 필요한 시대이다. 진실한 일꾼이 필요한 때이다.

골로새서 1장 24-29절

일꾼의 사명

바울은 자신을 가리켜서 ① 새 언약의 일꾼(고후 3:6) ② 복음의 일꾼(골 1:23) ③ 교회의 일꾼(25절) 이라고 자신을 소개했다. 그는 교회의 일꾼으로서의 받는 괴로움을 기뻐하고 그리스도의 남의 고난을 그의 몸된 교회를 위하여 자기 육체에 채우고 하나님이 주시는 능력을 따라 힘을 다하여 복음을 전파한다고 했다(24, 29절). 사도 바울은 교회의 일꾼으로서 우리에게 참된 모습을 보여주고 있다. 교회의 일꾼은,

I. 그리스도의 복음을 전파해야 한다.

교회 일꾼의 제1사명은 복음을 전파하는 것이다. 이것은 주님의 지상명령이기도 하다(행 1:8). 사도 바울은 옥중에 갇혀(행 28:30-) 순교하기까지 복음을 전파했다. 그리고 믿음의 아들 디모데에게 때를 얻든지 못 얻든지 항상 힘써 복음을 전파하라고 했다(딤후 4:2). 교회 일꾼은 복음을 전해야 할 사명과 책임이 있다. 사도 바울은 그리스도의 복음을 전하지 않고서는 견딜 수가 없었다. 교회 일꾼은 성령의 능력을 받아야 한다. 그래야 담대히 전할 수 있다. 복음은 구원을 주시는 하나님의 능력이기 때문이다(롬 1:16).

II. 교회를 위해 고난을 받아야 한다(24절).

사도 바울은 골로새 교회를 위해 받는 고난을 오히려 기뻐했고 그리스도의 몸된 교회를 위해 앞으로 기꺼이 고난을 감당하겠다고 했다(24절). 사실 바울은 이방인의 구원을 위해 이미 말할 수 없는 고난을 받았다(고후 11:23-29). 그러면서도 교회가 세워짐을 기뻐하였다. "고난이 크면 클수록 영광도 크다"고 했다(롬 8:18).

III. 능력의 역사를 따라 일을 해야 한다.

여기 "능력"이란 뒤나미스($\delta \acute{u} \nu a \mu \iota \varsigma$)로 힘 또는 세력을 의미한다. 능력이란 말은 자신의 힘이나 지식을 말하는 것이 아니고 하나님의 능력을 의미한다. 교회의 일꾼은 하나님의 능력을 힘입어 하는 것이다. 사도 바울은 그리스도의 일꾼으로 자신에게 맡겨진 사명을 다했었다. 그는 ① 겸손한 사람이었다(행 23:19). 예수를 위해 모든 것을 버렸다(빌 3:7-8). 오직 예수로 만족했다. ② 눈물의 사람이었다(행 20:19). 그는 이 눈물을 교회를 위해서 3년 동안 흘렸다고 했다(행 20:31). ③ 시험을 참는 인내의 사람이었다(행 20:19). 이처럼 교회의 일꾼은 성령의 역사를 힘입어 열심을 다해야 한다.

골로새서 1장 26-27절

하나님의 비밀

"이 비밀은 … 이제는 그의 성도들에게 나타났고(26절)" 여기 "비밀은 뮈스테리온($\mu\nu\sigma\tau\acute{\eta}\rho\iota o\nu$)으로 하나님의 예정 가운데 영원전부터 감추어져왔던 것이며 하나님의 종들에게만 나타났다(단 2:19,28,29). 그러나 예수님이 오신 신약시대에는 이스라엘 민족 뿐 아니라 하나님의 택함받은 이방인들에게까지도 드러났다. 하나님의 비밀은 인간을 구원하시며 축복하시며 영생을 얻게 한다. 이 "비밀"을 가리켜서 ① 천국의 비밀(마 13:11), ② 하나님 나라의 비밀(막 4:11), ③그리스도의 비밀이라고 했다(골 4:3).

I. 이방인의 구원이다(롬 11:25).

이방인의 구원의 수가 차면 이스라엘도 회복된다는 말이다. 이스라엘은 하나님의 경륜을 지키지 않다가 B.C. 606년 바벨론에 포로되었다가 70년간 노예생활을 했다. 하나님의 약속(에팡겔리아, $\epsilon\pi\alpha\gamma\gamma\epsilon\lambda\acute{\iota}\alpha$)대로 기한이 차매 해방시켜 주셨다(렘 29:10). 이스라엘 민족이(유대인) 예수를 십자가에 못박아 죽인 죄값으로 B.C. 70년에 로마가 멸망한 뒤 2천년 간 세계 각국에 흩어져 살면서 살육을 당했다. 결국 이스라엘은 1948년 10월에 독립하게 되었다. 이것이 하나님의 비밀이다. 하나님은 당신의 비밀을 당신의 종들에게 보이지 않고는 행하지 않으신다(암 3:7). 하나님은 우리에게 당신의 비밀을 가르쳐 주신다(고전 4:1-, 엡 3:4).

II. 하나님의 비밀은 천국이다.

예수님이 이 땅에 오셔서 하늘의 천국을 가르쳐 주셨다.

천국에는 네 가지 형태가 있다. ① 심령의 천국이 있다(롬 14:17, 눅 17:21). ② 교회천국을 말한다(마 13:11). ③ 천년시대의 지상천국이다. 예수님이 재림하셔서 통치하는 천년왕국시대이다. 그곳에는 죽음도 없고 사탄도 없고, 전쟁, 재앙 불행이 없다. 평화로운 천국시대이다. ④ 무궁한 세계 천국이다(계 21:1). 옛 천지는 없어지고 신천신지가 되는데 이는 영의 세계이다.

하나님의 삼위가 계시는 곳으로 천군천사가 있고 거듭난 성도들 성결한 성도들이 영원한 행복을 누리는 곳이다. 이 천국 비밀이 하나님의 비밀이다.

골로새서 2장 1-5절

바울의 염려

사도 바울은 골로새 교인들을 직접 만나보지 못했으나 그들을 위하여 많은 수고를 하고 있다"고 말하면서 골로새 교회에 침투한 이단침입을 방지하기 위하여 애썼다(1절). 본 서신은 A.D. 61-63년 경 로마 옥중에서 바울이 기록했다. 골로새 교회의 설립자인 에바브라로부터 교회 안에 이단이 침투했다는 소식을 듣고 바른 기독론을 확립하기 위해 서신을 보냈다. 사도 바울은 골로새 교회를 향하여,

I. 그리스도를 바로 깨달으라 하였다(1-3절)

"하나님의 비밀인 그리스도를 깨닫게 하려 함이라"(2절). 본문은 바울이 그들에게 간절히 원했던 목적이다. 하나님의 모든 계획과 지혜는 그리스도 안에 나타나 있으며 그리스도를 통해서 하나님의 섭리와 지혜를 이해할 수 있다. 그래서 바울은 골로새 교인들에게 그리스도 안에서 드러난 하나님의 비밀을 깨달아 아는 것이 그들에게 필요한 것임을 알리며 그것을 위해 중보기도를 하였다(6-7절). ① 참 지혜와 지식은 그리스도안에 있다. ② 그리스도 안에 있는 지혜와 지식은 보배롭다. ③ 이러한 지혜와 지식은 감추어져있다(마 13:10-17). "지혜"는 소피아스($\sigma o \phi i a s$)로 하나님의 통치원리이고(진리에 대한 종합적인 통찰력), "지식"은 그노세오스($\gamma \nu \omega \sigma \epsilon \omega s$)로 그 원리를 뒷받침 해주는 지적 능력을 가리킨다.

II. 그리스도안에서 행하라고 하였다(6-7절).

"너희가 그리스도 예수를 주로 받았으니"(6절). 골로새 교회는 "에바브라"를 통해서 예수를 믿게 되었다. 여기 "그 안에서 행하되"(6절) "행하되"는 매일의 삶을 가리킨다. "그리스도 예수를 주로 받았으니"(6절) "그 안에 뿌리를 박으며 세움을 입어"(7절). ① "뿌리를 박으며"는 식물을 비유한 것으로 완료형이다. 골로새 교인들은 이미 과거에 그리스도를 영접하여 그에 대한 신앙이 자리를 잡았다. 땅 속에 뿌리를 깊이 박은 나무처럼 신앙이 든든해지며 영양을 공급받는다. ② "세움을 입어"는 터 위에 건물을 지어올라가는 형상을 비유한 것으로 이제는 신앙도 계속 성장해가야 함을 시사한 말이다. ③ "교훈"은 에바브라가 전하여 준 것을 가리킨다(1:7). 골로새 교인들은 에바브라가 전하여 준 복음을 붙잡고 흔들리지 말고 굳게 서서 그 배운대로 실천하는 것을 의미한다. ④ "감사를 넘치게 하라"는 강물이 제방을 넘쳐흐르는 것을 의미한다. 골로새 교인들은 강물이 흘러 넘치듯이 감사가 넘치기를 바울은 기도했고 평강과 기쁨이 넘치기를 기도했다.

| 년 | 월 | 일 | 골로새서 2장 6-7절 |

예수를 주로 받았으니

"너희가 그리스도 예수를 주로 받았으니 그 안에서 행하되"(6절). 이 말은 골로새 교인들이 사도(ἀπόστολος, 아포스톨로스)들과 같은 신앙의 선진들로부터 신앙의 내용을 전승받았음을 의미한다. 골로새 교인들은 "에바브라"의 복음선포를 통해서 그리스도에 대해 전승받았다. 여기 "그 안에서 행하되" 이 말은 "행하되"의 페리파테이테(περιπατεῖτε)로 어떤 특별한 행위보다는 일상적인 생활을 가리킨다(롬 14:15, 고후 4:2, 갈 5:16). 골로새 교인들은 그리스도안에서 굳게 서서 모든 미혹하는 것들을 거부하며 그리스도의 뜻에 합당한 삶을 살아가야 한다.

I. 그리스도 예수

그리스도란 말은 "기름부음 받은 자"란 뜻으로 메시야와 같은 뜻이다. 구약시대에는 제사장과 왕과 선지자가 세움을 받을 때 기름부음을 받았었다. 그러나 그리스도 예수는 이 세 가지 직분을 같이 받았고 이 사명을 감당하였다. "예수"(Ἰησοῦ)란 말은 여호와는 구원이시다는 뜻으로 구약의 여호수아와 같은 말로 여호수아를 헬라식을 쓴 것이 곧 예수이다. 예수님은 탄생하시기전에 요셉에게 현몽한 천사가 "아들을 낳으리니 이름을 예수라 하라 이는 그가 자기백성을 저희 죄에서 구원할 자이십니다"(마 1:21)라고 예언했다.

II. "주로 받았으니"

그리스도 예수를 주로 받았다는 말은, 그리스도 예수를 나의 생명의 구주로 승인했다는 뜻이다. 여기 '주'는 퀴리오스(κύριος)로 생명의 주요 능력의 주요 구원의 주라는 말이다. 구속의 주를 의미한다(롬 10:9). "너희가 그리스도 예수를 주로 받았으니 그 안에서 행하되 그 안에 뿌리를 박으며 세움을 입어 교훈을 받은 대로 믿음에 굳게 서서 감사함을 넘치게 하라"(6-7절). ① 뿌리를 박는 것은 식물에 비유했으며 나무는 땅 속에 뿌리를 깊이 박고 있어야 튼튼하게 자란다. 신앙도 그렇다. ② 세움을 입고, 이것은 건축에다 비유했다. 반석위에 세운 집같이 신앙을 반석되시는 그리스도 위에 세움을 가리킨다. ③ 교훈을 받은 대로 이것을 "에바브라"가 전하여 준 것을 가리킨다(1:7). 성도는 배운대로 실천해야 한다. 야고보는 "행함이 없는 믿음은 죽은 믿음이라"(약 2:17). ④ "감사를 넘치게 하라"는 강물이 흘러 넘치는 것처럼 축복이 넘치고 기쁨이 넘치기를 바울은 기도했다. 예수를 주로 받았으니 그 안에서 행하자.

골로새서 2장 8-10절

이단을 경계하라

본 서신은 사도 바울이 A.D.61-63년 경 로마 옥중에서 기록했다. 골로새 교회의 설립자인 "에바브라"로부터 교회 내에 이단 영지주의가 침투했다는 보고를 받고 이단을 배격하며 바른 기독론을 확립하기 위해 기록했다. 에베소서가 교회론을 부각시킨 반면 본서에는 기독론이 두드러진다. 사도 바울은 에바브라로부터 골로새 교회의 사정을 듣고 본 서신을 기록하게 되었다. 사도 바울은 골로새 교인들에게,

I. 이단을 경계하고 배격하라고 했다(8-15절)

8절에 "누가 철학과 헛된 속임수로 너희를 노략할까 주의하라"고 했다. 철학과 헛된 속임수는 진리의 말씀인 복음을 거짓 교훈으로 이탈시키려 하는 "영지주의" 철학을 가리킨다. 이들은 골로새 교인들을 유혹했다. 여기 "노략할까"는 쉴라고곤($συλαγωγων$)으로 전쟁에서 포로로 사로잡아 그들을 노략물로 취하는 것을 의미한다. 이것은 헛된 속임수로 철학을 가지고 교인들을 죄의 노예로 만드는 것을 의미한다. 바울은 이러한 헛된 철학과 속임수에 대해 두 가지로 정의했다.
① "사람의 유전" ② "세상의 초등학문"

II. 복음은 성령충만하다고 했다(9-10절)

9절에 "그 안에는 신성의 모든 충만이…"라고 했다. 여기 신성이란 말은 그리스도 안에 거하는 하나님의 본질을 가리킨다. 예수 그리스도는 하나님의 본성과 속성 그 모든 것을 소유하신 분이시다(1:19). 여기 "육체로 거하시고"는 하나님의 신성이 그리스도 안에 거하고 있음을 의미한다. 한편 육체로는 그리스도께서 육체를 입지 않았다는 가현설을 주장하는 영지주의자들에 대한 분명한 반박으로 그리스도께서 육체를 지니고 오셨음을 의미한다(요 1:1,14). "너희도 그 안에서 충만해졌으니"(10절) 이 말은 골로새 교인들은 다른 어떤 것으로도 그들의 마음을 충족시킬 수 없었다. 철학이나, 율법의식, 천사숭배가 그들의 마음을 채울 수 없었다. 오직 예수만이 그들의 마음을 채울 수 있었다. 예수만이 구원이요, 생명이다.

여기서 "머리"는 통치나 다스림을 나타내는 것으로 예수 그리스도는 세상은 물론 천사들까지도 다스리는 권세가 있다. 왜냐하면 하나님께서 정사와 권세자들까지도 창조하셨기 때문이다(1:16). 예수 안에서 승리하자.

골로새서 2장 11-13절

할례와 무할례

본 서신은 사도 바울이 로마 옥중에서 기록하였다. A.D. 61-63년 경 골로새 교회를 사역하고 있던 에바브라를 통하여 교회 내에 이단이 침투했고 영지주의 사상이 침입했다는 소식을 듣고 본 서신을 보내게 되었고 신학주제는 기독론이다. 오늘 이 시간 본문설교를 통해 "할례와 무할례"란 제목으로 은혜를 나누고자 한다.

I. 할례란 무엇인가?(11절-)

"할례"는 하나님과 하나님의 백성간에 맺은 언약을 나타내는 외적 표징이다(창 17:10-14, 출 4:25, 출 12:44, 레 12:3). 구약시대 율법에는 사람의 정욕과 그 모든 죄악을 깨끗이 제하여 버리는 의미에서 난 지 8일 만에 할례를 시행하였고, 오늘날 신약시대에서는 입교한 지 얼마 후에 침례를 받는 것으로 그 의미가 이어지고 있다. 그러나 우리 성도는 육체의 할례를 받는 자들이 아니요 예수 그리스도의 피로 구속을 받아 새로운 생명수를 얻은 것을 의미한다. "침례"는 옛사람을 벗어버리는 것을 의미한다(3:9, 롬 6:6, 7:24, 갈 3:27). 할례는 두 가지 뜻이 내포되어 있다. ① 할례는 하나님과의 바른 관계를 두는 것이고, ② 하나님께 헌신한다는 뜻이다. 그래서 성경은 할례가 없는 입술(출 6:12)과 무할례의 마음(레 26:41, 겔 44:9, 신 30:6), 할례받지 못한 귀(렘 6:10) 등으로 표현하고 있다.

II. 무할례란 무엇인가?(13절)

"또 너희의 범죄와 육체의 무할례로 죽었던 너희를" 이 말은 13-15절의 설명이다. "무할례"는 골로새 교인들이 과거에 이방인으로서 할례를 받지 않은 상태였으며 하나님의 백성이 될 수 없는 상태를 의미한다. 골로새 교인들은 과거에 영적으로 죽은 인간이었다. "하나님이 그와 함께 살리시고"(13절) 이 말은 과거 이방인으로서 무할례자였던 골로새 교인들은 이제 손으로 하지 않은 할례(11절)와 그리스도와 함께 부활함으로 진정한 할례당이 되어서 하나님의 백성이 되었고 그리스도의 부활에 참여하여 현재 새생명을 누리고 있음을 의미한다(12절). "우리에게 모든 죄를 사하시고"(13절) "사하시고"의 카리사메노스($\chi\alpha\rho\iota\sigma\acute{\alpha}\mu\epsilon\nu o\varsigma$)는 카리스($\chi\acute{\alpha}\rho\iota\varsigma$)에서 파생한 것으로 "은혜로 인정해주라"는 의미이다. 오늘 우리 성도는 그리스도와 함께 살아남으로 과거의 죄악이 사해졌다. 이것은 하나님이 우리에게 거저 주시는 은혜이다(엡 2:1-10).

골로새서 2장 14-15절

성도의 신앙승리

본 서신은 사도 바울이 로마옥중에서 A.D. 61-63년 경 기록했다. 골로새 교회 설립자인 에바브라로부터 교회 내 이단인 영지주의가 침투했다는 말을 듣고 본 서신을 기록하여 보냈다. 신학주제는 기독론이다. 하나님은 우리 성도를,

I. 승리하게 하신다(14절).

"우리를 거스리고 우리를 대적하는 의문에 쓴 증서…"(14절)라고 했다. 여기 "증서"는 케이로 그라폰($χειρόγραφον$)으로서 "손으로 쓴 문서"를 뜻한다. 이는 세 가지로 해석된다. ① 고소장, ② 자술서, ③ 채무증서. 한편 의문에 쓴 증서는 규례나 율법적인 계명을 쓴 정서를 가리키는 것으로 "율법"을 의미한다. 죄로 오염된 우리 인간이 율법을 온전히 지킬 수 없음을 인하여 율법이 우리의 죄를 고발한다는 뜻이다(롬 3:20). "도말하시고 제하여 십자가에 못박으시고" 하나님께서 인간의 죄를 고발하고 괴롭히는 율법을 무효화시키셨다.

여기 '벗어 버려'는 아페크뒤사메노스($ἀπεκδυσάμενος$)로 예수께서 십자가에 못박혀 죽음으로써 정사와 권세의 옷을 벗어버려 해방되었다는 의미이다. "밝히 드러내시고 십자가로 승리하셨느니라"(15절). 여기서 "드러내시고"는 에데이그마티센($ἐδειγμάτισεν$)으로 본보기로 보이다, 정사와 권세들의 진정한 특성 즉 정체를 보여주다 라는 의미이다. 이것은 하나님께서 패배한 마귀들의 모습을 온 세상에 드러냄으로 수치를 당하게 하심을 가리킨다. 예수께서 사탄의 권세를 쳐서 파하시고 승리하셨다(눅 10:17-20).

II. 승리의 결과

예수께서 '내가 온 것은 세상을 정죄하러 온 것이 아니요, 구원하러 왔노라"라고 하셨다. 예수는 구원이다(행 16:31).

"천하 인간이 다른 사람의 이름으로 구원을 얻지 못하나" 예수님은 당신의 몸을 희생하시고 인간을 속죄하시며 구속사역을 담당하셨다. 곧 구원을 성취하셨다.

이것은 그리스도의 화해사역이다. 예수께서 십자가에 못박혀 인간을 구속하심으로 하나님께서 모든 이름 위에 뛰어난 이름을 주사 하늘에 있는 천군천사와 땅에 있는 모든 족속이 주님앞에 무릎 꿇어 자복하게 되었다.

골로새서 2장 8-15절

그리스도의 능력

"유대지파의 사자 다윗의 뿌리가 이기었으니"(계 5:5) 이 말은 사단의 권세를 깨치고 승리하신 주님의 능력을 말한다. 예수 그리스도는 영원한 사자이다. 믿음을 중심해서 정사와 권세의 머리요, 새생명의 근원이요, 십자가에서 승리하신 예수님의 능력에 대해서 생각해 보고자 한다. 예수 그리스도는,

I. 모든 권세의 주가 되신다.

예수 그리스도는 모든 권세를 가지셨다(마 28:18). 시 110:1에 "예수 그리스도는 영적 세계의 주가 되시며 모든 권세의 주가 되신다. 이러한 권세를 우리에게 부여하셨다(마 28:18-20). 음부의 권세를 이길 수 있는 힘을 주셨다. 오늘 우리는 이러한 권세를 받았다(마 19:28). 그러므로 능력있는 삶을 살자.

II. 예수그리스도는 새 생명의 근원이 되신다.

기독교는 죄로 말미암아 죽을 수 밖에 없는 사람에게 영원히 살 수 있는 생명을 공급해주는 종교이다. 여기서 말하는 생명이란 육적 생명이 아닌 영적 생명을 의미한다. 죄악으로 죽었던 우리의 생명은 예수 그리스도의 대속사역을 통해 새로운 생명을 얻게 되었다.

구약시대에는 사람의 정욕과 죄악을 제거하는 의미에서 하나님의 백성이 되는 증표로 할례를 시행했었다. 그러나 신약시대에 이르러서는 세례를 주는 것으로 할례로 여겼다. 그러므로 우리는 육체의 할례를 받은 자들이 아니라 그리스도의 보혈의 구속함을 통하여 속죄함을 얻은 마음의 할례를 받은 자들이다(롬 2:29).

III. 예수 그리스도는 십자가에서 승리하셨다.

예수 그리스도는 십자가에서 죽음을 통하여 다시 부활하사 사망권세를 이기셨다. 부활하신 주님은 하나님 보좌 우편에 앉으사 우리를 위해 중보기도 하시고 계신다(빌 2:10,11). 요 12:31에 "이제 이 세상의 심판에 이르렀으니 이 세상 임금이 쫓겨 나리라". 여기서 "이 세상 임금"은 사탄을 가리킨다. 사탄을 이기신 예수를 믿는 우리는 그 분과 더불어 승리하게 되었다. 그러므로 승리하신 주님처럼 세상을 담대하게 살자(요 16:33).

골로새서 2장 16-17절

이스라엘의 3대 절기

"이것들은 장래 일의 그림자이나 몸은 그리스도의 것이니라"(17절). 본절은 앞절에서(16절) 언급한 거짓교사들의 금욕주의와 유대인의 절기를 지키지 않아도 되는 이유이다. 그러한 것들은 실체를 암시하는 즉 그리스도의 구속사역을 상징하는 "그림자에 불과한 것이다(히 8:5, 10:1). 이스라엘의 절기는 하나님께서 제정하시고 명하신 것이며(레 23) 하나님께서 명하신 절기는 모두 예수 그리스도의 구원사역과 연관되어있다. 그래서 바울은 본문에서 절기는 모두가 "장래의 그림자"라고 하였다.

I. 유월절(Passover)

애굽의 총리대신이었던 요셉으로 인하여 애굽에서 이주해 온 이스라엘 백성들은 약 400년 동안 애굽의 노예로 살았다. 하나님은 이스라엘 백성을 구원하기 위해 미디안 광야에 있던 모세를 부르셔서 애굽왕 바로에게 보냈다. 그러나 바로왕은 강퍅하여 출애굽을 허락하지 않았다. 이때 하나님께서 애굽에 열 가지 재앙을 내리셨는데 그 마지막 재앙은 장자들을 죽이는 것이었다(출 12:29-). 하나님은 이스라엘 백성에게 양의 피를 좌우 문설주와 안방에 발라두면 그 장자의 집은 재앙을 면케 된다고 하셨다. 그리하여 이스라엘의 장자들은 죽음을 면했다. 그래서 이스라엘 백성들은 이 사실을 기념하여 매년 정월 14일에 "유월절"이란 절기를 지키도록 명령받았다. 이들은 일주일동안 누룩없는 떡을 먹으며 지켰다(레 23:5,6).

유월절의 어린양은 세상 죄를 짊어지고 십자가에서 희생되신 예수 그리스도를 예표한다(요 1:29, 고전 5:6,7, 벧전 1:18,19).

II. 오순절(Pentecost)

이스라엘 백성들은 보리 추수를 거의 끝내고 밀 추수가 시작되는 무렵에 하나님께서 추수할 곡식을 주신 것을 감사해서 곡식으로 만든 떡을 하나님께 소제로 드렸다(레 23:15-21). 이 절기를 "오순절" 혹은 "맥추절"(출 23:16), "칠칠절"(민 28:26), "초실절"(출 34:22)이라고 불렀다. 이는 '오순절'이 시기적으로 보리수확기이므로 "맥추절"이라 하였고 그 날짜가 유월절 안식일로부터 일곱 번의 안식일이 지난 다음날이었으므로 칠칠절이라 하였고, 처음 익은 열매를 드린다는 의미에서 '초실절'이라 하였다. "오순절"이란, 애굽에서 나온 이스라엘 백성들이 가나안 땅에 들어와서 파종하여 수확한 첫 열매를 하나님께 드렸다는 데 있다.

골로새서 2장 16-23절

성도의 신앙생활

본 서신은 사도 바울이 로마옥중에서 A.D. 61-63년 경 기록했다. 골로새 교회 설립자인 에바브라로부터 교회 내 이단인 영지주의가 침투했다는 말을 듣고 본 서신을 기록하여 보냈다. 이 시간 본문 말씀을 통해 은혜를 받고자 한다.

I. 지적(知的)이란 무엇인가?

신앙은 먼저 아는 것이 있어야 한다. 시편 46:10절에 "너희는 내가 하나님이 됨을 볼지어다" 이사야 40:28절에 "너희는 알지 못하느냐, 듣지 못하였느냐 영원하신 하나님 여호와 땅끝까지 창조하신 자는 피곤치 않으시며 곤비치 않으시며 명철이 한이 없으시며 피곤한 자에게 능력을 주시며 무능한 자에게 힘을 더하시나니"라고 하였다. 요한복음 17:3절에는 "영생은 곧 유일하신 하나님과 그의 보내신 자 예수 그리스도를 아는 것이니라"고 했다. 오늘 우리는 ① 전능하신 하나님을 믿으며, ② 구원의 주요 구속이신 주를 믿으며 ③ 성령의 능력을 믿는다.

II. 정적(情的)이란 무엇인가?

신앙에는 느끼는 감정이 있어야 한다. 아는 것으로는 부족하다. 직접 만나보고 면담을 해야 그 사람을 깊이 알 수 있듯이 하나님과 깊은 교제가 있고 대화(기도)가 있고 체험이 있어야 한다. 그래야 하나님을 구체적으로 알게 된다. 그래서 우리 기독교는 체험의 종교이다. 하나님을 가슴으로 느껴야 한다. 바울은 다메섹에서 예수를 만났다. 그는 예수를 만남으로 확고한 신앙이 서게 되었다. 하나님을 만나되 심령으로 만나야 한다. 영적 생명을 유지하려면 늘 기도해야 한다.

III. 의지(義知)란 무엇인가?

신앙은 손과 발로 하나님의 뜻을 알아서 실천하고 행동해야 한다. "너희가 예수 그리스도를 주로 받았으니 그 안에서 행하라" 여기 "행하라"는 말은 걸어가라는 말이다. 오늘 우리들이 하나님께 걸어가는데 아무렇게나 걸어가면 되겠는가? 하나님은 우리에게 생활의 기준을 정해주셨다. 그것이 바로 십계명이다. 참된 성도의 생활을 하려면, 지·정·의를 갖추어야 한다. '지'적인 것만 너무 강조하다보면 합리주의에 빠지기 쉽고, '정'적인 것만 너무 강조하다보면 신비주의에 빠지기 쉽고, '의지'만을 강조하다보면 율법주의에 빠지기 쉽다.

골로새서 3장 1-2절

위엣것을 찾으라(1)

"…너희가 그리스도와 함께 다시 살리심을 받았으며 위엣것을 찾으라 거기는 그리스도께서 하나님 우편에 앉아 계시느니라"(1절) 본 절은 2:20절의 "너희가 세상의 초등학문에서 그리스도와 함께 죽었거든"과 평행되는 구절이다. 여기 "살리심을 받았으면"은 쉬네게르데테(συνηγέρθητε)로 그 사건이 과거에 이루어진 일이며 동시에 하나님에 의해서 이루어졌음을 의미한다(2:12).

I. 위엣것을 찾으라(1절).

"위엣것을 찾으라" 이 말은 그리스도와 함께 살리심을 받은 골로새 교인들의 삶의 방향을 제시한다. 그들의 생명은 자신들의 것이 아니라 그리스도의 것이기 때문에 그들의 관심사는 그리스도와 관심사로 바뀌어야 했다.

여기 "위엣것"에 대해서 바울은 이미 하늘이란 말을 했었다(1:5, 16, 20).

"위엣것"은 하늘나라와 새시대의 일을 의미한다. 이것은 이미 골로새 교인들이 맛보고 참여하고 있는 것이다. 왜냐하면 그들은 이미 그리스도와 함께 죽고 장사되었으며 살리심을 받았기 때문이다.

여기 "찾으라"는 제테이테(ζητεῖτε)로 본절의 요구에 충족되기 위하여 지속적인 노력이 필요함을 시사한다(Hendriksen).

1. 위엣것을 찾는 이유
① 그리스도께서 하나님 우편에 앉아 계시기 때문이다(빌 2:8-11).
② 하나님이 좌정해 계시기 때문이다. 하나님은 영이시며 무소부재 하시며 전지전능하시다.

II. 땅엣것을 생각지 말라(2절).

2절에 "위엣것"을 생각하고 땅엣것을 생각지 말라고 했다.
1. 바울은 위엣것을 긍휼·자비·겸손·온유·오래참음·용납·용서·사랑등이라고 했으며(12-14절),
2. 땅엣것은 음란·부정·사욕·악한·정욕·탐심(5-7절) 등이라며 이런 것들을 생각지 말라고 했다. 오직 예수만 생각하고 바라보아야 한다.

| 년 | 월 | 일 | 골로새서 3장 1-9절

위엣것을 생각하라(2)

하나님께서 우리 인간을 창조하실 때 선하게 창조하셨다. 그러므로 우리는 선한 존재였다. 하지만 하나님께 범죄한 이후에 사람의 생각에는 선악의 양면성이 생겼다.

오늘 본문에서 사도 바울은 악한 생각은 세상적인 것이요. 선한 생각은 하늘의 것이므로 악한 생각을 버리고 선한 생각만 하도록 가르치고 있다. 본문설교를 중심해서 '위엣것'과 '땅엣것'에 대해 살펴보겠다. 사도 바울은 골로새 교회 향하여,

I. 땅엣것을 생각지 말라고 하였다(2절).

땅엣것이란 무엇인가? 5절에 자세히 기록되어 있다. 사도 바울은 땅에 있는 지체를 죽이라고 했다(5절). 우리 성도들이 죽여야 할 것들이 있다.

① 음란하고 부정한 생각이다. "음란"이란 성적 부도덕을 말하며 "부정"이란 사치와 허영, 더럽고 그릇된 행위를 의미한다. 음란과 부정은 영혼을 부패시킨다. ② 분노하고 미워하는 생각이다(8절). 분노를 오래도록 품으면 마음의 병이 생긴다. 그러므로 분하고 미운 마음을 오래 품지 말고 용서하는 마음을 가져야 한다. 에베소서 4:26절에 "분을 내어도 죄를 짓지 말며 해가 지도록 분을 품지 말라"고 했다. ③ 시기하는 생각이다. "사촌이 땅을 사면 배 아파한다"는 말이 있다. 남이 잘 되는 것을 못 보는 시기와 질투 때문이다. 이런 마음도 오래 품으면 타락하고 영혼이 죽는다. ④ 탐욕이다(5절). 탐심은 죄 중에서 가장 추한 것이다. 성도는 탐심을 버려야 한다.

II. 위엣것을 생각하라고 했다.

위엣것을 생각하라는 것은 먼저 하나님을 생각하라는 것이며 하나님을 생각하는 것은 하나님의 영광(Soli Dei Glorie)은 능력, 사랑, 권능 등 하나님께 속한 모든 것을 생각하라는 의미이다. "죽으면 죽으리라"하고 하나님만 생각했던 에스더는 마침내 자기백성을 죽음에서 구원했다(에 4:16). 성 프란시스는 그의 두 손바닥에 못자국이 생길 정도로 주님만을 생각했다. "옛사람"은 자신의 삶과 행위에서 하나님을 배제하려는 옛 본성, 성향, 중생하지 못한 상태를 의미한다. 새사람은 구원 받을 때 주어지는 새로운 본성, 성향, 새 본성이 있어야 하나님의 의를 섬길 수 있다(롬 6:18).

땅엣것은 우리의 영혼을 부패시켜 멸망에 이르게 하지만 위엣것은 우리의 영혼을 살찌우며 생명에 이르게 한다. 그러므로 날마다 성결된 삶을 살면서 위엣것을 생각하며 삽시다.

골로새서 3장 5-11절

지체를 죽이라

"땅에 있는 지체를 죽이라" 여기 "죽이라"는 네크로사테(νεκρώσατε)로 "죽은 것으로 여기라"고 해석한다. 그 근거로는 네크로사테가 부정과거로서 이미 이루어진 것을 의미하며 3절에서 바울이 죽은 것을 선포한 점을 들고 있다. 그러나 그리스도인은 신분상 그리스도의 구속을 통해서 죄에 대해서 죽었고 의인이 되었지만(롬 3:24) 현재의 삶은 죄와 투쟁하는 삶이다. 따라서 '네크로사테'는 현재의 삶 속에서 죄와의 투쟁을 의미하며 과단성 있는 행위를 통한 죄의 제거를 의미한다(마 5:29, 30). 여기 "지체"는 문자적으로 신체의 여러 가지 부분을 가리키나(마 5:29,30, 롬 6:13,19, 약 3:6) 본절에서의 '지체'는 신체적 부분을 의미하지 않는다. 왜냐하면 본절의 문맥에서 '악의 목록'들이 '지체'와 동격으로 나타나기 때문이다. 사도 바울은 골로새 교회를 향하여,

I. 옛사람을 벗어버리라고 하였다(5-8절).

여기 "옛사람"은 타락한 죄성을 가진 옛본성을 의미하며(육체의 사람, 죄의 사람) 이러한 것들을 죽이라고 했다(5절). 여기 "벗어버리라"(8절)는 아포테스테(ἀπόθεσθε)로서 더러운 의복을 벗어버리는 행위를 가리키며 본절에서는 과거의 모든 행위나 습관 의식을 온전히 제거함을 의미한다(욥 29:14, 시 109:29, 132:9, 사 11:5, 59:17, 롬 13:12,14, 살전 5:8). "지체를 죽이는 것"은 곧 음란과 부정과 사욕과 악한 정욕과 탐심들이다(5절).

II. 새 사람을 입으라고 하였다(12-17절).

여기 "새사람"은 그리스도안에서 소유하게 된 새로운 본성을 의미한다. 새 본성을 소유한 그리스도인은 그리스도를 닮아가는 삶을 살아간다. "새사람"은 하나님이 택하신 자, 거룩한 자, 사랑하신 자 라고 하였다(12절-). 새사람은 다섯 가지 악을 버리는 동시에 다섯 가지 덕을 갈아입어야 한다. 즉, 긍휼·자비·온유·겸손·관용을 입어야 한다(12-14절). 이 모든 것 위에 사랑을 더하라고 했다(14절). 12절에 "오래참음"은 그리스도인은 물론(눅 18:7) 비그리스도인에게까지(롬 2:4) 보이신 하나님의 속성이다. 하나님은 그 속성으로 인해 심판의 날을 연기하셨다(롬 9:22).

사도 바울은 빌립보 교회를 향하여 ① 그리스도의 말씀이 너희 속에 풍성히 하라(15-16절), ② 감사함으로 하나님을 찬양하라(16절), ③ 무슨 일이나 주 예수의 이름으로 감사하라(16-17절)고 하였다.

골로새서 3장 15절

그리스도의 평강이
너희 마음을 주장하게 하라

"그리스도의 평강이 너희 마음을 주장하게 하라, 평강을 위하여 너희가 한 몸으로 부르심을 받았나니 또한 너희는 감사하는 자가 되라"(15절). 여기 "그리스도의 평강"은 그리스도께서 신자들에게 평안을 주시며(요 14:27, 16:33, 20:19,21,26), 그리스도 자신이 평안임을 의미한다(엡 2:14). 여기 "주장하게 하라"는 브라뷰에토 ($\beta\rho\alpha\beta\epsilon\upsilon\acute{\epsilon}\tau\omega$)로 '지배하다', '통제하다', '결정하다'란 뜻으로 그리스도인들 사이에서 생기는 갈등이나 차별에 대해 그리스도의 평강으로 통제해 나가야 함을 의미한다.

I. 그리스도의 평강이 너희 마음을 주장하게 하라고 했다.

하나님은 인간 하나 하나를 섭리하시고 한 나라의 운명과 전 인류의 역사를 섭리하신다. 하나님은 아브라함에게 자녀를 주기도 하고 또 바치라고도 한다.

이스라엘 민족을 흥황케하고, 망하게도 하시는 것이 그의 섭리 속에서 되는 일이다. 우리는 이 섭리신앙 속에서 그리스도의 평강을 얻게 된다. 그리스도의 평강은 구속신앙에서 나온다. 하나님의 구속 역사는 자연적인 계시역사로서만이 아니라 그 외아들 예수 그리스도를 주시고 그가 스스로 인간의 위치를 대신케 함으로서 그가 택한 자를 구속하시고야 만다는 이 사실을 알고 믿을 때 탕자같은 인간에게도 소망이 있고 평화가 있는 것이다. 하나님의 구속사는 죄인들을 구원하는 데 있었다.

II. 이 말씀의 지혜대로 최선을 다할 때 풍성한 삶을 거두게 된다고 하였다 (16절).

"그리스도의 말씀이 너희 속에 풍성히 거하여"(16절)라고 했다. 우리 성도는 말씀에 순종해야 한다. 말씀따라 살아야 한다. 감사함으로 하나님을 찬양해야 한다(16절). 무슨 일이나 주 예수의 이름으로 감사해야 한다(17절). 노만 빈센트 필 박사는 성도는 세 가지 중요한 생각을 해야한다고 했다. ① 크게 성장하라, ② 크게 행동하라, ③ 크게 믿으라고 하였다. 우리 성도는 그리스도안에서 하나님의 영광을 위하여 성령의 열매를 맺으며 성도의 사명을 다해야 한다.

골로새서 3장 22-25절

무슨 일을 하든지

사도 바울은 골로새 교회를 향하여 무슨 일을 하든지 마음을 다하여 주께 하듯 하고 사람에게 하듯 하지 말라고 권면했다. 본 서신은 사도 바울이 로마옥중에서 A.D. 61-63년 경 기록했다. 골로새 교회 설립자인 에바브라로부터 교회 내 이단인 영지주의가 침투했다는 말을 듣고 본 서신을 기록하여 보냈다. 바울은 골로새 교인들에게,

I. 무슨 일을 하든지 마음을 다하라고 했다(23절).

여기 "마음을 다하라"는 말은 성실한 태도로 일을 하라는 말이다. 충성된 마음으로 노력하는 것을 의미한다. 교회의 일을 할 때 그 일을 성실하게 하라는 말이다. 교회 일에 마음을 다하려면 사명감이 있어야 한다. 사명감이 있는 일꾼은 자발적으로 한다. 누가 시켜서 하는 일이 아니라 기쁜 마음으로 일을 하는 일꾼이다. 바울은 "복음을 전하지 않으면 내게 화가 있을 것이라"고 했다(고전 9:16). 그러면서 예수를 위해 결박받을 뿐 아니라 죽을 것도 각오하였다(행 21:13).

II. 무슨 일을 하든지 주께 하듯 하라고 했다(23절).

여기 "주께 하듯 하라" 이 말은 ① 하나님을 두려워하는 마음으로 일하라는 것이요 ② 하나님 중심으로 일하란 의미이다. 사람은 속일 수 있으나 하나님은 속일 수 없다. 사람을 외모를 보고 판단하지만 하나님은 중심을 보신다. 우리는 하나님의 주권하에 선택된 성도들이다. 그러므로 하나님을 두려워하는 마음으로 일을 해야 한다. ① 하나님의 일은 복음 전파이다. ② 하나님 나라 건설이다. 이 땅에 진리와 평화 하나님 나라가 건설되어야 한다.

III. 무슨 일을 하든지 상을 받을 줄 알라고 했다(24절).

본 절의 말씀은 "하나님을 두려워하고 그리스도께 하듯, 육신의 주인에게 순종하는 종에 대한 보상을 나타낸다. 그 보상은 주께로부터 받는 것이다. 충실한 종이 받아야 할 상은 "유업"이다. 이미 골로새 교인들을 위해서 준비된 영원한 유업에 대해 언급하였다(1:5,12,27, 3:1-4). 이런 유업에 대해 약속하신 자는 바로 그리스도 자신이며, 그리스도는 그리스도의 종들이 섬기는 주이시다. 주님을 중심으로 일하는 사람은 하나님이 약속하신 상급을 받는다. 하나님은 공평하시다. 심는대로 거두게 하신다(갈 6:7). 무슨 일을 하든지 말씀에 순종하여 칭찬받는 일꾼이 되길 기도한다.

골로새서 4장 1-4절

감사함으로 깨어 있으라

본 서신은 사도 바울이 로마 옥중에서 A.D. 61-63년 경 기록했다. 골로새 교회 설립자인 에바브라로부터 교회 내 이단인 영지주의가 침투했다는 말을 듣고 본 서신을 기록하여 보냈다. 신학주제는 기독론이다. 본장은 바울의 마지막 문안과 축도이다. 오늘 본문의 말씀에 보면 "기도를 항상 힘쓰고 기도에 감사함으로 깨어 있으라"고 권면하고 있다. 우리 성도들이 시험에 들지 않도록 늘 깨어 기도하듯이 하나님에 대한 감사도 늘 깨어 감사가 있어야 한다. 그런데 그 심령이 병들고 믿음이 병들게 되면 감사하는 마음이 먼저 사라지게 된다. 감사는 우리 기독교의 덕목이다.

I. 하나님의 은혜에 감사해야 한다(1-2절).

사도 바울은 본절에서 '기도'에 대해 권면하고 있다. 여기 '힘쓰고'(2절)는 프로스카르테레이테($προσκαρτερέω$)로 끈질기게 매달리는 지속적인 것을 의미한다. 이는 기도의 열심과 지속성을 시사한다. 본절의 "기도"는 테 프로슈케($τῇ$ $προσευχῇ$)로 신·구약에서 탄원을 의미한다(왕하 19:4, 시 4:1, 막 9:29, 행 10:31, 롬 1:10, 약 5:17). 하나님께서 우리를 선택하여 불러주시고 그리스도의 보혈로 구속하사 구원해 주셨다. 이것은 하나님의 주권에 의한 것이었다. 이 큰 은혜에 감사하는 성도가 되어야 한다. 우리의 생명을 지켜주시고, 늘 인도해 주시고, 축복하신 하나님께 감사해야 한다.

II. 우리의 마음과 입술에 감사가 넘쳐야 한다.

마음 속에 있는 생각은 자연히 입술로 나타나게 된다. 마음 속에 불평과 불만이 있으면 자연히 불평 불만이 나온다. 그러나 마음 속에 감사와 감격이 있으면 자연히 감사가 나온다. '주여, 감사합니다' 우리의 입술에서 일상생활에 자연스럽게 흘러넘쳐야 한다. 우리나라 속담에 "말 한마디로 천냥 빚을 갚는다"는 말이 있다. "범사에 감사하라 이는 그리스도 예수 안에서 너희를 향하신 하나님의 뜻이니라" 우리의 입술에 감사와 찬송이 넘쳐야 한다.

"감사함으로 기도하라" 감사는 참 기도의 요소이며, 기도의 완성이다. 감사함으로 깨어있어 기도에 힘쓰며 하나님의 축복받는 성도가 되자.

골로새서 4장 3절

우리를 위하여 기도하라

사도 바울은 가는 곳마다 그리스도의 복음을 전하고 교회를 세우고 수많은 사람들을 구원하였다. 바울은 전도의 사람이요, 기도의 사람이요, 충성의 사람이다.

I. 기도란 무엇인가?

사도 바울은 본절에서 기도에 힘쓰라고 했다(2절). "기도를 항상 힘쓰고 기도에 감사함으로 깨어 있으라"고 했다. 여기 "힘쓰고"는 끈질기게 매달리는 지속적인 것을 의미한다. 이는 기도의 열심과 지속성을 시사한다. 여기 "기도"는 테 프로슈케(τῆ προσευχῆ)로 신·구약에서 탄원을 의미한다.

사도 바울은 골로새 교회를 향하여, ① "항상 기도하라"고 하였다. 이는 모든 일을 기도와 더불어 하라는 뜻이다. ② "힘써 기도하라"고 하였다. 이는 예수님의 겟세마네동산의 기도처럼 하라는 것이다(눅 22:44). ③ "감사함으로 기도하라"고 하였다. 이는 먼저 기도하기 전에 감사하라는 것이다. ④ "깨어 기도하라"고 하였다. 이는 기회를 놓치지 말고 깨어 있으라는 말이다(눅 21:8-36).

II. 기도를 부탁한 바울(3절)

"또한 우리를 위하여 기도하되…"라고 했다. 본절은 바울이 부탁한 기도이다. "하나님이 전도할 문을 우리에게 열어주사 그리스도의 비밀을 말하게 하시기를 구하라"(3절). 바울은 골로새 교인들에게 복음의 전파를 위해서 기도를 부탁했다. 여기 "문을 여는 것"은 주로 복음선포의 기회가 열린다는 것을 의미한다(고전 16:9, 고후 2:12). 아마도 사도 바울이 감옥에서 풀려날 것을 생각하며 기도를 요청하고 있는 것 같다(몬 1:22). 여기 "그리스도의 비밀"은 바울의 설교의 내용으로서 이방인을 위해 그리스도안에서 이루신 하나님의 구원계획을 의미한다(1:26, 2:2).

1. 기도란?

① 빌다는 뜻이다.(딤전 2:1). ② 속삭인다는 뜻이다(사 26:16). ③ 탄원하다, 강청하다, 구하다란 뜻이다(눅 18:1). ④ 기도는 대화란 뜻이다. 기도는 생명이요, 영혼의 호흡이다. 기도는 인간이 하나님을 찾아가려는 본질적인 요구이다. 우리의 육신은 기도에 싫증을 느끼며 피곤하게 한다. 그래서 기도하려면 기어코 육체의 소욕을 쳐서 굴복시켜야 한다. 기도는 만능의 열쇠이다(약 5:17).

골로새서 4장 2-8절

응답되는 기도

"지성이면 감천"이란 말이 있다. 이는 정성이 지극하며 하늘도 감동한다는 말이다. 하나님은 우리의 기도를 듣기 원하신다(시 65:2). "너희는 나를 찾으라 그리하면 나를 만나리라"(렘 29:13, 암 4:12-). 기도의 응답을 받으려면 쉬지 말고 기도해야 한다(살전 5:17). 오늘 본문에서도 사도 바울은 "기도에 항상 힘쓰라"고 했다(2절). 기도 응답을 받으려면,

I. 기도에 항상 힘쓰라고 했다(2절).

사도 바울은 골로새 교회를 향하여 기도에 항상 힘쓰라고 했다. 여기 "힘쓰고" 이 말은 프로스카르테레이테(προσκαρτερεῖτε)로 "끈질기게 매달리는", "지속적인"을 의미한다. 여기 "기도"는 신·구약에서 탄원을 의미한다(막 9:29, 행 10:31, 왕하 19:4, 시 4:1). 요 15:7절에 "너희가 내 안에 거하고 내 말이 너희 안에 거하면 무엇이든지 원하는대로 구하라 그리하면 이루리라", "예수님은 기도하실 때, 힘쓰고 애써서 기도하셨다"(눅 22:44). 간절한 기도는 응답된다(눅 18:1).

II. 감사함으로 기도하라고 하였다(2절).

"감사함으로 깨어 있으라"고 했다. 감사는 참 기도의 요소이며, 기도의 완성이다. 기도에 감사가 없으면 원망이 되기 쉽다. 그러므로 하나님의 은혜에 감사하며 기도해야 한다. 여기 "깨어있으라"는 사방을 경계한다는 뜻으로 마귀의 유혹이 접근하지 못하도록 경계망을 친다는 뜻이다. 기도는 능력이다(약 5:17-18). 기도 응답을 받으려면 눈물의 기도가 있어야 한다. 다윗은 범죄한 후 눈물로 탄식하며 기도했다(시 6:6, 42:3, 56:8, 80:5). 또한 기도 응답 받으려면 간절한 기도가 있어야 한다(눅 22:44, 창 32:26).

III. 믿음의 기도를 드려야 한다.

"믿음은 바라는 것들의 실상이요 보지 못한 것들의 증거니라"(히 11:1). 바라는 것들의 실상은 곧 기도 응답이다. 믿음으로 하지 않는 기도는 기도가 아니다. "믿음의 기도는 병든 자를 구원하리니 주께서 저를 일으키시리라(약 5:15)" "믿는 자에게는 능치 못할 일이 없느니라"(막 9:23). 믿음의 기도는 능력이다. 기도는 영혼의 호흡이다. 기도 응답을 받으려면, ① 기도에 항상 힘써야 하며, ② 감사함으로 기도해야 하고, ③ 믿음으로 기도해야 한다.

골로새서 4장 5절

세월을 아끼라

"외인을 향하여서는 지혜로 행하여 세월을 아끼라"(5절). 여기 "외인"은 비그리스도인을 가리킨다(고전 5:12,13, 살전 4:12, 딤전 3:7). 그리고 "지혜"는 하나님의 뜻을 아는 것과(1:9), 주께 합당하게 하는 것(1:10)과 상관된 것으로 실천적인 것이며 실제적인 것을 의미한다. 그러므로 "외인을 향하여서는 지혜로 행하며"라는 말은 그리스도인들의 경거망동으로 비그리스도인들에게 비난을 사지 않도록 행하라는 권면이다. "세월"은 결정적인 시기, 즉 지나갈 수 있는 특별한 기회를 의미하며, "아끼라"는 말은 모든 가능성을 동원해서 구입하는 것을 의미한다. 사도 바울은 우리 믿는 사람들에게 지혜없는 자와 같이 행하지 말고 지혜있는 자와 같이 행하라"고 하면서 "세월을 아끼라"고 권면했다. 하나님은 우리에게 시간이란 좋은 선물을 주셨다. 그러므로 우리는 이 시간을 나를 위하여, 다른 사람을 위하여, 하나님을 위하여, 선용해야 한다. 시간은 쉬지 않고 흐른다. 지나간 시간은 다시 돌아오지 않는다. 서양속담에 "시간은 돈이다"란 말이있다. 그만큼 시간은 귀하다는 것이다.

I. 이 귀한 시간을 어떻게 이용할 것인가?

우리 본문에 "세월을 아끼라"고 했다. "아끼다"는 말은 절약한다는 뜻이다.

시간을 절약하려면, ① **부지런해야 한다** 로마서 12:11절에 "부지런하여 게으르지 말고 열심을 품고 주를 섬기라"고 했다. 교회생활도 부지런히 하고, 가정생활도 부지런히 해야 한다. 공부도 부지런히 하고, 성경도 부지런히 보고, 기도생활도 부지런히 해야 한다. 시간은 낮에도 밤에도 공부할 때도, 놀때도 흐른다. ② **규칙적인 생활을 해야 한다** 공부할 때는 열심히 공부하고 놀때는 열심히 놀고, 기도할 때는 목숨을 걸고 기도하고, 성경볼 때는 열심히 보고 놀때는 놀아야 한다. ③ **시간을 지킬 줄 알아야 한다** 교회올 때도 예배시간 10분 전에 나와서 준비기도해야한다. 시간을 적용할 줄 알아야 한다. 시간약속($\epsilon\pi\alpha\gamma\gamma\epsilon\lambda\iota\alpha$)을 철저히 지켜야 한다.

II. 세월을 아끼라(5절).

여기 "아끼라"는 엑사고라조메노이($\epsilon\xi\alpha\gamma o\rho\alpha\zeta\acute{o}\mu\epsilon\nu o\iota$)로 모든 가능성을 동원해서 구입하는 것을 의미한다. 옛말에 천시란 말이 있다. 이는 하늘의 때라는 말이다. 그 말씀은 기회라는 말씀이다. 이 하늘의 때에 이 기회를 놓치면 다시 안 온다. 곡식도 심을 때가 있고 있고 거둘 때가 있다. 은혜받을 때가 있다(고후 6:1-2). 치유받을 때가 있다. 능력받을 때가 있다. 모든 때가 있다(전 3:1-).

지금 이때가 중요하다. 세월을 아끼는 지혜로운 성도들이 되자.

골로새서 4장 6절

너희 말에 소금을 치라

"너희 말을 항상 은혜 가운데서 소금으로 고루게 함같이 하라 그리하면 각 사람에게 마땅히 대답할 것을 알리라"(6절) 사도 바울은 골로새 교인들에게 로마의 옥중에서(A.D.61-63년) 본 서신을 써서 보냈다. 여기 "너희 말"은 골로새 교인들의 사적인 대화와 공적인 선포를 포함한다. 골로새 교인들 일상적인 대화나 복음선포를 할 때 염두에 두어야 할 것은 두 가지이다.

1. 은혜 가운데서 행하라는 것이다.

여기 "은혜 가운데서"는 엔 카리티($\acute{e}v$ $\chi\acute{\alpha}\rho\iota\tau\iota$)로서 ① '감사함으로'를 의미하며(3:16), ② '하나님의 은혜로'를 의미하며(엡 2:5), ③ '은혜롭게'를 의미한다(눅 4:22).

2. '소금으로 고르게 함 같이' 해야 한다.

헬라인들에게 '소금'은 재치나 기지를 의미한다. 랍비문서에서도 소금은 지혜를 의미했다. 오늘 본절의 핵심은 성도들이 믿지 않는 자들과 대화 속에서 은혜롭고 지혜롭게 재치있는 말을 함으로써 무언의 전도가 된다는 뜻이다.

I. 말은 부드러워야 한다.

아무리 유익하고 좋은 말이라도 과격하게 표현되면 듣는 사람의 감정을 상하게 한다(잠 27:14). 밭에서 금방 뽑아온 배추에 소금을 치면 금방 부드러워진다. 우리의 말에도 소금을 쳐서 가시와 독을 제거해야 한다.

II. 말이란 맛이 있어야 한다.

음식은 먹을 맛이 있어야 하고, 말은 들을 맛이 있어야 한다. 그렇다고 해서 말은 청산유수같은데 행실이 나쁘면 안된다. "말 한마디로 천냥 빚을 갚는다"는 말이 있다.

III. 말이란 진실해야 한다.

한번 한 말은 자신이 책임을 질 줄 알아야 한다. 말은 언제나 진실하고 변역이 없어야 한다. "말"은 부드럽고 조용한 말이 좋다. 내가 하는 말이 소금되는 말이 되어 형제들에게 퍼져나갈 수 있어야 한다. "부드러운 말, 맛있는 말, 진실한 말로 전도문이 활짝 열려지게 하소서" 지혜는 소피아($\sigma o\phi\acute{\iota}\alpha\varsigma$)인데, 지혜로운 말은 덕을 세운다. 늘 성령충만하며 말을 잘하여 생활의 축복을 받길 바란다.

골로새서 4장 7-9절

형제 오네시모

오늘 본문에 두기고와 오네시모가 소개되고 있다. "두기고"는 아시아 지방 태생으로(행 20:4)바울의 3차 여행 때에 헬라에서 바울과 함께 있다가 드로아 까지의 육로 여행에 바울을 수행하였다. 바울은 그를 가리켜 "사랑을 받는 형제요. 신실한 일꾼이요. 주 안에서 함께 종"(7절)이라고 소개하고 있다. 실로 그는 충성스러운 사역자였으며 바울의 신임을 받아 골로새 교인들에게 본 서신을 전달하였고 바울 일행의 사정을 그들에게 알리기 위하여 특별히 파송되었다(8절). 또한 그는 에베소 교회에 바울 일행의 편지를 전해주기로 하였고(엡 6:21,22), 디도가 사역하였던 그레데에 파송되기도 하였다(딛 3:12). 한편 두기고를 소개한 바울은 그와 함께 따라가는 오네시모를 소개한다(9절). 그는 본래 골로새 교회의 유력한 신자였던 빌레몬의 종이었는데 빌레몬의 집에서 도망나와 방황하다가 로마에서 바울을 만나 그리스도를 영접하게 되었다(몬 1:8-22). 바울은 그를 "신실하고 사랑받는 형제"라고 칭찬함으로써 그가 복음으로 인하여 새롭게 변화되었음을 자랑하고 있다. 바울은 이렇게 오네시모를 소개함으로써 빌레몬으로 하여금 오네시모를 잘 대우하도록 배려하고 있다(몬 1:10).

1. 사도 바울은 형제 오네시모를 변호하기 위해 빌레몬서를 기록하였다(7-).

골로새 교회는 빌레몬의 집에서 시작되었다. 빌레몬 1:2절에 "내 집안에 있는 교회"라고 했다. 빌레몬의 집이 골로새 교회이다. 바울은 "두기고"에 대해 세 가지 호칭을 부여했다. ① 사랑을 받는 형제, "형제"란 말은 하나님 가족의 구성원이 된 그리스도인들간의 실제적인 관계성을 시사한다(롬 15:14, 고전 15:58, 빌 3:1). ② 신실한 일꾼, "일꾼"이란 디아코노스(διακονος)로 특별한 사역을 부여받은 사람을 가리킨다. ③ 주안에서 함께 된 종 에바브라도 같은 호칭을 듣는다(1:7).

바울이 두기고를 골로새 교회에 보낸 목적은 두 가지이다.
① 바울 자신과 동역자들이 처한 상황을 알리기 위한 것이고,
② 바울 자신이 투옥된 사실로 인해 상심에 빠져있는 골로새 교인들에게 사도의 가르침을 되새기게 하여 상심한 마음을 위로하기 위한 것이다. 바울은 자신이 처한 상황을 알리기 위해 두기고와 함께 오네시모를 골로새 교회에 보낸다(9절). 그리고 빌레몬에게 오네시모를 따뜻하게 영접해줄 것을 부탁한다(몬 1:9-12).

골로새서 4장 12-13절

에바브라의 신앙

사도 바울은 A.D.61-63년 경 로마 옥중에서 골로새 교인들에게 편지를 쓰면서 먼저 인사를 하고 곧 에바브라를 소개했다. 에바브라는 바울의 대리자로서 골로새 교회의 설립자였다(1:7).

I. 그는 신실한 일꾼이었다(1:7).

"에바브라"는 신실한 일꾼이라고 했다. 사도 바울은 에바브라를 골로새 교회의 신실한 일꾼이라고 소개하면서 그는 그리스도 예수의 종이라고 소개하고 있다. 에바브라는 골로새 교인들이 바로 서기를 위해 끊임없이 중보기도하였다(12절). 에바브라는 골로새 교인들이 그리스도안에서 완전한 자로 서게 되기를 기도했고, 하나님의 뜻 안에서 확신있게 서기를 기도했다.

II. 그는 기도의 사람이었다(12-13절).

"에바브라"는 성령의 사람이요, 성령충만한 사람이었다. 12절에 "에바브라는 골로새 교인들을 위하여 애써 기도했다. 애써 기도한다는 것은 분투한다, 씨름한다는 뜻이다. 당시 골로새 교회에 이단(영지주의)이 침투했었다(2:8). 그래서 에바브라는 ① 성도들이 그리스도 안에서 '완전한 자'로 서게 될 것을 기도했고, ② 하나님의 모든 뜻 가운데서 확신있게 서기를 기도했다(12절). 기도는 능력이다. 기도없이는 신앙을 유지할 수 없다.

III. 그는 사랑과 봉사의 수고한 사람이었다(13절).

여기 "수고"란 말은 포논($\pi\acute{o}\nu o\nu$)으로 전쟁터에서 싸우는 것을 의미하는 것으로 복음을 위한 에바브라의 헌신적인 노력을 의미한다. 에바브라는 골로새 교회에 침투한 이단, 거짓교사들의 가르침이 골로새 교회 전체에 퍼져나간 것에 대항하여 싸운 것을 가리킨다. 에바브라는 골로새 교회를 잘 섬기다가 옥중에 갇혀있는 바울을 찾아가 골로새 교인들이 서로 사랑으로 지내며 사도 바울을 극진히 사모하고 있다는 소식을 전했다. 그래서 바울은 그를 가리켜 "성령 안에서 사랑을 고한 에바브라"라고 했다. 에바브라는 자기가 섬기는 골로새 교회만 섬긴 것이 아니라 라오디게아 지방과 히에라볼리 지방 사람들을 위해서 많은 수고를 했다.

"에바브라"는 ① 신실한 일꾼이요, ② 기도의 사람이요, ③ 사랑과 봉사에 수고한 사람이다. 에바브라처럼 교회를 잘 섬겨 하나님께 영광을 돌리기 바란다.

골로새서 4장 14절

누가의 신앙

'누가'는 바울과 함께 2차 전도여행때 드로아와 빌립보에 있었고 3차 전도여행 때 빌립보에서 바울과 합류하여 예루살렘까지 동행했다(행 16:10-17, 20:6-16, 21:1-18, 27:1-28).

I. 그는 겸손한 사람이었다.

누가는 지식도 풍부했고 의술로 봉사한 사람이다. 누가복음과 사도행전을 저술한 사람이다. 그래도 그는 교만하지 않고 자랑하지 않고 겸손했다. 사도행전 같은 경우는 초대교회의 역사를 밝혀 주는 책임에도 불구하고 거기에는 자기의 이름조차 밝히지 않았다. 그는 바울의 충실한 심복이었다. 그런데도 바울서신에 그의 이름은 다 세 번 나온다(골 4:14, 롬 1:24, 딤후 4:11). 하나님은 겸손한 자에게 은혜를 주신다(약 4:6).

II. 그는 의리를 지키는 사람이었다.

누가는 겸손한 사람이었으며 의리가 있는 사람이었다. 디모데후서 4:10절에 "데마는 이 세상을 사랑하여 나를 버리고 데살로니가로 갔고 그레스게는 갈라디아로, 디도는 달마디아로 갔고 누가만 나와 함께 있느니라…" 바울이 고난당할 때 여러 동지들은 떠났으나 누가만 홀로 바울의 고난을 끝까지 지켜주었던 것이다. 바울이 죄수의 몸으로 감옥에 갇히자 동지들은 모두 떠나 버렸다. 누가만 바울의 최후를 지켜보는 의리있는 사람이었다. 오늘날 교회는 누가와 같은 하나님의 사람이 필요한 시대이다.

III. 그는 성령의 사람이었다.

누가는 주옥같은 사도행전을 기록한 사람이다. 누가는 바울의 전도 제 1,2,3차까지 동행했고 로마까지 동행하며 전도했었다. 그는 지정의를 갖춘 하나님의 사람이다. 사도행전을 '성령행전'이라고 부른 것도 이유가 있다. 참으로 누가는 영력이 있는 사람이요, 기도의 사람이었다. 누가는 하나님나라를 위하여 자신의 생명을 바쳐서 사명을 다하였다. 누가는 안디옥 출신이다. 그는 의사였고 누가복음과 사도행전의 저자(눅 1:3 행 1:1)로서 뛰어난 문학가였으며 바울의 최후 동역자였다(11절).

그는 드로아에서 바울과 함께 빌립보까지 갔으며(행 10:11-18) 바울이 2년간 옥에 갇혔을 때 그와 함께 하기 위하여 가이사랴로 갔고(행 27:1-2), 그는 이방인이었으나 바울의 신임과 사랑을 한 몸에 받는 충실하고 유능한 동역자였고(몬 1:24), 바울이 순교할 때까지 함께 있었다(딤후 4:11). 누가와 같이 사랑받는 성도가 되자.

년 월 일 골로새서 4장 10-18절

바울의 동역자들

사도 바울은 본문에서 골로새 교인들에게 자신의 동역자들을 소개하고 있다. 그들은 바울의 어려운 사역기간 중에 큰 힘과 위로가 되었던 자들이다.

1. 아리스다고 : 아리스다고는 데살로니가 출신으로 에베소에서 소요가 일어났을 때 투옥된 바 있으며(행 19:29), 얼마 후에 바울을 따라 예루살렘에 가기도 했고(행 20:4) 가이사랴로부터 로마까지 바울을 수행하기도 했다. 그는 할례를 받은 유대인으로서는 바울의 복음사역에 동참한 드문 일꾼이었으며 바울에게 큰 위로가 되었던 동역자였다(10,11절).

2. 마가 : 마가는 예수살렘의 부유하고 지체있는 레위인 가정 출신으로 마리아라는 여인의 아들이며(행 12:12), 요한이라고 불리기도 했고 바울의 동역자인 바나바의 조카이다(10절). 그는 제 1차 선교여행 도중 바울을 떠나 예루살렘으로 돌아간 일이 있었다(행 13:13). 그 후에 마가는 바나바의 권위와 지도에 의해 차츰 훌륭한 일꾼으로 변모했으며 로마에서 바울과 재결합하여 그와 더불어 옥중 생활을 하였다(10절). 바울은 원숙하게 변모된 마가를 매우 자랑스럽게 여겼다(딤후 4:11). 바울이 죽은 후 그는 베드로를 도와 동역자로 일했으며(벧전 5:13) 마가복음을 기록했다.

3. 유스도 : 유스도라 일컬어지는 예수에 관한 자료는 본절(11절)이외에는 전혀 없다. 유스도라는 별명이 라틴어로 정의를 뜻하기 때문에 아마 그는 의로운 골로새 교회와 안면이 있었고 바울이 본 서신을 쓸 당시에는 로마에 있었다. 그는 유대인이었으며 복음을 위하여 바울과 함께 헌신 봉사한 동역자였으며 바울의 위로자였던 것으로 보인다.

4. 에바브라 : 에바브라는 소아시아 지방에 살았던 인물로서 빌립보교회의 에바브로디도(빌 2:25-30, 4:18)와는 다른 인물이다. 그는 골로새 태생으로 루쿠스 골짜기의 3대 성읍이었던 골로새 라오디게아 히에라볼리에서 큰 활약을 했었다(13절). 그는 바울과 함께 로마 옥중에 갇히기도 했으나, 자기가 섬기던 교회를 위해 애써 기도하며 많이 수고했다고 했다(12:13).

5. 누가 : 누가는 안디옥 출신으로 의사였으며 누가복음과 사도행전의 저자로서(눅 1:3, 행 1:1)문학가요 바울의 최후 동역자였다(11절). 그는 바울과 함께 드로아에서 빌립까지 갔으며(행 16:11-18) 바울이 2년 간 옥에 갇혔을 때 그와 함께 하기 위하여 가이사랴로 갔다(행 27:1,2). 그는 이방인이었으나 바울의 사랑과 신임을 받았다(몬 1:24). 바울이 순교할 때까지 함께 있었다(딤후 4:11).

데살로니가

데살로니가전서 서론 | 교역자의 마음에 드는 성도 | 소문난 교회 | 바울의 전도 | 말씀의 능력 | 신앙부흥운동 | 성도의 사명 | 바울의 기도(Ⅰ) | 바울의 기도(Ⅱ) | 성도의 생활 | 성도의 죽음 | 주의 날 | 성도의 삶 | 악은 모양이라도 버리라 | 바울의 축복기도 | 고난의 결과 | 하나님의 공의 | 불법의 사람이 나타나리니 | 그리스도의 재림심판 | 바울의 감사와 기도 | 바울의 확신과 기도 | 부지런히 일하라 | 바울의 고별사 | 바울의 축도

데살로니가전서 1장 1절

데살로니가전서 서론

본 서신은 A.D. 52-53년경 사도 바울이 고린도에서 기록하였다. 사도 바울이 고린도에 혼자 있다가 실라와 디모데가 고린도에 도착한 뒤 본 서신을 기록하게 되었다. 사도 바울은 디모데가 보고한 내용들(3:6,7)에 자극을 받아 본 서신을 기록하게 되었다.

1. 디모데가 보고한 내용은

① 데살로니가 교인들은 맹렬한 반대에도 불구하고 신앙생활을 잘하고 있다는 것이요(3:6-10), ② 교회내에 바울의 명성을 훼손하고 바울의 성실성을 의심하는 대적자들이 있다는 것이요(2:1-12, 17-20), ③ 데살로니가 교인들 중에 예수님 재림시 성도는 어떻게 될것인지에 많은 의혹을 갖고 있다는 것이다(4:13-5:11). 바울은 이러한 내용들을 디모데로부터 보고를 받고 세 가지 목적을 가지고 본 서신을 쓰게 되었다. 데살로니가 교회가 영적으로 건강한 상태에 있음을 하나님께 감사하고 이를 데살로니가 교인들에게 알리고자 하였고(1:2-10), 바울 자신과 그의 동역자들에 대해서 그릇된 생각을 갖고있는 자들에게 하나님의 능력을 보여주고자 함이요(2:1-3:13), 데살로니가 교인들의 잘못된 종말론관을 시정해주고 데살로니가 교회를 세우고자 하였다(4:1-5:24).

신학적 주제는 신론(3:11), 기독론, 구원론이 기록되어 있다. 그러나 본 서신의 중심되는 신학적 주제는 종말론이다. 그리스도께서 재림하시면 제일 먼저 죽은자들이 부활하여 그리스도를 영접하고(4:16), 그후 살아있는 자들도 공중으로 올라가서 주를 영접하여 영원토록 그와 더불어 살게된다(4:17). 예수님 재림때는 아무도 모른다. 갑자기 임한다(5:1-3). 예수님께서 재림하시는 마지막 날에 불신자는 멸망을 당하지만, 성도는 예수 그리스도와 함께 영원히 살게 된다(5:11).

2. 데살로니가 교회 설립

마게도냐의 첫 성인 빌립보에서 복음을 전한 바울은 암비볼리와 아볼로니아를 거쳐 데살로니가에서 복음을 증거했다(행 17:1). 이때 바울은 3주 동안 회당에서 가르쳤다(행 17:2). 바울은 야손의 집을 집회장소로 사용했다(행 17:5). 이것이 후에 데살로니가 교회로 발전하게 되었다. 초대교회는 대부분 개인의 가정에서부터 출발하였다(행 1:13-15, 16:15,40). 데살로니가 교회는 유대인들로부터 많은 핍박을 받고 있었지만 이러한 외부의 압력에도 데살로니가 교회는 잘 견디고 있었다.

| 년 월 일 | 데살로니가전서 1장 1~3절

교역자의 마음에 드는 성도

"우리가 너희 무리로 인하여 항상 하나님께 감사하고 기도할 때에 너희를 말함은" (2절) 데살로니가 교회는 비록 복음의 역사는 짧으나 성도들의 신앙은 날로 성장해갔다. 바울은 이처럼 데살로니가 교회의 성장하는 모습을 보면서 하나님께 감사하는 마음을 가졌다. "기도할 때마다 너희를 말함은" 이 말은 바울 자신이 세운 교회가 성장할 뿐 아니라 그들이 복음 위에 바로서서 신앙이 성장할 수 있도록 하나님께 기도했다.

I. 데살로니가 교회가 칭찬받은 세 가지

데살로니가 교회 성도들이 교역자 바울의 마음에 들어서 칭찬을 받았다. 칭찬받은 내용이 무엇인가?

1. 믿음의 역사가 있었기 때문이다(3절).

"너희 믿음의 역사…"라고 했다. 믿음은 하나님께서 그리스도 안에서 당신의 백성을 구원하기 위해 행하신 구속사역이다. 믿음이란 무엇인가? 믿음의 대상은 예수 그리스도이다. 믿음은 하나님의 선물이다(엡 2:8). 믿음은 하나님이 예정하시고 택하신 자들에게 주신다고 했다(행 13:48, 살전 1:4). 믿음은 능력이다. 모세는 믿음으로 홍해를 갈랐고, 엘리야는 믿음으로 비를 오게 했다(약 5:17-18).

2. 사랑의 수고가 있었기 때문이다(3절).

"…사랑의 수고와…"라고 했다. 사랑은 그리스도를 통한 그의 백성간의 우호적인 관계를 나타낸다. 데살로니가 교인들은 병자를 돌아보고 굶주린 자를 돕고 교회가 핍박 가운데서도 복음을 전파했었다. 사랑($άγάπης$)은 주는 것이다(고전 13:4-7). 데살로니가 교회는 하나님을 사랑하고 성도끼리 서로 사랑하고 이웃을 사랑하였다. 교회는 사랑이 충만해질 때 부흥된다.

3. 소망의 인내가 있었기 때문이다(3절).

"우리 주 예수 그리스도에 대한 소망의 인내를 우리 하나님 앞에서 쉬지 않고 기억함이니"라고 했다. 데살로니가 교인들은 예수님 재림의 날을 바라보는 소망을 가지고 있었다. 이처럼 소망을 가진 성도는 현실이 아무리 어려워도 그것을 극복할 수 있는 인내를 가지고 있다. "하나님 앞에서 쉬지 않고 기억함이니" 이 말은 사도 바울은 데살로니가의 성도들이 자주 떠올라 그때마다 쉬지 않고 하나님께 감사기도를 드렸다. 바울은 데살로니가 교회의 성도들이 마음에 들어서 쉬지 않고 기도했다고 하였다.

데살로니가전서 1장 5~10절

소문난 교회

"주의 말씀이 너희에게로부터 마게도냐와 아가야에게만 들릴 뿐아니라 하나님을 향하는 너희 믿음의 소문이 각처에 퍼진고로 우리는 아무 말도 할 것이 없노라"(8절) 여기 '믿음의 소문이 각처에 퍼진 교회' 교회란 옛날이나 지금이나 좋은 소문이 나야한다. 어떤 교회는 기도 많이 하는 교회로, 어떤 교회는 전도 많이 하는 교회로, 어떤 교회는 전도자를 잘 모시는 교회로, 어떤 교회는 능력이 있는 교회로 소문이 들린다. 그와는 반대로 어떤 교회는 싸움 잘하는 교회로, 어떤 교회는 교역자를 자주 갈아세우는 교회로 소문이 들린다. 어쨌든 교회는 좋은 소문이 나지 않으면 나쁜 소문이 나게 마련이다. 그러면 오늘 본문에 데살로니가 교회는 어떠한 소문이 퍼져 나갔는지 본문 말씀을 중심해서 생각해 보려고 한다.

I. 데살로니가 교회는 교역자를 잘 모시는 교회였다(5절).

"…우리가 너희 가운데서 너희를 위하여 어떠한 사람이 된것은 너희 아는 바와 같으니라"고 했다. 좋은 교회가 되려면 좋은 소문이 나야 하고, 교역자를 바로 알아주는 교회가 되어야 한다. 당시 바울과 디모데, 실라는 많은 핍박을 받았었다. 그러나 데살로니가 교회는 이들을 하나님의 종으로 알고 잘 받들었다. 그리하여 저들이 전한 복음이 말로만 아니라 오직 능력으로 전파되는 것을 알았고, 성령의 감동으로 전파되는 줄을 믿었다.

II. 데살로니가 교회는 기쁨이 충만한 교회였다(6절).

사도 바울이 복음을 전할 때 많은 핍박과 박해가 있었다(행 17:5-10). 바울이 데살로니가를 떠난 후에도 핍박은 계속되었다(살전 2:14). 그러나 데살로니가 교회 성도들은 많은 환난 가운데서도 성령이 주시는 기쁨으로 넉넉히 이길 수 있었다. "도를 받아"의 "도"는 복음 즉 말씀을 의미한다(살전 2:13). 데살로니가 교인들은 복음을 받기 전에는 죄의 세력에 매이는 생활을 했으나 바울이 전한 복음을 받아들인 후에는 전혀 다른 삶 즉 성령의 능력에 힘입은 삶을 살았다.

III. 데살로니가 교회는 축복받은 교회였다.

데살로니가 교회는 주는 교회였다. 그러기에 축복받은 교회이다. 주님께서 주는 것이 받는 것보다 복이 있다고 하셨다. "흔들어 넘치게 하리라"(눅 6:38). 데살로니가 교회는 영적인 교회요, 전도하는 교회요, 소망이 넘치는 교회였다.

데살로니가전서 2장 1~5절

바울의 전도

사도의 사명은 전도요, 하나님의 복음을 전파하는 일이다. 예수님께서는 "너희는 온 천하에 다니며 만민에게 복음을 전파하라"고 하셨다(막 16:15). 그리고 "너는 말씀을 전파하라 때를 얻든지 못 얻든지 항상 힘쓰라"고 했다(딤후 4:22). 본문을 중심해서 바울의 전도방법과 목회에 대해서 알아보고자 한다.

I. 바울은 하나님을 힘입어 전도했다(1-2절).

"…우리는 하나님을 힘입어"라고 했다(2절). 사도 바울이 전도에 성공하고 데살로니가 교회로 하여금 좋은 소문을 내게 했던 것은 "하나님을 힘입어" 복음을 전파하고 목회를 했기 때문이다. 사도 바울은 가는 곳마다 담대하게 복음을 증거하였다. 바울의 이러한 용기와 확신은 하나님으로부터 주어진 영적인 힘이었다. 여기 "하나님을 힘입어 전도했다"는 말은 하나님만 의지했다는 말이요, 하나님이 주신 능력이나 영력을 통해서 전도했다는 말이다. "너희 아는 바와 같이 우리가 먼저 빌립보에서 고난과 능욕을 당하였으나"(2절) 바울과 실라는 빌립보에서 귀신들린 여인을 고쳐주고 능욕받아 옥에 갇히게 되었다(행 16:19-34). 바울은 빌립보에서 복음을 증거하다가 그토록 고난을 받고 능욕을 당하고서도 곧 바로 데살로니가로 와서 주의 복음을 증거하였다. 여기 "많은 싸움중에 하나님의 복음을 너희에게 말하였노라"(2절) 바울이 당한 고난과 능욕은 그가 데살로니가에 왔을 때에 끝나지 않았다(행 17:13). 거기서도 역시 전도할 때에 많은 싸움(고난)이 있었으며 이 싸움은 특히 유대인들로 인한 것이었다. 바울이 빌립보와 데살로니가에서 많은 고난을 당하면서도 복음을 전할 수 있었던 것은 하나님으로부터 받은 영력이 있었기 때문이었다(롬 1:16).

II. 바울은 하나님의 복음을 부탁받았다(3-4절).

"…하나님의 옳게 여기심을 입어 복음 전할 부탁을 받았으니"(4절) 여기 "부탁을 받았으니" 이 말은 하나님께서 바울을 전도자로 신임하시고 복음을 맡기셨음을 뜻한다.

III. 바울은 하나님을 기쁘시게 하기 위해 전도했다(4-5절).

"우리가 이와같이 말함은 오직 우리 마음을 감찰하시는 하나님을 기쁘시게 하려 함이라" 바울은 하나님의 마음을 기쁘시게 하기 위해 복음을 전했음을 강조한다. 이런 의미에서 바울은 자신을 그리스도의 종으로 부르기를 기뻐하였다(롬 1:1, 빌 1:1).

데살로니가전서 2장 13절

말씀의 능력

"이러므로 우리가 하나님께 쉬지 않고 감사함으로 하나님의 말씀을 받을 때에 사람의 말로 받지 아니하고 하나님의 말씀으로 받음이니 진실로 그러하다" 이 말씀이 또한 너희 믿는 자 속에서 역사하느니라"(13절) 바울의 적대자들은 바울이 전한 말(복음)을 스스로 지어낸 인간의 말이라 하여 받아 들이기를 거부했다. 그러나 데살로니가 교인들은 바울의 말을 사람의 말로 받지 않고 전적으로 하나님의 말씀으로 받아드렸다. 이것은 바울에게 대단한 용기를 심어주는 일이었다. 오늘 이 시간 본문 말씀을 통해서 "말씀의 능력" 이란 제목으로 은혜를 받고자 한다.

1. 하나님의 말씀은 능력이다.

"…진실로 그러하다. 이 말씀이 또한 너희 믿는 자 속에서 역사하느니라"(13절). 하나님의 말씀은 하나님의 능력을 전하여 성령의 중생케 하는 역사로서 회개의 신앙에 이르게 한다. "이 복음은 모든 믿는 자들에게 구원을 주시는 능력"이기 때문이다(롬 1:16). 여기 "말씀이 역사" 한다는 말은 우리 신앙생활에 힘이 되고 윤택하게 되고 능력있는 삶을 산다는 말이다. 그 "말씀" 이 우리의 심령속에 접촉이 되고 적중될 때 우리의 심령은 감동감화를 받고 위로와 힘을 얻게 되고 우리의 신앙이 성장하고 열매를 맺게 된다. "하나님의 말씀은 살았고 운동력이 있어 좌우에 날선 어떤 검보다 예리하여 혼과 영과 및 관절과 골수를 찔러 쪼개기까지 하며 또 마음의 생각과 뜻을 감찰하나니"(히 4:12) 예레미야 23:29에는 "하나님의 말씀은 불이요 반석을 부시는 방망이와 같다"고 했다. 그런고로 이 하나님의 말씀이 바로 전파되고 바로 받아들이고 바로 역사하는 곳에 생명운동이 일어난다.

바울은 이 사실에 감사했다. "이러므로 우리가 하나님께 쉬지 않고 감사함은"이라고 했다. 여기 "쉬지 않고 감사했다"는 말은 중단이 없는 계속적인 감사라는 뜻이요, 무슨 일이나 범사에 감사했다는 뜻이다. 하나님의 능력에 감사했다는 의미이다. 순경에도 역경에도 감사하며 삽시다.

데살로니가전서 2장 13-16절

신앙부흥운동

"…진실로 그러하다 이 말씀이 또한 너희 믿는자 속에서 역사하느니라"(13절)

Ⅰ. 신앙부흥운동이란 무엇인가?

하나님은 신앙부흥운동을 통하여 당신의 백성들을 각성시켜 왔다. 성경을 통해 볼때 홍수 이전에는 신앙부흥운동에 관한 기록을 볼 수 없다. 그러나 홍수 이후로 3대 신앙부흥운동이 일어났다.

1. 사무엘의 미스바 신앙부흥운동이다(삼상 7:1-11).

미스바 신앙부흥운동은 사무엘이 온 이스라엘 백성들을 미스바로 모이게 하고 기도운동을 펼친 부흥성회였다. 사무엘이 살았던 시대는 참으로 암울한 시대였다. 제사장이었던 엘리의 가정은 타락하였고(삼상 2:12), 하나님의 언약궤는 블레셋인의 손에 들어가는 등 모든 것이 암담하였다. 이러한 상황에서 엘리의 제사장직을 물려받은 사무엘은 온 이스라엘 백성에게 모든 이방신들과 아스다롯을 버리고 진심으로 여호와께 돌아와 여호와만을 섬기면 하나님께서 너희를 블레셋 사람의 손에서 건져내시리라고 선포하였다. 이에 이스라엘 백성들은 사무엘 선지자의 말을 좇아 바알과 아스다롯을 버리고 여호와 하나님을 섬겼다. 그 결과 이스라엘 백성들은 블레셋 사람들을 물리치고 승리할 수 있었다.

2. 아사왕의 신앙부흥운동이다(대하 14:2-12).

아사왕의 신앙부흥운동은 유다의 3대왕인 아사왕이 불러 일으킨 신앙개혁운동이다. 이 신앙개혁으로 인하여 아사왕이 41년 제위할 동안 모든 우상은 타파되고 국민은 평안을 누리고 하나님만을 섬기게 되었다.

3. 베드로의 오순절 신앙부흥운동이다(행 2:37-47).

베드로의 신앙부흥운동은 삼천명이 회개하고 성령의 강림과 교회의 탄생을 가져왔다. 구약시대의 신앙부흥운동과는 차원이 다른 실로 인류 역사의 흐름을 바꾸어 놓은 엄청난 대사건이었다.

성도의 사명

데살로니가전서 3장 1-7절

오늘 우리는 하나님의 부르심을 입은 거룩한 성도들이다. 하나님의 부르심을 입은 성도들에게도 겪어야 할 시련이 있다. 사도 바울은 우리가 그리스도와 함께 영광을 받기 위해서는 고난도 함께 받아야 한다고 했다(롬 8:17). "환난을 당할 때 우리 성도는 어떻게 해야 하는가?

I. 믿음 위에 굳게 서야 한다(1-3절).

"환난날에 나를 부르라 내가 너를 건지리니"(시 50:15) 환난에서 우리를 구원해 주실 분은 오직 하나님뿐이다. 그러므로 우리는 환난을 당할 때 하나님을 찾아야 한다(암 5:4,6). 데살로니가 교인들은 예수를 믿는다는 이유로 유대인들에게 심한 고난을 받았다. 바울은 그런 고난에도 불구하고 그들이 믿음 위에 견고히 서기를 바랐다. 여기 "요동치 않게 하려 함이라"(3절) 여기 "요동"이란 말은 정신적인 동요를 의미한다. 바울은 디모데를 데살로니가 보냄으로써 그의 산성이 되시고 피난처가 되시어 환난을 통과하게 하신다(시 59:16).

II. 사탄과 싸워 이겨야 한다(4-5절).

때로는 우리 성도들이 세상에서 환난을 당하는 것은 하나님께서 연단하시고 우리로 하여금 부족함이 없도록 하기 위함이다(약 1:2-3). 사탄은 우는 사자처럼 두루 삼킬 자를 찾나니"(벧전 5:8) "믿음에 굳게 서서 마귀를 대적해야 한다(벧전 5:9). 사탄, 마귀는 하나님의 일을 방해하고 훼방하고 올가미를 놓아 성도들을 넘어뜨린다. 영적으로 병들게 만든다. 사탄과 싸워 이기려면 하나님이 말씀위에 굳게 서야 한다(엡 6:11-13). 성령의 능력을 받아야 한다(막 16:16-18). 말씀의 능력을 가져야 한다(마 4:1-11).

III. 시험에 빠지지 말아야 한다.

사람이 살다보면 시험에 빠질 때도 있다. 우리는 사탄의 시험과 올무에 빠지기 쉽다. 예수님도 시험을 받으셨다(눅 4:1-13). 예수님까지 시험한 사탄이 우리를 그냥 두겠는가?(히 4:15) 사탄과 싸워이기려면 믿음이 있어야 한다. "세상을 이긴 이김은 이것이니 곧 우리의 믿음이니라"(요일 5:4). 간절한 기도가 있어야 한다. "시험에 들지 않게 깨어 있어 기도하라"(마 26:41, 엡 6:18). 능력이 있어야 한다(막 16:17-18). 갑절의 능력을 받읍시다(왕하 2:9).

년 월 일　데살로니가전서 3장 9-17절

바울의 기도(Ⅰ)

　바울의 전도단 일행은 데살로니가를 떠날 때에 디모데는 거기 머물러 있었고 그 후 디모데는 뒤따라 내려와서 베뢰아에 머물고 바울은 아덴으로 와서 디모데를 다시 데살로니가로 보내고 자기는 고린도로 갔다. 디모데는 데살로니가로 가서 그들의 믿음을 굳게 하고 위로 해주며 여러 환난 중에도 요동치 말라고 했다(1-5절).

Ⅰ. 그들의 믿음이 성장하기를 기도했다(10절).

　10절에 "주야로 심히 간구함은"라고 했다. 바울은 데살로니가 교인에 대한 깊은 관심을 가지고 기도했다. "너희 믿음의 부족함"(10절) 데살로니가 교인들은 환난 가운데서 흔들리지 않는 견고한 믿음을 소유하고 있었다. 그러나 그들의 신앙적 지식에는 부족한 점이 많았다. 교회에 열정은 있었으나 예수 재림과 종말론에 대해서는 많은 혼란과 어려움이 있었다. 여기 "온전케 함이라"(10절)는 카타르티사이 ($καταρτίσαι$)로 그물을 수선하다(마 4:21), 사람을 교화하다(갈 6:1)라는 의미이다. 데살로니가 교인들의 믿음이 온전히 성숙되기를 위해서 기도했다. 당시에 바울은 데살로니가에 다시 가서 사역하기를 원했지만 갈 수 없었다(2:17,18). 그래서 바울은 그들의 믿음이 성장하기를 기도했었다.

Ⅱ. 그들의 사랑이 풍성하기를 기도했다(12절).

　"…모든 사람에 대한 사랑이.."(12절)라고 했다. 여기 "모든 사람"이 말은 데살로니가 교인들만을 가리키는 것이 아니다. 모든 인류를 의미한다. 하나님의 희생적 사랑을 뜻한다. 바울이 원했던 것은 데살로니가 교인들이 하나가 되기를 원했고 사랑이 풍성해지기를 기도했다.

Ⅲ. 그들이 거룩해지기를 기도했다(13절).

　우리의 몸은 하나님의 전이므로 언제나 몸과 마음을 깨끗이 하여 거룩함을 유지해야 한다(고전 6:19,20). 예수님은 마지막 날에 거룩하라고 하셨다(마 25:34-40). 사도 바울은 데살로니가 성도들이 그리스도의 재림 때에 하나님의 심판 앞에서 흠없는 자들이 되기를 간절히 기도했다(13절). 그리스도의 재림은 성도의 소망이며 축복이다(요일 3:3).

데살로니가전서 3장 10-13절

바울의 기도(Ⅱ)

사도 바울은 데살로니가 교회를 위해서 기도하고 있다. 교역자는 기도를 많이 해야 한다. 평신도보다 더 깊은 기도와 간절한 기도가 있어야 한다. 먼저 자신을 위해서 기도해야 되고 교인을 위해 기도해야 한다. 능력있는 기도, 능력있는 설교, 능력있는 목회는 기도로 이루어진다. 본문에서 볼 때 사도 바울의 기도 내용이 무엇인가?

Ⅰ. 자신과 동역자를 위한 기도

먼저 바울은 자신과 동역자를 위해서 기도했다(10-11절). 데살로니가 교회 교인들의 얼굴을 보게 해달라고 기도했다(10절). "주야로 간구함은 너희 얼굴을 보고"라고 했다. 사도 바울이 교인들의 얼굴을 보여 달라고 기도한 것을 보면 저들을 얼마나 사랑하고 있는지를 알 수 있다(2-17절). 데살로니가 교인들의 믿음을 온전케 해달라고 기도했다(10절). 데살로니가 교회로 직행하게 해달라고 기도했다(11절). 11절 "우리의 길을 너희에게로 직행하게 하옵시고"라고 했다. 교역자(전도자)의 길은 오직 하나님이 인도하신다(잠 16:9). 성령이 인도하신다(행 16:6).

Ⅱ. 데살로니가 교회를 위한 바울의 기도(12-13절)

사랑이 넘치는 교회가 되게 해달라고 기도했다. 교회는 사랑이 넘치는 교회가 되어야 한다(12절). 마음을 굳게 해달라고 기도했다(13절). 여기 "마음을 굳게 하시고" 이 말은 믿음을 굳게하다 란 뜻이요(3:2), 속사람이 강건하다는 뜻이요, 하나님 말씀에 온전히 순종하라는 뜻이다. 3. 예수님 강림하실 때 흠없게 해달라고 기도했다(13절). 기도는 능력이다. 기도가 살아있는 교회는 능력이 나타난다. 사랑이 넘치는 교회는 부흥된다. 생명력이 있어 부흥된다.

여기 "주께서"(12절)는 호 퀴리오스(ὁ κύριος)로 "우리에게는 한 하나님 곧 아버지가 계시니…또한 주 예수 그리스도께서 계시니"(고전 8:6) 서로 기도하고 연합하여 교회가 하나되기를 바울은 원했다.

데살로니가전서 4장 11-12절

성도의 생활

사도 바울은 데살로니가 교인들의 잘못된 종말론에 사로잡혀 있는 성도들을 염려하여 본문을 통해서 그들에게 세 가지를 권면하였다. 교회에서 성도의 생활을 어떻게 할 것인가?

Ⅰ. 종용하기를 힘쓰라고 했다(11절).

"종용하여…힘쓰라"고 했다. 여기 "종용하여…힘쓰라"는 조용하기를 열망하다의 뜻이다. 바울이 데살로니가 교회를 떠난 후 영지주의자들이 침입하여 소란을 일으켰다(살후 3:6-13, 딤전 5:13-15, 딤후 3:1-9, 딛 1:10-11). 바울은 이와 같은 소란에 대하여 조용히 할 것을 권면했다. 하나님은 고요함 가운데 계시는 분이시다(왕상 19:11-12). 모세는 조용히 시내산 기슭에서 양칠 때 불붙는 떨기나무 속에서 하나님의 음성을 들었다(출 3:1,2).

Ⅱ. 자기의 일을 하기를 힘쓰라고 했다(11절).

"자기 일을 하고 너희 손으로 일하기를 힘쓰라"고 하였다(11절). 데살로니가 교회에 일하지 않으려는 분위기가 있었음을 알 수 있다. 헬라인들은 노동하는 것을 노예들이나 천한 것으로 여겼다. 그러나 바울은 노동의 중요성을 역설하였다(엡 4:28). 그리고 모범을 보였다(2:9). 살후 3:10절에 "일하기 싫거든 먹지도 말라"고 했다. 우리 성도는 자신이 하나님께 받은 달란트대로 일을 해야 한다. 데살로니가 교인 가운데 일하지도 않고 조용하지 않고 돌아다니면서 일만 만드는 사람이 있었던 것 같다.

Ⅲ. 너희 손으로 일하기를 힘쓰라고 했다(11절).

"…너희 손으로 일하기를 힘쓰라"고 했다. 하나님께서는 아담에게 "너는 땀을 흘려야 식물을 먹으리라"고 했다(11절). 주의 일에 열심히 하려면 ① 성령충만한 사람이 되어야 한다, ② 성령의 은사를 받은 사람이 되어야 한다, ③ 기도의 사람이 되어야 한다. 성도의 생활을 잘한 성도는 성령의 열매를 맺는다.

데살로니가전서 4장 13-14절

성도의 죽음

"한번 죽는 것은 사람에게 정하신 것"(히 9:37)이라고 했다. 죽음이란 피할 수 없으며 그 누구도 대신할 수 없으며 함께 갈 수 없는 것이다. 그래서 인간은 죽음을 슬퍼한다. 그러나 우리 성도에게 죽음이 슬픈 일만 아니다. 왜냐하면 성도의 죽음이란 부활의 소망이 있기 때문이다. 죽음도 잠자는 것이라고 했다(마 27:52, 요 11:11, 벧후 3;4). 사도 바울도 본문에서 "죽은 자를 자는 자"(14절)라고 했다. 오늘 이 시간 본문을 중심해서 "성도의 죽음"이란 제목으로 은혜를 받고자 한다.

I. 사람의 죽음에는 두 가지가 있다.

많은 사람들은 죽음에는 육체의 죽음만 있는 것으로 알고 있다. 그러나 성경에는 육체의 죽음외에 영혼의 죽음이 있다. 인간에게는 영, 육이 있다(창 2:7). 죽으면 육신은 흙으로 돌아가고(창 3:19), 영혼은 여전히 살아 있다. 이와 같이 육체에서 영혼이 분리되는 것을 죽음이라고 한다(행 5:10). 둘째 사망, 즉 영혼의 죽음 혹은 영원한 죽음이 있다(계 21:8).

II. 성도의 죽음은 잠자는 것이다(14절).

"예수 안에서 자는 자들"이란 말은 예수 믿다가 죽은 자들을 가리킨다. 이들의 영혼은 하나님께 갔으나 그 육신은 땅속에서 편히 잠자고 있다. "야곱이 내가 조상들과 함께 눕거든(창 47:30)"이라고 했다. 예수님도 전도하실 때 죽은 사람을 보시고 잔다고 말씀하셨다(마 9:24). 또 우리 친구 나사로가 잠들었으니 깨우러 가자고 하셨다(요 11:11). 안식의 잠은 주님 안에서만 가능하다.

III. 우리 성도의 죽음은 승리이다.

우리가 밤에 잠을 자면 아침에 반드시 잠에서 깬다. 자는 것은 곧 깨는 것을 전제한다. 이와 같이 죽음을 잠자는 것으로 볼 때 이 죽음은 언젠가 깰 때가 있음을 의미한다. 죽음에서 깨어남은 곧 부활이며, 부활은 죽음에서 승리를 의미한다. 사도 바울은 본문에서 죽은 성도들은 주님께서 구름타고 재림하실 때까지 잠자고 있다가 먼저 일어나고 그후에 살아남은 성도들도 저희와 함께 구름 속으로 끌어올려 공중에서 주를 영접하게 될것이라고 했다(14절). 바울의 이러한 부활 사상을 대부분 사람들은 믿지 않고 조롱했었다(행 17:32). 부활사상은 구약에서 이미 가르쳤고 (욥 14:13-15,19:23-27, 시 16:9,10, 단 12:2), 예수님도 가르쳤다(마 22:23-33). 예수님은 자신이 친히 몸소 부활하심으로 입증해 주셨다.

데살로니가전서 5장 1-11절

주의 날

주의 날(2절)은 구약에 나오는 개념으로 하나님께서 당신의 의로움과 심판을 나타내시는 날이다(욜 2:31, 암 5:18, 말 4:5). 이는 초대교회에서 예수가 주(퀴리우 κυριου)로 인식 되면서 주의 날(살후 2:2, 벧후 3:10), 그리스도의 날(빌 1:10, 2:16), 그리스도 예수의 날(빌 1:6), 우리 주 예수의 날(고후 1:14) 우리 주 예수 그리스도의 날(고전 3:13, 살후 1:10, 히 10:25) 등으로 불렸다. 오늘 이 시간 본문 말씀을 통하여 '주의 날' 이란 제목으로 은혜를 나누고자 한다.

I. 주의 날은 홀연히 임한다(2절).

"주의 날이 밤에 도적같이 이를 줄을 너희 자신이 자세히 앎이라"고 했다. 예수께서 친히 "때와 기한은 아버지께서 자기 권한에 두셨으니 너희의 알바 아니고"(행 1:7) "그 날과 그 때는 아무도 모르나니 하늘의 천사들도 아들도 모르고 오직 아버지만 아시는 비밀이라"(마 24:36, 막 13:32). 주의 날은 이처럼 아무도 모른다. 생각지 않은 때에 도적같이 홀연히 임하게 된다(2절). "저희가 평안하다 안전하다고 할 때에 잉태된 여자에게 해산 고통이 이름과 같다고 하였다(3절).

II. 깨어 근신해야 한다(6절).

사도 바울은 본문에서 주의 날이 홀연히 도적같이 나타날 것이니 그날의 재난을 막고 피하기 위하여 오직 깨어 근신하라"(6절)고 했다. 여기 "오직 깨어 근신할지라" 이 말은 영적인 각성과 그리스도의 재림에 대해 망각하지 말라는 말이다(마 24:42, 43, 25:13, 막 13:35). 여기 "근신하라"는 네포멘(νήφωμεν)으로 술취하지 말고 맑은 정신을 가지라는 뜻이요, 조심하라, 주의하라는 뜻이다. 오늘 우리 성도는 영적으로 깨어 있어야 한다. 삼손은 들릴라의 유혹에 넘어가 하나님이 주신 능력을 상실했고(삿 16:19), 유두고 청년은 졸다가 3층에서 떨어져 죽었다(행 20:19). 우리 성도는 영적으로 깨어있어야 한다. 오늘 이 시간 간절히 기도하여 영력을 회복합시다. 재림의 주를 바라보며 믿음으로 승리합시다. "너희가 이 시기를 알거니와 자다가 깰때가 벌써 되었으니 이는 이제 우리의 구원이 처음 믿음 때보다 가까웠음이라 밤이 깊고 낮이 가까웠으니 그러므로 우리가 어두움의 일을 벗고 빛의 갑옷을 입자"(롬 13:11). 유명한 어거스틴(Augustine)을 회개시킨 말씀이다.

데살로니가전서 5장 16-18절

성도의 삶

I. 항상 기뻐하라(16절).

성도의 삶은 항상 기뻐하는 생활이다. 여기 "항상 기뻐하라"($πάντοτε\ χαίρετε$)는 원하는 일이 성취되었을 때 얻을 수 있는 기쁨만을 가리키는 것이 아니라 어렵거나 힘든 일에도 기뻐하라는 것을 의미한다. 이러한 기쁨은 인간의 감정을 통해서 나타날 수 없고 오직 성령께서 주시는 기쁨이다(롬 14:17, 갈 5:22). 빌립보서 4:14절에 "주 안에서 항상 기뻐하라"와 같이 본절도 주 안에서 누리는 기쁨을 의미한다고 한다. 항상 기뻐하는 삶은 우리에게 복을 가져다 준다. 동양 격언에도 "웃으면 복이 온다"는 말이 있다 성도의 기쁨은 이세상 사람들이 가지는 기쁨과는 다르다. 세상사람들의 기쁨은 물질적인 욕망이나 명예, 지위 등 세상적인 것에서 얻어지는 기쁨이지만 성도의 기쁨은 주 안에서 누리는 구원의 기쁨이다. 시편 35:9절에 "내 영혼이 여호와를 즐거워함이여 그 구원을 기뻐히리로다"라고 다윗은 노래 불렀다.

II. 쉬지 말고 기도하라(17절).

에베소서 6:18절에 "무시로 성령 안에서 기도하라"고 하였고, 예수님은 누가복음 18:1절에 "항상 기도하고 낙망치 말아야"될 것을 가르치셨다. 로마서 12:1절에 "기도에 항상 힘쓰며"라고 기록되었다. 본문에 "쉬지말고 기도하라" 이 말은 24시간 기도하라는 말이 아니고 하나님께 부단히 의지하는 자세나(THOMAS) 기도하는 마음으로 하나님께 나아갈 준비를 갖추는 것 등 항상 기도하는 마음가짐으로 생활하라는 의미이다. 기도는 능력이다. 기도는 영혼의 호흡이다. "에스라"는 기도의 사람이요(에 8:21-23), 능력의 사람이었다. 마귀의 시험과 사탄의 공격을 받지 않으려면 쉬지 말고 기도해야 한다.

III. 범사에 감사하라(18절).

여기 "범사에"($ἐν\ παντί$) 란 말은 모든 상황과 환경에서 라는 의미이다. 빌립보서 4:6절에 "오직 모든 일에 기도와 간구로 너희 구할 것을 감사함으로 하나님께 아뢰라 이는 그리스도 예수 안에서 너희를 향하신 하나님의 뜻이니라" 하나님의 뜻은 4:13에 언급한 바 성도들의 성화에 있다. 기뻐하고 기도하며 감사하는 것이 성령께서 신자들을 성화시키는 내적인 역사로 본다. "범사에 감사하라"는 좋은 일이든 나쁜 일이든 순경이든 역경이든 언제 어디서나 감사하라는 말이다.

년 월 일   데살로니가전서 5장 19-22절

악은 모양이라도 버리라

"성령을 소멸치 말며 예언을 멸시치 말고 범사에 헤아려 좋은 것을 취하고 악은 모양이라도 버리라"(19-22절). 하나님은 죄를 미워하신다. 우리는 십자가 구속을 통하여 하나님의 은혜를 구원받았다. 구원받은 성도는,

I. 성령을 소멸치 말아야 한다(19절).

"성령을 소멸치 말며" 여기 '소멸치'는 스벤뉘테($\sigma\beta\acute{\epsilon}\nu\nu\nu\tau\epsilon$)로 불을 끄다를 의미한다. "성령을 소멸치 말며"는 성령의 불을 끄지 말며이다. 성경에는 성령을 불로 묘사했다(마 3:11, 눅 3:16, 행 2:3). 고린도 교회는 성령의 역사가 강하게 일어났다(고전 12-14장). 그러나 데살로니가 교회는 성령 활동을 제한했거나 배격한 것같다.

II. 예언을 멸시치 말아야 한다(20절).

"예언"($\pi\rho o\phi\eta\tau\epsilon i\alpha\varsigma$, 프로페테이아스)이란 특별계시를 통한 예언과 구약의 말씀이나 사도들의 교훈을 해석하여 가르치는 은사로서의 예언을 말한다. 데살로니가 교회에서 있었던 예언은 예수의 재림과 관련되어 있다. 한편 데살로니가 교회에서는 예언에 대해 무시하는 경향이 있었다. 예언이란 무엇인가? 구약의 선지서를 예언서라고 한다. 이 '예언'이란 말은 장차 예수님이 오셔서 구원하신 사건에 대한 예언이다. 사도 바울은 고전 14:1에 "특별히 예언을 하라"고 했다. 여기 "멸시한다"는 말은 소홀히 여긴다, 천박하게 여긴다, 업신여긴다는 뜻이다. 성령을 소멸치 말라는 말은 무슨 뜻인가? "성령의 감동을 항상 우리 마음 속에 간직하고 이 성령의 감동에 의해서 생활하라는 뜻이다. 첫 번째 생각은 성령의 생각이고, 두 번째 생각은 사람의 생각이고, 세 번째 생각은 마귀의 생각이다.

III. 악은 모양이라도 버리라.

여기 "모양"(에이두스, $\epsilon\check{\iota}\delta o\nu\varsigma$)은 외형을 뜻하는 것이 아니라 종류를 뜻한다. 모든 종류의 악을 버리라는 의미이다. 형태, 종류, 습관을 버리라는 말이다. 여기 "버리라"는 아까워하지 말라는 뜻이다. 멀리 떠나라는 뜻이다. 다시는 상관하지 말고 깨끗이 씻어 버리라는 말이다.

데살로니가전서 5장 23-28절

바울의 축복기도

이제 본서의 결론부분으로서 바울의 축복기도에 대하여 생각해 보고자 한다.

I. 온전히 거룩하게 하시기를 축원했다(23절).

"평강의 하나님이 친히 너희로 온전히 거룩하게 하시고"라고 했다. 여기 "평강(에이레네스, $\varepsilon\iota\rho\eta\nu\eta s$)의 하나님"이란 말은 바울의 서신의 여러 곳에 나타난다(롬 15:33, 16:20, 빌 4:9, 고후 13:11, 히 12:30). 성도의 첫째 축복은 온전히 거룩해지는 것이다(벧전 1:15,16). 우리 성도들에게 하나님께서 원하시는 것은 거룩이요, 평강이다. 사도 바울이 하나님을 평강의 하나님이라고 말하는 것은 하나님께서 예수 그리스도를 통하여 인간을 포함한 모든 피조물과 자신 사이에 평화를 이룩하신 평화의 근원이시기 때문이었다.

II. 영혼이 흠없이 보존되기를 축원했다(23절).

"…너희 온 영과 혼과 몸이 우리 주 예수 그리스도의 강림하실 때에 흠없이 보존되기를 원하노라" 두 번째 축복은 예수님이 재림하실 때 영과 혼과 몸이 흠없이 보존되는 축복을 축원하였다. 이 말씀은 주님 앞에서의 온전한 구원의 축복을 의미한다. 이제 결론적으로 바울은 거룩하게 하시기를 축원하고, 주님 재림시 온전한 구원을 이루시기를 축원하였다. 바울은 마지막으로 세 가지를 부탁했다. 1. 우리를 위하여 기도하라고 했다(25절). "형제들아 우리를 위하여 기도하라"라고 했다. 데살로니가 교회를 위해 기도한 바울과 그 일행은 이번에는 데살로니가 교인들에게 자신들을 위해 기도해줄 것을 요청했다. 바울은 영적으로 탁월한 지도자였으나 형제들의 기도의 지원이 필요했다. 교회는 교역자를 위해 기도해야 한다. 교역자는 교인을 위해 기도해야 한다. 2. 모든 형제에게 문안하라고 했다(26절). 교회는 성도간에 교제가 잘 이루어져야 한다. 교회는 사랑이 넘쳐야 한다. 여기에 생명의 꽃이 피고 열매가 맺어진다(26절). 3. 이 편지를 읽어 들리라고 했다(27절). "주를 힘입어 너희를 명하노니"(27절) 데살로니가 교인들이 이 편지를 다 읽지 않았음을 짐작케 한다. "우리 주 예수 그리스도의 은혜가 너희에게 있을지어다"(28절).

년 월 일   데살로니가후서 1장 1-4절

고난의 결과

말씀을 중심해서 성도가 겪는 고난에 대해서 생각해 봅시다.

I. 믿음의 성장을 가져온다(3절).

3절에 "…너희 믿음이 더욱 자라고"라고 했다. 사도 바울은 데살로니가 교회에 대하여 하나님께 감사했다(3절). 데살로니가 교회는 바울의 자랑감이 되었다. 바로 성도들의 믿음과 사랑때문이었다. 여기 "더욱 자라고"는 휘페라 욱사네이 ($υπεραυξανει$)로 풍성하게 성장하다, 한계점에 이르기 까지 성장한다는 뜻이다. 욥은 고난 중에서도 더욱 믿음을 굳게 하여 넘치는 축복을 받았다. 우리 성도는 고난을 통하여 믿음이 날로 날로 성장해 많은 열매를 맺는다.

II. 사랑을 풍성하게 한다(3절).

3절에 "…너희가 다 각기 서로 사랑함이 풍성함이며"라고 했다. 바울이 데살로니가 성도들의 믿음의 성장에 대해서 이토록 감사한 배경은 데살로니가 교회 성도들의 믿음을 알기 위해 디모데를 보내고(살전 3:5) 그들의 믿음의 부족을 온전케 하기 위하여 주야로 힘써 기도한 사실에서 알 수 있다(살전 3:10). 이러한 그의 기도가 응답되어 그들의 믿음이 그토록 놀랍게 성장한 것에 대해서 감사하고 있는 것이다. 또한 바울은 그들의 사랑이 넘치도록 기도했는데(살전 3:12) 그 응답으로 그 사랑이 풍성했다. 데살로니가 교회는 사랑이 넘쳐 풍성한 사랑을 모든 사람들에게 베풀었다.

III. 끝까지 인내하는 교회였다(4절).

데살로니가 교회는 어려운 가운데서도 예수를 믿음으로 모든 핍박과 환난을 참고 이겨냈다. 4절에 "너희의 참는 모든 핍박과 환난 중에서…"라고 했다. 바울이 데살로니가에 있을 때 당했던 고난과 핍박(행 17:5-7)이 바울과 그 일행이 떠난 뒤에도 데살로니가 교인들에게 계속되고 있었다. 그러나 그들은 환난 속에서도 인내하며 이겨냈다(약 1:1-4;12). "환난은 인내를 낳고 인내는 연단을 낳고 연단은 소망을 이룬다"(롬 5:3-4). "너희 인내와 믿음을 인하여 하나님의 여러 교회에서 우리가 친히 자랑함이라" 데살로니가 교회는 바울의 자랑감이 되었다.

데살로니가후서 1장 5-12절

하나님의 공의

하나님의 성품을 논하면 크게 두 가지를 말할 수 있다. 사랑이요, 공의이다. 하나님의 공의는 우리 성도들에게 큰 위로와 소망을 준다.

I. 핍박자에게는 형벌로 갚으신다(6절).

6절에 "너희로 환난 받게 하는 자들에게는 환난으로 갚으시고"라고 하였다. 본 구절은 하나님의 공의의 속성을 보여준다. 하나님께서는 악을 행하는 자들의 죄를 간과하지 않고 형벌하시고 선을 행하는 자들에게는 상을 주신다. 여기 "갚으시고"는 안타 포두나이($ἀνταποδοῦναι$)로 합당한 것을 돌려준다는 뜻이다. 아무튼 악인에 대한 하나님의 보응의 원칙은 오직 하나님의 권한에 속한 것으로(히 10:30) 반드시 그들의 행한 악을 따라 갚으신다(롬 1:27). 그러므로 우리 성도들은 악을 악으로 갚지 말고 모든 사람 앞에서 선한 일을 도모해야 한다(살전 5:15). 아울러 그들을 위해 복을 빌어 주어야 한다(벧전 3:9). 이것이 그리스도인의 사명이다.

II. 핍박을 받는 자들에게는 상급을 주신다(7절).

여기 "우리와 함께" 여기서 '우리'는 바울 자신과 실라와 디모데를 가리킨다. 데살로니가 교회는 극심한 환난과 핍박을 받았다. 마찬가지로 바울 일행도 같은 고난과 핍박을 받았다(고후 11:23-28). 우리 성도는 이 세상에서 억압당하며 힘에 지나도록 심한 고통을 받으며 살아간다(고후 1:8). 그러나 우리는 억압이나 핍박을 두려워할 필요가 없다. 왜냐하면 주께서 당신의 고난 받는 성도들에게 안식을 주시기 때문이다(히 4:9). 여기 '안식'은 아네신($ἄνεσιν$)으로 역경에서 해방되다, 수고를 그치고 쉬다라는 뜻이다. 지금 바울은 그들이 믿음 때문에 무고하게 고난을 당하고 있지만 그 고난이 결코 헛되지 않고 결국 참된 안식과 평안을 얻게 되는 과정이라고 위로하고 있다. "주 예수께서 저의 능력의 천사들과 함께"(7절) 여기 "저의 능력이 천사들"이란 그리스도의 권세아래 있는 존재들로서 그분의 명령을 수행하기 위해 보내진 존재들이다(마 13:49, 24:31, 살전 4:16). 세상에서 환난을 당하나 담대하라 내가 세상을 이기었노라"(요 16:33). 12절에 "너희도 그 안에서 영광을 얻게 함이라"고 했다. 예수께서는 성도들의 삶 가운데서 영광을 받으시고 또한 성도들은 주 안에서 그와 함께 영광을 누리게 된다. 이것은 주께서 그들 속에 계시고 그들이 주 안에 거하기 때문이다(롬 6:11,23, 고전 1:5).

오늘 우리 성도는 어떤 고난도 극복하여 이 영광을 얻어야 한다(계 2:10).

불법의 사람이 나타나리니

"불법의 사람"이란 기독교 종말론에서 거론되는 문제이다. 오늘 본문에는 "불법의 사람"(3절) "멸망의 사람"(3절) 불법한 자"(8절) 등으로 나타나고 있다. 데살로니가후서는 전서에 이어 그리스도의 재림을 중심사항으로 한다.

I. 잘못된 재림신앙(1-7절)

예수 그리스도의 재림과 성도들이 모일 일에 대하여 사도 바울은 이미 밝힌 바 있다(살전 4:14-18). 그럼에도 불구하고 성령 감동이라고 하면서 주님의 날이 임박했다고 하면서 교인들의 마음을 혼란케 하였다. 그러나 그런 말을 듣고 동요하지 않아야 하는 이유는 끝날이 오기 전에 먼저 배교자들이 일어나겠고 불법한 사람 곧 멸망의 자식(적그리스도)이 나타나기 전에는 주께서 재림하시지 않는다고 하였기 때문이다. 그는 곧 적그리스도 인데 자기가 가장 높은 하나님인체 하리라고 하였다.

II. 주의 날은 홀연히 임한다.

"주의 날"은 구약에서는 여호와의 날로 언급되었으며 하나님의 심판을 나타내는 날이다(말 4:5, 욜 2:31, 암 5:18). 이는 초대교회에서 예수가 "주"로 인식되면서 주의 날(살후 2:2, 벧후 3:10), 그리스도의 날(빌 1:10, 2:16), 그리스도 예수의 날(고전 1:8), 그 날(고전 3:13, 고후 1:10, 히 10:25) 등으로 불렸다. "때와 시기에 대하여" 때와 시기는 사도행전 1:7절에도 언급되었다. 성 어거스틴에 의하면 "때"는 시간의 연장이며, "시기"는 적절한 순간이라고 한다. 성경을 전체적으로 보면 하나님의 구속사적인 맥락을 이해할 수 있게 된다. 그런데 시한부 종말론자들은 성경을 부분만 보면서 주님의 재림을 주장하고 있다(암 3:7). 그러나 예수님 재림은 아무도 모른다(행 1:7). "그 날과 그 때는 천사도 모르고 아들도 모르고 아버지만 아신다"(마 24:36, 막 13:32). 주의 날은 도적같이 임한다고 했다(살전 5:2). 그러므로 우리는 깨어 있어야 한다. 주의 날이 임하면 연기할 수도 피할 수도 핑계할 수도 없다. 바울은 "오직 깨어 있으라"고 권면하고 있다(살전 5:2,6).

데살로니가후서 2장 8-12절

그리스도의 재림심판

그리스도의 재림은 분명한 사건이다(살전 1:5-10, 계 19:11-16). 예수께서 영광 가운데 이 지상에 다시 오셔서 사탄과 그 세력을 진멸시키는데 이것이 곧 재림의 심판이다. 본문에서도 사도 바울은 사탄의 세력들에 대한 주님의 심판에 대하여 말해주고 있다. 이 시간 본문을 중심해서 "재림의 심판"이란 제목으로 은혜를 받고자 한다.

I. 적그리스도에 대한 심판

적그리스도의 근원은 구약의 다니엘서까지 거슬러 올라가지만 신약의 요한서신에서 찾아볼 수 있다(요일 2:18-22, 4:3, 요이 1:7). 적그리스도에 대해서 지금까지 거론된 많은 견해들은 모두 추측일 뿐이지 주님 재림의 시기처럼 아무도 알 수 없다. 다만 성경은 그 명칭과 행위와 출현과 멸망에 대하여 암시하고 있을 뿐이다.

"그때에"(8절) 이 '때'는 '막는 것'이 사라질 때를 가르킨다(Calvin). 즉 '막는 자'가 떠날 바로 '그때'에 불법한 자가 나타날 것이다.

적그리스도에 대한 명칭은 불법한 자(8절), 악한 자(9절), 멸망의 아들(3절), 거짓말하는 자(요일 2:22), 무저갱에서 올라오는 짐승(계 11:7), 작은 뿔(단 7:8, 8:9) 등으로 묘사되어 있다. 적그리스도의 행위는 사탄의 역사를 따라 모든 능력과 표적과 기적과 불의를 행한다고 했다(9절). 마귀(이단자들)는 자기가 하나님이라고 하며(4절), 세상을 미혹하며(계 19:20), 그리스도의 성육신을 부인한다. 이렇게 적그리스도는 지금이 마지막 때라고 하고(요일 2:18) 그리스도가 오시기 전까지 행동을 하다가 그리스도가 나타나심으로 멸망하여(8절)지옥에 영원히 갇힌다(계 19:20). 사탄이란 말은 원수, 대적자란 뜻이다. 하나님과 인간에게 대적하는 존재를 말한다(슥 3:1). 사탄의 목적은 인류를 지배하며(눅 4:6), 성도를 유혹하여 하나님을 떠나가게 하며 멸망하게 한다(벧전 5:8). 우리 성도는 사탄과 싸워 이겨야 한다. 예수님은 사탄과 싸워 이기셨다(마 4:1-). 마귀는 우는 사자처럼 삼킬 자를 찾는다(벧전 5:8). 사탄과 싸워 이기려면 ①부르짖는 기도가 있어야 한다(엡 6;10, 18), ② 마귀를 대적하라(엡 4:27), ③성령의 능력을 받아야 한다(막 15:17-18, 엡 5:18).

년 월 일   데살로니가후서 2장 13-17절

바울의 감사와 기도

사도 바울은 데살로니가 교회를 향하여 하나님의 사랑을 다시 상기시키면서 하나님께 감사하는 마음을 불러 일으켰다. 우리처럼 어리석고 패역한 자들을 택하여 성령으로 말미암아 거듭나게 하시고 거룩하게 하심과 예수님의 피와 말씀을 믿음으로 구원에 이르게 하신 하나님께 감사하며 기도했다(16-17절).

I. 하나님의 선택하심을 감사했다(13절).

"…처음부터 너희를 택하사"라고 했다. 여기 "처음부터"는 아파르젠($ἀπαρχήν$)으로 영원 전부터 창세 전부터 (엡 1:4)라는 의미이다. "택하사"는 하나님이 선택했다는 뜻이다. 하나님의 예정에 의해서 창세 전에 하나님께서 구원사역을 직접 시작하셨고, 선택된 자들을 아들로 삼으시려고 결정하셨음을 의미한다. 하나님의 주권에 의해 우리가 선택되었다. 하나님께서 창조시 인간에게 자유의지를 주셨지만 인간은 범죄하여 그 죄로 인하여 죽을 운명에 처해졌다(롬 5:12). 이러한 인간이 구원을 받는 것은 자력으로 불가능했고 오직 하나님의 선택에 달려 있었다. 우리의 구원은 하나님의 주권적인 은혜에 의하여 이루어진다. 우리가 잘 아는 성 어거스틴은 젊어서 방탕한 생활을 했던 탕자였다. 그런데 아버지가 죽자 그의 생각이 조금씩 달라져 지은 죄를 회개하고 그는 마니교를 믿었다. 그후 9년 동안 마니교를 믿었지만 죄의 속박에서 벗어나지 못한 그는 결국 어머니의 간절한 기도에 힘입어 기독교로 개종하여 구원받고 기독사에 커다란 발자취를 남겼다.

II. 성령의 성결케 하심을 감사했다(13절).

"…성령의 거룩하게 하심과"라고 했다. 여기 "거룩"은 성령의 활동에 의한 결과이다(살전 4:7, 5:23). 하나님께서는 구원 얻을 사람을 택한 후에는 당신의 뜻에 합당한 자녀로 만들기 위하여 성령으로 거룩하게 하여 주시는 것이 성결이다. 중생과 성결은 모두 성령의 역사로 이루어진다.

III. 성도의 믿음을 감사했다(13절).

"…진리를 믿음으로 구원얻게 하심이니"라고 했다. 구원은 예수를 믿음으로 이루어진다. 여기 "진리"는 예수 그리스도를 가리킨다. 예수님은 모든 인간을 죄에서 구원하시기 위해 이 땅에 오셨다(요 1:29). 이 믿음은 하나님의 선물이었다.

데살로니가후서 3장 1-5절

바울의 확신과 기도

누군가 자신을 위해 기도해주는 사람이 있다면 그것은 행복이요, 축복이다. 기도는 능력이요, 축복이기 때문이다. 기도할 때 은혜 받고, 기도할 때 성령 받고, 기도할 때 능력 받는다. 그렇기 때문에 바울은 데살로니가 교인들에게 기도를 요청한 것이다.

I. 사도 바울은 자신을 위한 기도를 부탁(1-2절)

"너희는 우리를 위하여 기도하여 주기를 주의 말씀이 너희 가운데서와 같이 달음질하여 영광스럽게 되고"라고 했다. 사도 바울은 데살로니가 교인들에게 자신을 위한 기도를 특별히 부탁하고 있다. 그것은 주의 말씀이 데살로니가에서처럼 다른 곳에서도 복음의 진보가 계속 되는 것이었다. 여기 "달음질하여"(1절)는 트레케($\tau\rho\acute{\epsilon}\chi\eta$)로 하나님의 복음이 빠르게 전파되는 것을 의미한다. "복음은 모든 믿는 자에게 구원을 주시는 하나님의 능력이라"(롬 1:16). 사도 바울은 이 복음을 속히 전세계에 전파되어 많은 생명을 구원코자하여 주의 말씀이 너희 가운데서와 같이 달음질하여 영광스럽게 되기를 위하여 기도하라"고 했다.

II. 바울의 확신(3-4절)

"주는 미쁘사 너희를 굳게 하시고"(3절)라고 했다. 바울은 데살로니가 교인들을 안심시키 위하여 이 말을 했다(Calvin). "악한 자에게서 지키시리라"(3절). 바울은 너희를 굳게 하고 악한 자에게서 지키시기를 확신하노라고 하였다. 사도 바울은 데살로니가 성도들이 사도의 가르침을 따라서 살아갈 것을 확신하고 있다(4절). 그의 확신은 "주 안에서"라는 신앙의 기초에서 비롯되었던 것이다(롬 14:14, 갈 5:10, 빌 2:24). 바울은 믿는 자를 굳게 하시고 악한 자에게서 지키실 줄을 굳게 믿었다(딤후 4:18).

III. 그들을 위한 바울의 기도(5절)

사도 바울은 마지막으로 데살로니가 교인들을 위하여 기도했다(5절). "주께서 너희 마음을 인도하여"라고 했다. 여기 "마음"은 카르디아스($\kappa\alpha\rho\delta\acute{\iota}\alpha\varsigma$)로 속사람 전체를 의미한다. 바울은 주님만이 사람들의 속사람을 주장하시며 변화시키는 분임을 믿고 있기에 데살로니가 교인들이 자신의 가르침을 실천할 수 있도록 주님께 호소한 것이다. "하나님의 사랑과 그리스도의 인내에 들어가게 하시기를 원하노라"

년 월 일 데살로니가후서 3장 6-12절

부지런히 일하라

"형제들아 우리 주 예수 그리스도의 이름으로 너희를 명하노니"(6절) 사도 바울은 데살로니가 교인들에게 명령함에 있어서 "주 예수 그리스도의 이름"을 근거로 말하고 있다. 본문에서도 사도 바울은 "부지런히 일하여 자기 양식을 먹으라"고 했다. 바울은 그리스도의 복음을 전하면서도 일을 했다. 천막 짓는 일을 천직으로 알고 일을 계속했었다. 그래서 다른 사람에게도 힘써 일하라고 권면했다. "일하기 싫거든 먹지도 말라"고 했고(10절) "일을 할 때는 힘을 다하여 하라"(전 9:10)고 했다. 오늘 이 시간 본문 말씀을 통하여 "부지런히 일하라"는 제목으로 은혜를 나누고자 한다.

I. 노동은 인간의 정신 건강에 유익하다.

하나님께서 일하라고 명령하셨다. 땀흘려 일하는 것은 우리 육체의 건강과 정신에 유익하다. "건강한 육체에 건전한 정신이 깃든다"는 말처럼 육체의 건강은 정신의 건강에 도움을 준다. 에덴 동산에서 추방당한 아담에게 하나님은 수고하고 소산을 얻으리라"(창 3:17)고 하셨다. 바울은 본절에서 "누구든지 일하기 싫거든 먹지도 말라"고 했다(10절). 1. 일은 심리적 건강에 유익하다. 2. 일은 육체적 건강에도 유익하다.

II. 모든 일은 신성하다.

예수께서 "내 아버지께서 일하시니 나도 일한다"고 하시며 (요 5:17) 공생애 30세까지 나사렛이란 시골에서 목수로 성실하게 일하셨다(막 6:3). 하나님은 아담에게 "너는 땀흘려야 식물을 먹으리라"(창 3:19) 직업이란 말은 종교개혁에 의해 만들어졌다. 인간은 에덴동산에서 추방됨으로써 얼굴에 땀을 흘려 식물을 먹게 되었다(창 3:19). 인간은 자신의 양식을 위해 직업을 가진다(12절). 남에게 누를 끼치지 않기 위해 직업을 가지고 일한다(8절, 살전 2:9). 사도 바울은 성도들에게 누를 끼치지 않기 위하여 천막 치는 일을 하였다. "우리는 하나님의 동역자들이요 너희는 하나님의 밭이요 하나님의 집이니라"(고전 3:9) 일에는 기회가 있다. "누구든지 일하기 싫어하거든 먹지도 말게 하라"(10절). 이러한 바울의 명령은 "네 얼굴에 땀을 흘려야 식물을 먹을 수 있고"(창 3;19). 하나님께서는 게으르고 나태한 행동을 싫어하신다(시 128:2, 잠 10:4). 그리고 노동(일)은 하나님의 신선한 명령(창 1:28)이다. 교회는 영적, 성경적일때 성장하고 축복받는다. "하나님의 나라는 말에 있지 아니하고 오직 능력에 있음이라"(고전 4:20).

데살로니가후서 3장 13-15절

바울의 고별사

사도 바울은 데살로니가 성도들에게 마지막 고별사를 하고 있다. "선을 행하다가 낙심치 말며 권고를 버리는 자들과 사귀지 말며 누구든지 형제같이 권하라"고 격려한다. 바울의 고별사는 데살로니가 성도들뿐만아니라 오늘 우리에게도 해당된다. 이 시간 본문 말씀을 통해서 바울의 고별사란 제목으로 은혜를 받고자 한다.

I. 선을 행하다가 낙심하지 말라고 했다(13절).

갈라디아서 6:9절에서도 바울은 교인들에게 무슨 일을 만나도 좌절하지 말고 요동하지 말라고 햇다. 여기 "낙심치 말라"(13절)는 겁내다, 시들다, 약해지다의 의미이다. 신앙생활을 하다가 중간에 믿음을 떠나면 구원받지 못한다. 예수 믿다가 그만두면 처음 믿지 않은 상태보다 더 처참하게 된다. 성도들이 교회에서 전도, 구제, 봉사, 충성의 일을 하다보면 낙심하게 될 때가 있다. 때로는 상처받을 때도 있다. 그러나 선을 행하는 성도는 이러한 어려움을 극복해야 한다. 우리의 헌신과 봉사는 어디까지나 하나님의 영광(Soli Dei Glorie)을 위한 것이므로 끝까지 인내하며 선을 행하시길 바란다.

II. 믿지 않는 자들과 사귀지 말라고 했다(14절).

사도 바울은 불순종하는 자들과 교제를 끊으라고 했다. 여기 "사귀지 말고"는 메쉬나나미그뉘스다이($μὴ\ συναναμίγνυσθαι$)로 아무도 친히 교제하지 말라는 의미로서 바울이 고린도 교회에 권고했던 징계인 출교(고전 5:9-13)와는 다르다. 바울은 다만 데살로니가 교인들의 회개를 촉구했다. 성도는 교회에서 문제를 일으키는 사람들과 충돌하거나 친교하는 것을 피해야 한다. 왜냐하면 불순종하는 자들과 싸우면 덕이 안되며 은혜가 안되기 때문이다. 그러나 회개하고 돌아오면 그들은 용서하고 다시 교제하며 마음의 문을 활짝 열어야 한다. 우리 주님은 원수를 사랑하라고 하셨다(마 5:44). 오히려 축복하고 기도하라고 하셨다(눅 6:28).

데살로니가후서 3장 16-18절

바울의 축도

사도 바울은 데살로니가 교회의 모든 성도들이 하나님의 은혜 안에 평안하기를 기도했다. "주는 너희 모든 사람과 함께 할찌어다." 오늘 본문 말씀을 통해서 우리 교회의 모든 성도들이 은혜 속에 사업이 열리고 자녀들의 앞길이 열리고 축복받으시길 간절히 기도한다.

I. 평강의 주(16절)

사도 바울은 그의 서신에서 공통적으로 "평강의 하나님"(로 데오스 테스 에이레네스, ὁ θεὸς τῆς εἰρηνης)이라는 표현을 사용했다(롬 15:33, 16:20, 빌 4:19). 여기 "평강"이란 에이레네(εἰρήνη)로서 모든 사람의 안녕과 질서를 의미하는데, 이것이야말고 데살로니가 교인들의 문제들(게으름과 불순종)을 해결할 수 있는 열쇠가 된다(토마스). 이같은 평강은 인간의 힘으로 얻어지는 것이 결코 아니다. 그것은 하나님으로부터 오는 선물이다. 그리고 평강의 주만이 실제로 신자들 사이에 화평을 주는 동시에 하나님과 화평을 이루는데 기초가 되신다(엡 2:14-18). "때마다 일마다 너희에게 평강을 주시기를 원하노라"(16절). 여기서 "때마다"는 계속적으로(cotinually)라는 의미이다. 데살로니가 교인들에게 주어질 평강이 일시적이고 순간적인 것이 아니라 변치않는 영원한 평강을 가리킨다(모리스). 즉 주의 평강이 계속 유지되고 단절이 없기를 기도했다(요 14:27, 16:33, 골 3:15). 여기 "일마다"는 모든 면에서 라는 의미이다. 이것은 '때마다' 란 말을 강조한 것으로 어떤 상황에서도 주의 평강이 계속 되기를 바라는 것이다. "주는 너희 모든 사람과 함께 하실지어다"(16절). 사도 바울은 주께서 그의 백성들에게 보증하신 약속을 간구하고 있다. 하나님은 결코 그의 백성을 버리거나 떠나지 않고 영원히 함께 하신다(마 28:20, 히 13;5). 성도들은 주께서 우리와 함께 있음과 그가 자기를 신뢰하는 자를 결코 버리지 아니하심을 알 때 비로소 흔들리지 않는 평강을 소유하게 된다(요 14:27). 사도 바울은 데살로니가 모든 교인들이 하나님의 축복에 동참할 수 있기를 간절히 기도하고 있다. 바울의 이러한 기도는 데살로니가 교인들에 대한 진실한 사랑에서 비롯된 것이다.

II. 바울의 문안과 축복기도(17-18절)

"나 바울은 친필로 문안하노니"(17절) "우리 주 예수 그리스도의 은혜가 너희 무리에게 있을지어다"(18절).

갈라디아서

하나님의 은혜로 사도된 바울 | 갈라디아 교회의 위기 | 하나님의 종은 | 참된 복음 | 바울의 신앙 | 교회의 기둥 | 믿음으로 얻는 의 | 내 안에 그리스도께서 사신 것이라 | 바울의 삶 | 어리석은 갈라디아 사람 | 약속하신 성령을 받자 | 누가 너희를 꾀더냐 | 믿음이 온 후로는 | 갈라디아 교회에 대한 바울의 사랑 | 약속하신 자녀에게 축복 | 사랑으로 서로 종노릇하라 | 성령을 좇아 행하라 | 성령을 좇아 사는 삶 | 성도의 생활 | 신령한 교회 | 심은대로 거두리라

갈라디아서 1장 1절

하나님의 은혜로 사도된 바울

본 서신은 바울에 의해 기록되었다(1:1-3, 5:2). A.D. 4세기 초엽에 가이사랴의 주교로 있었던 신학자 유세비우스(Eusebius of Cuesarea)및 심지어 A.D. 1세기 영지주의자인 마르시온 이후 19세기에 일어난 튀빙겐학파를 포함한 대부분의 학자들은 본 서신이 바울의 저작이라고 했다. 수신자는 바울이 1차 전도여행 때에 세운 갈라디아(행 14:21-23)의 성도들이다(1:2). 본 서신을 기록한 장소는 A.D. 55-58년경 마게도냐에서 기록하였다.

본 서신을 기록한 목적은 바울의 1차 전도여행 때 복음을 받아들인 갈라디아 교인들은 당시 침례를 받았고(3:7), 성령도 체험했지만(3:5), 그들 대부분 본래 이교도들이었기 때문에(4:8) 그리스도와 그들이 전에 신봉했던 율법적 의식을 결합시킨 형태로 복음을 재구성하기 쉬운 가능성을 갖고 있었다. 그리하여 갈라디아 교인들은 율법과 복음을 혼동하는 대혼란이 일어나게 되었다. 이러한 소식을 들은 바울은 갈라디아 교인들에게 "구원은 오직 예수를 믿음으로 이루어진다"고 했다(5:2-16, 6:12-17).

I. 하나님의 부르심(1절)

"사람들에게서 난 것도 아니요 사람으로 말미암은 것도 아니요…"라고 했다. 여기 "사도"는 아포스톨로스($ἀπόστολος$)로 보내심을 받은 자란 뜻이다. 로마서 1:1절에서는 바울 자신이 사도로 부르심을 받았다고 했고, 고린도전서 1:1에서는 "하나님의 뜻을 따라 그리스도 예수의 사도로 부르심을 입은 바울이라"고 분명히 말했다. 고린도전서 15:9에서는 "나는 사도 중에 지극히 작은 자"라고 했다.

II. 하나님 아버지로 말미암아 사도가 되었다.

"오직 그리스도 예수와 및 죽은 자 가운데서 그리스도를 살리신 하나님 아버지로 말미암아 사도가 되었다" ① 하나님은 바울을 미리 택정하셨다(갈 1:15). "창세 전에 그리스도 안에서 우리를 택하사"(엡 1:4). ② 예수님이 직접 부르셨다(행 9:1-5). 갈라디아 교회가 설립된 것은 바울이 제1차 전도여행시 방문하고 제2차 전도여행시 재방문하여 비시디아, 이고니온 루스드라, 더베 여러 도시를 포함한 모든 교회를 설립하였다. 그런 의미에서 기독교 교리를 확립한 것이 갈라디아서다.

갈라디아서 1장 6절

갈라디아 교회의 위기

"그리스도의 은혜로 너희를 부르신 이를 이같이 속히 떠나 다른 복음을 좇는 것을 내가 이상히 여기노라" 여기 '부르신 이'는 3절에 나오는 우리 하나님 아버지이시다. 구속사역에 있어서 성부 하나님은 구원 계획을 세우시며(엡 1:3-5, 벧전 1:2), 또한 계획하신대로 당신의 백성을 부르신 분이시다(고전 1:9). 바울은 이처럼 성도를 부르신 이는 하나님이심을 분명히 밝히고 있다(15절, 롬 8:30, 9:24, 고전 7:15).

하나님께서 성도를 부르신 목적은 ① 그의 아들 예수 그리스도와 더불어 교제케 하기 위해서 부르셨다(고전 1:9). ② 성도들로 하여금 부정한 가운데 있지 아니하고 거룩한 삶을 살도록 부르셨다(살전 4:7). 이와 같이 성부 하나님은 그의 백성을 부르셔서 구원을 얻게 하셨다. 그러나 갈라디아 교회에는 이러한 부르심에 떠난 자들이 있었다. 당시 갈라디아 교회에는 거짓된 유대주의자들이 하나님을 빙자하여 헛된 율법을 가르치고 성도들을 미혹하고 있었다. "이같이 속히 떠나" 바울은 갈라디아 교인들이 복음에서 떠나 거짓 교훈을 좇는 자들을 보고 안타까워했다.

I. 사도 바울은 갈라디아 교회를 복음으로 낳았다.

사도 바울이 갈라디아 교회를 설립하고 교인들이 복음으로 성장하기를 원했다. 그러나 복음에서 떠난 자들을 보고 한탄했다(6절). 여기 "떠난다"는 말은 '변한다, 변심한다'는 뜻이다. "다른 복음을 좇는 것을 이상히 여기노라"(6절) 사도 바울은 7절에서 "다른 복음은 없나니"라고 했다. 사도 바울은 갈라디아 교인들이 그리스도 안에서 복음으로 든든히 서기를 원했다. 그리고 하나님께서 부르신 거룩한 삶과 하나님 나라의 영광과 진리를 붙잡고 구원 얻기를 바랬다. 사도 바울은 성도를 구속하는 것은 율법의 행위가 아니고 오직 은혜라고 말했다(엡 2:4-9). 그리스도의 화해사역을 통해서 하나님의 영광이 나타난다.

II. 하나님의 참된 종 바울

사도 바울은 자신이 예수 그리스도와 성부 하나님으로부터 사도로 부르심을 받은 사실에 대해 진술하고 있다(1,2절). 바울의 이러한 진술은 자신의 체험 뿐 아니라 아나니아라는 자에게 주어진 하나님의 말씀에 의해서 사실로 확증되었다(행 9:15).

갈라디아서 1장 1~10절

하나님의 종은

"사도 바울이 사도가 된 것은 사람들에게서 난 것도 아니요, 사람으로 말미암은 것도 아니요, 오직 그리스도와 및 죽은 자 가운데서 그리스도를 살리신 하나님 아버지로 말미암아"(1절) 사도가 되었다고 했다. 오늘 본문을 통해서 "하나님의 참된 종은" 어떤 종인지 살펴보자.

I. 하나님의 참된 종은 하나님에 의해 선택된 자이다(1-2절).

사도 바울은 자신의 사도권이 인간적인 기원이나 수단에 있지 않음을 분명히 밝히고 있다. 그것은 바울의 사도성을 부인하는 자들이 있었기 때문이다. 이들은 유대주의를 고수하는 거짓 교사들로 당시 갈라디아 교인들을 심하게 미혹했었다. 바울은 실제로 예수의 열한 사도들처럼 예수의 지상사역을 목격하거나 맛디아처럼 공식적으로 선출되지 않았으나 다메섹 도상에서 부활하신 주님을 만나 이방인의 사도로서 소명을 받았으므로 조금도 사도의 자격에 부족한 점이 없었다(행 9:1-17, 26:14-18). 바울의 사도권은 하나님으로부터 부여되었다.

II. 하나님의 참된 종은 참 복음을 소유한 자이다(7-9절).

"다른 복음은 없나니"(7절) 왜곡되어 그릇된 복음은 이미 복음이 아니다. "복음"은 하나님께서 주신 것으로 완전하기 때문이다. "누구든지…다른 복음을 전하면 저주를 받을지어다"(9절). 주께서 십자가 위에서 받았던 저주는 율법이 우리에게 요구하는 저주를 대신 지신 것이다. 여기 "누구든지"는 다른 복음을 전하는 모든 자들을 의미하는데 바울 자신까지도 복음 전하는 자로 위임받았다(갈 1:1).

III. 하나님의 참된 종은 사람에게서 기쁨을 구하지 않는 자이다(8-10절).

"사람의 기쁨을 구하는 것이었더면"(10절) "내가 누구를 좋게 하랴" 바울은 오직 하나님만 기쁘시게 했다. 여기 "그리스도의 종이 아니니라"(10절) 바울은 자신이 그리스도의 종이라는 사실을 강조한다. 여기 "종"이란 둘로스($\delta o \hat{u} \lambda o \varsigma$)로 한 주인에게 절대복종하는 것을 의미한다. 노예 주인에게 예속된 자를 의미한다. 바울은 그리스도의 철저한 종이었다. 우리 모두는 하나님의 종이다. 종의 사명을 다하자.

갈라디아서 1장 11~12절

참된 복음

시한부 종말론(Eschhatology)을 가르치는 자들은 기독교의 정체성을 잃고 그릇된 것을 가르친다. 오늘 본문을 통해서 바울이 주장하는 "참된 복음"이 무엇인지 살펴보겠다. 바울이 사도가 된 것은,

I. 사람의 뜻을 따라 된 것이 아니다(11절).

"형제들아 내가 너희에게 알게 하노니 내가 전한 복음이 사람의 뜻을 따라 된 것이 아니라"고 했다. 여기 "형제들아"는 아델포스(άδελφός)로 '같은 조상을 가진 사람' (행 3:22, 롬 9:3), '믿음으로 연합한 가족' (마 23:8, 롬 1:13), '그리스도의 동역자' (고후 1:1) 등을 의미한다. "사람의 뜻을 따라 된 것이 아니라"(11절) 바울의 사도권은 하나님께로부터 왔음을 강조한다. 여기 '복음'은 유앙겔리온(εύαγγέλιον)으로 기쁜 소식, 복된 소식이다.

II. 사람에게 받은 것도 아니다(12절).

본문에 "사람에게 받은 것도 아니요…"라고 했다. 바울은 당시 핍박자요, 박해자였다. 그러나 다메섹에서 예수를 만난 후 사도가 되었고, 지금 복음을 전파하는 것은 하나님의 계시에 의해 전한다고 했다. "오직 예수 그리스도의 계시"(12절)로 말미암은 것이다. 바울이 기독교로 개종하기 전에는 가말리엘 문하에서 교육을 받았다. 그러나 기독교로 개종한 후에는 누구에게서도 복음에 대해 가르침을 받은 적이 없다. 다메섹 도상에서 예수를 만난 후 아라비아로 가서 성령의 인도함 따라 복음에 대한 계시를 받았을 것이다(12절). 초대교회 당시 기독교는 많은 도전을 받았다. 특히 영지주의자들은 자신들만이 구원에 이르는 지식을 전수받았다고 자랑했다. 그러나 그들의 자랑은 성령에 의해 주어진 것이 아니었다.

III. 오직 그리스도의 계시를 통해서 주어진 것이다(12절).

본문에 "오직 예수 그리스도의 계시로 말미암은 것이라"고 했다. 바울 자신이 전한 복음이 그리스도의 계시로 말미암았다고 했다. 바울은 다메섹에서 예수를 만남으로 사도의 사명을 받았다(행 9:4-26). 예수님의 제자들이 바울보다 먼저 사도가 되었지만 그들 역시 성령을 받고 난 후(요 14:16, 16:13), 오순절 사건으로 성취된 후에야 사도가 되었다. 예수님의 제자들이 오순절 마가의 다락방에서 성령을 충만히 받고 사도로서 활동했다. 바울 역시 다메섹 도상에서 부활하신 주님을 직접 만나 이방인의 사도로 부르심을 받았다. 말씀(복음)은 능력이다(히 4:12). "복음은 믿는 자들에게 구원을 주시는 하나님의 능력이다" (롬 1:16).

갈라디아서 1장 15~17절

바울의 신앙

사도 바울은 자신의 회심이 전적으로 하나님의 주권(Savereignty of God)에 의해 섭리되었다고 고백했다.

I. 태초부터 나를 택정하시고(15절)

여기 "택정하시고"는 아포리사스($\alpha\phi o\rho\acute{\iota}\sigma\alpha\varsigma$)로 '어떤 경계로부터 떨어지게 한다'는 뜻으로서 어떤 특정한 직분이나 사역에 관하여 성별됨을 의미한다(2:12, 행 19:9). 바울은 다메섹에서 예수를 만남으로 그의 회심이 시작되었다(행 9:1-). "그를 내 속에 나타내시기를 기뻐하실 때에"(16절) 이 말은 예수께서 바울의 영혼과 마음 속에 내적 계시를 통하여 자신을 나타냈음을 말한다. 바울은 내적 계시를 통하여 예수가 누구시며, 그의 죽음과 부활의 의미가 무엇인지 깨달을 수 있었다. 사도 바울은 다메섹 도상의 체험을 통하여(행 9:1-9) 성령의 충만함과 그리스도의 말씀을 소유하게 되었다(크로소스톰).

II. 다메섹에서 아라비아로 갔다(17-18절).

바울은 하나님의 부르심을 받고 곧바로 아라비아로 갔다(17절). 바울은 다메섹 도상에서 예수를 만남으로 그의 삶과 가치관이 변화되었지만 자신이 경험한 계시를 체계화시키는 데는 많은 시간이 필요했다. 바울은 아라비아에서 3년 동안 있었다(18절). 바울이 아라비아에서 3년 동안 있으면서 예수님의 생애와 죽음 그리고 자신의 회심, 예수 만난 경험에 대해서 많은 명상을 했을 것이다. 이 기간 동안 하나님의 복음이 그에게 충만히 임했을 것이다.

III. 아라비아에서 로마로 갔다(17-18).

"그후 3년 만에"(18절) 이 말은 바울이 회심하고 나서 3년이 지났다는 것이다. 바울이 아라비아에서 다메섹으로 돌아온 때로부터 3년이 경과되었다. "게바를 심방하려고"(18절) 바울은 게바를 만나기 전에 일정기간 동안 하나님의 깊은 영적 교제를 통해 자신의 신앙과 신학을 재정립하였다. "내가 그리스도 안에 있는 한 사람을 아노니 십사년 전에 그가 셋째 하늘에 이끌려 간자라"(고후 12:2) 이것은 그가 아라비아에 있을 때 경험한 입신의 체험이다. 바울은 영적 깊은 체험을 한 후에 로마로 떠났다. 우리는 천국을 위하여 영혼을 위하여 피를 흘리고 살을 떼서 주의 제단에 바칠 각오가 있어야 한다.

갈라디아서 2장 1~10절

교회의 기둥

"십사년 후에 내가 바나바와 함께 디도를 데리고 다시 예루살렘에 올라갔노니"(1절). 사도 행전에 의하면 바울은 세 번에 걸쳐 예루살렘을 방문하였다. 첫 번째 방문은 그가 회심한지 3년 후에 베드로를 만나기를 위한 것이었고(행 9:26), 두 번째 방문은 안디옥 교회의 구제헌금을 전달하기 위한 것이었으며(행 11:29-30), 세 번째 방문은 이방인에게 복음을 전하기 위한 것이었다(행 15:1). 우리 성경에 보면 "교회"란 말이 주님의 몸(엡 11:23), 신령한 집(벧전 2:5), 만민이 기도하는 집(막 11:17), 하나님의 성전(계 3:12)으로 나타나고 있다. 사도 바울은 베드로와 야고보를 가리켜서 교회의 기둥이라고 부르고 있다(갈 2:9). 초대교회, 각 시대의 교회는 그 교회를 받들고 있는 기둥 같은 인물이 있었다. 모든 건물이 든든히 서려면 기둥이 튼튼해야 한다. 마찬가지로 하나님의 집인 교회도 기둥이 튼튼해야 굳건히 설 수 있는 것이다. 기둥이 그 집의 운명을 좌우하는 것처럼 하나님의 교회도 기둥이 든든해야 한다. 그러므로 교회의 기둥감이 될만한 인물을 잘 골라서 세워야 한다. 교회의 기둥이 되려면,

I. 믿음이 견고해야 한다(9절).

본문에 "기둥같이 여기는…"라고 했다. 여기 "기둥"은 스틸로이($\sigma\tau\hat{v}\lambda o\iota$)로 중요성을 강조한 말이다. 탈무드에서는 아브라함, 이삭, 야곱을 이스라엘의 세 기둥이라고 하였다. 이러한 개념을 사용하여 바울은 야고보와 게바 요한을 기둥에 비유한 것이다.

1. 기둥은 견고해야 한다. 하나님의 교회의 기둥은 신앙이 좋고 믿음이 흔들리지 않고 견고해야 한다. 좌우로 치우치는 사람은 기둥감이 될 수 없다.

2. 기둥은 곧아야 한다. 비뚤어진 나무는 기둥감이 될 수 없다. 기둥감은 곧아야 한다. 하나님의 교회도 곧은 일꾼이 필요하다. 하나님은 사람을 외모로 보시지 않고 그 중심을 보신다(삼상 16:7). 하나님은 다윗을 보시고 "저는 내 마음에 합한 자라"(행 13:22)라고 하셨다.

3. 기둥은 바로 서야 한다. 기둥감으로 쓰기에 아무리 좋아도 세울 때 바로 세우지 않으면 힘을 받지 못한다. 교회의 기둥이 되는 사람은 좌우로 치우쳐도 안 된다. 인정에 이끌려도 안된다. 자신에게 맡겨진 사명을 완수해야 한다. 하나님의 교회의 기둥 되는 사람은 바로 서있어야 한다. 하나님의 교회의 기둥이 되신 여러분, 성령 충만, 믿음 충만, 은사 충만하여 기둥의 사명을 다하시길 바란다.

갈라디아서 2장 16절

믿음으로 얻는 의

"사람이 의롭게 되는 것은…"(16절) "의"는 하나님의 속성에 속하는 것이므로 그 근원은 인간에게 있지 아니하고 하나님께 있다. 바울이 말한 의롭게 된다는 것은 의롭다고 선언한 뜻이지 의롭게 만든다는 뜻은 아니다. 모든 사람은 죄를 범하였으므로 하나님의 의로움에 이를 수가 없다(롬 3:20). 그러나 주권자이신 하나님께서 예수 그리스도를 통하여 그를 믿는 자들을 의롭다고 인정하시는 길을 열어주셨다. 오늘 본문을 통해서 하나님의가 성도들에게 어떻게 주어지게 되는지 살펴보겠다.

I. 율법의 행위에서 난 것이 아니다(16절).

본문 16절에 "율법의 행위에서 난 것이 아니요"라고 했다. 여기 "율법"은 노모스($νόμος$)로 바울서신 중 특히 로마서와 본서에 많이 등장한다. 본 절에서 관사 없이 사용된 노모스는 모세의 율법을 지시하는 것이라기보다는 자신의 선한 행위들을 통하여 구원받고자 하는 인간들이 자기의 의를 위해 구축한 규범들을 가리킨다. 유대인들은 율법을 문자적으로 삶에 적용하기 위해 여러 가지 규칙을 만들었다. 이에 대해 예수님은 그들을 책망하셨다(마 5:21-42). 사람이 성경을 문자적을 해석하려 한다면 그 사람 역시 율법주의자이다. 이런 사람은 인간의 수양에는 이룰 수 있을지라도 복음을 통한 진정한 자유와 의를 맛볼 수 없다. 이러한 행위를 통해서 인간은 결코 의롭게 될 수 없다.

II. 오직 예수를 믿음으로 의롭게 된다(16절).

"…오직 예수를 믿음으로"라고 했다. 하나님께서는 오직 믿음을 통하여 그리스도와 연합한 자들을 의롭다고 여겨 주시는 것이다(롬 5:18-19). 우리를 위하여 십자가에서 죽으신 예수만이 우리를 의롭게 할 수 있다. 이 믿음을 통하여 구원이 이루어진다. "이 믿음은 하나님의 선물이라"(엡 2:8). 하나님은 우리를 창세 전에 예정하사 택하셔서 자녀로 삼으셨다. 우리가 의롭게 되어 구원에 이르게 된 것은 오직 하나님의 은혜이다(엡 2:1-10). 하나님께서 그리스도 안에서 창세 전에 우리를 택하셨다(엡 1:4). 그러므로 오직 예수를 믿음으로 구원받으며 의롭게 하는 것이다.

갈라디아서 2장 20절

내 안에 그리스도께서 사신 것이라

"내가 그리스도와 함께 십자가에 못 박혔나니 그런즉 이제는 내가 산 것이 아니요 오직 내 안에 그리스도께서 사신 것이라 이제 내가 육체 가운데 사는 것은 나를 사랑하사 나를 위하여 자기 몸을 버리신 하나님의 아들을 믿는 믿음 안에서 사는 것이라"(20절) 오늘 이 시간 본문 말씀을 통하여 "내 안에 그리스도께서 사신 것이라"란 제목으로 은혜를 받고자 한다.

I. 나 자신이 십자가에 못 박혀야 한다(20절).

본문에 "내가 그리스도와 함께 십자가에 못 박혔나니…"라고 했다. 예수님은 우리를 사랑하사 나를 위하여 자기 몸을 버려 십자가에 못 박혀 죽으셨다. 그리고 사망과 음부의 권세를 이기시고 부활하셨다. 그러므로 그의 죽으심과 부활을 믿는 우리들도 그리스도를 위하여 나의 정욕과 안목과 이생의 자랑을 십자가에 못 박혀 죽어버려야 한다. 다시 말해서 육신의 사람, 죄의 사람, 옛사람을 십자가에 못 박아 죽어져야 하고 새사람으로 부활해야 한다. 여기 "십자가에 못 박혔나니"는 성도들이 그의 십자가를 짐으로써 그리스도의 죽음에 영적으로 동참했음을 의미한다.

II. 이제는 내가 산 것이 아니라 그리스도께서 사신 것이다.

나 자신이 그리스도 안에서 십자가에 못 박혀 죽었으니 '나'라는 존재는 완전히 죽어져서 없다는 말이다. 본문에 "오직 내 안에 그리스도께서 사신 것이라" 바울은 십자가 위에서 율법의 모든 요구를 완성하시고 죽었다가 사흘 만에 부활하신 그리스도 안에서 새로운 삶을 살게 되었다(롬 6:4). 이제 내가 산 것은 오직 내 안에 들어와 역사하시고 나를 지배하신 그리스도께서 사신 것이다.

III. 이제는 예수를 믿는 믿음 안에서 산다.

"이제 육체 가운데 사는 것은 하나님의 아들을 믿는 믿음 안에서 사는 것이라"(20절). 본 절에는 세 가지 변화가 나타난다. ① 나 대신 그리스도 ② 율법대신에 믿음 ③ 과거 옛사람 대신에 새사람으로 변화가 그것이다. 사도 바울은 예수의 죽음을 통해서 율법아래서 종노릇하는 것으로부터 해방되어 의와 사랑의 종이 되었으며(롬 6:19), 성령을 좇는 삶을 살게 되었다(롬 8:4). "하나님의 아들을 믿는 믿음 안에서 사는 것이라" 그리스도인의 삶은 믿음 안에서 사는 것이다.

갈라디아서 2장 18~21절

바울의 삶

인생은 목적 있게 살아야 하고 값있게 죽어야 한다. 세상에서 목적 있게 살다가 값있게 죽는 사람이 있으니 곧 사도 바울이다. 바울의 삶의 목적은 "…살아도 주를 위하여 죽어도 주를 위하여 죽나니 사나 죽으나 우리가 주의 것이로다"(롬 14:18)라고 고백했다.

I. 바울의 삶은 하나님을 향한 삶이었다(18-19절).

바울은 "내가 율법으로 말미암아 율법을 향하여 죽었나니 이는 하나님을 향하여 살려함이라"고 했다. 바울은 다메섹에서 예수를 만난 이후(행 9:1-7) 단 한 번도 뒤를 돌아보지 않고 예수 안에서 살았다고 했다. 이것이 바울의 삶의 목적이었다. 사도 바울은 "내가 율법으로 말미암아 율법을 향하여 죽었나니"(19절) 여기서 바울은 「나」라는 1인칭 대명사를 사용함으로서 자신 있게 살았던 삶을 강조하고 있다. 여기 "죽었나니" 이 말은 20절에 나오는 "함께 십자가에 못 박혔나니"와 동일한 의미로 사용되었다. 이 단어는 둘 다 단회적인 것으로서 다시 율법으로 돌아갈 수 없으며 다시 십자가에 못 박힐 수 없는 옛사람의 죽음을 의미한다.

II. 참된 생명을 위하여 살려고 했다(19-20절).

"내가 그리스도와 함께 십자가에 못 박혔나니"(20절) 여기 "함께 십자가에 못 박혔나니"는 성도가 그의 십자가를 짐으로써 그리스도의 죽음에 영적으로 동참하였음을 의미한다. 여기 "십자가"는 율법의 요구를 완성하는 의미로 나타난다. 그리스도의 죽음은 율법의 요구를 이루려 함이며(롬 8:14), 또한 실존적으로 구약의 모든 율법적 요구를 완성한 역사적 사건이다. 사람의 제일 귀한 것은 생명이다. 예수 안에 있는 생명은 참된 생명이다. 바울은 자신의 모든 죄를 예수의 십자가의 대속으로 속죄함을 입은 것을 확신하면서 그 안에서 새생명을 얻었다고 했다.

III. 하나님의 은혜를 위하여 살려고 했다(21절).

"하나님의 은혜"(21절) 이 말은 그리스도께서 십자가에 죽으신 것과 바울 자신이 그의 죽으심과 부활에 참여하게 된 신비적 연합사건이 "하나님의 은혜"로 묘사되고 있다. 여기 "은혜"는 카린($\kappa\alpha\rho\iota\nu$)으로 하나님이 값없이 주시는 선물이다(엡 2:1-10). 결국 바울은 하나님이 주신 은혜를 위하여 살려고 노력했었다.

갈라디아서 3장 1~3절

어리석은 갈라디아 사람

"어리석도다 갈라디아 사람들아…"(1절) "너희가 이같이 어리석느냐"(3절). 갈라디아 사람들은 처음에는 복음을 잘 받아들였다. 죄인들이 하나님의 은혜로 그리스도 안에서 믿음을 통해 의롭다 하시는 진리를 잘 받아들였다. 그러나 얼마 후에 사람이 의롭게 되기 위해서는 할례를 받아야 하며 율법의 행위 역시 필요하다는 주장을 받아들였던 것이다(고전 1:22). 바울은 갈라디아 교인들을 책망하면서,

I. 십자가를 밝히 보면서(1-2절)

본문에 "어리석도다" 이 말은 죄를 분별할 수 있는 능력이 있으면서도 그 능력을 사용하지 않는 것을 질책하는 것이다(롬 1:14, 딤전 6:9, 딛 3:3). "십자가에 못 박힌 것이 밝히 보이거늘"(1절) 바울은 자신이 처음 갈라디아를 방문했을 때 선포하였던 복음의 진리를 상기시키면서 그때에 그들이 납득할 수 있도록 선명하게 전파하였음을 강조한다. "누가 너희를 꾀더냐" 여기 "꾀더냐"는 거짓된 칭찬이나 음흉한 눈으로 악을 가져오다 또는 악한 술책으로 타락시킨다는 뜻이다. 지금 바울은 갈라디아 교인들의 마음을 어지럽게 한 거짓 교사들이 누구냐 너희가 신령한 복음을 받았으면서 그렇게 빨리 잃어버릴 수 있느냐 묻는다. 나를 구속하신 주님을 바라봅시다.

II. 너희가 믿음으로 성령을 받지 않았느냐(2절)

"내가 너희에게 다만 이것을 알게 하노니 너희가 성령을 받은 것은 율법의 행위로냐 듣고 믿음으로냐" 여기서 바울은 갈라디아 사람들이 모두 성령을 받았다고 했다. "너희가 이같이 어리석으냐, 성령으로 시작하였다가 이제는 육체로 마치겠느냐"(3절) 바울은 "믿음은 들음에서 난다"고 했다(롬 10:14-17). 갈라디아 사람들은 바울을 통하여 복음의 진리를 잘 배우고 믿었다. 예수 그리스도께서 십자가에 못 박히신 것이 눈앞에 밝히 보이는데 이 복음을 바로 믿었다면 어찌 미혹을 받겠느냐? 율법주의자들이 아무리 감언이설로 꾀인다 해도 흔들리지 말았어야 했는데 신앙의 지조가 없었다. 구원은 그리스도의 십자가의 복음에서만 오는데 갈라디아 사람들은 복음으로 시작하였다가 율법으로 되돌아가고 있으며, 어리석기 짝이 없다. "복음은 믿는 자들에게 구원을 주시는 하나님의 능력이다"(롬 1:16). 흔들리지 말고 믿음에 굳게 서서 복음의 소망을 가지고 십자가를 붙잡고 날마다 승리의 영광을 누립시다.

갈라디아서 3장 3,5,14절

약속하신 성령을 받자

오늘 현대인들은 삼무(三無)에 붙잡혀 있다. ① 무관심 ② 무감동 ③ 무기력이다. 예수님은 이 시대를 보시고 "이' 세대를 무엇으로 비유할까 이 세대는 아이들이 장터에 앉아서 소리 질러 우리가 너희를 향하여 피리를 불어도 너희가 춤을 추지 않고 우리가 곡을 하여도 너희가 울지 아니 하였도다"(마 11:16-17). 그러나 오순절 성령을 받은 베드로가 복음을 전파했을 때 수많은 사람들은 마음이 뜨거워지고 가슴을 파고드는 감격에 넘쳐 "우리가 어찌할꼬"하거늘 베드로가 "너희가 각각 회개하여 예수 그리스도의 이름으로 세례를 받으라 그리하면 성령을 선물로 받으리니"(행 2:37-38). 하루에 3,000-5,000명이 회개하고 주께로 돌아왔다. 이렇게 성령의 역사는 나의 무관심, 나의 무감동, 나의 무기력한 것을 부숴뜨리고 감격이 넘치는 삶을 살게한다.

I. 성령을 속이지 말아야 한다(행 5:1-11).

삽비라 부부는 성령을 속인 죄로 즉사했다(행 5:1-11). 그래서 바울은 "너희가 이같이 어리석으냐 성령으로 시작했다가 육체로 마치겠느냐" 책망했다(3절). "성령을 훼방하면 사함을 받지 못한다(막 3:3-28-29). "성령을 근심하게 말라"고 했다(엡 4:30).

II. 성령을 소멸하지 말아야 한다(살전 5:19).

성령의 능력을 받았어도 기도하지 않으면 신앙은 식어버린다. 성령을 부정하면 "은사도 떠나가게 되고 능력도 떠나가게 된다." 성령의 은사를 소멸하지 마시기 바란다.

III. 성령의 역사를 거역하지 말아야 한다(막 3:28-29).

오순절 사건이후 성령의 역사는 계속 일어나고 있다(행 1:4-5, 14-15, 2:1-4). 성령의 역사를 거스리는 죄는 능력 받지 못한 주의 종들이나 신앙의 연륜이 많은 사람, 교만한 사람들이 범하지 쉬운 죄다. 우리는 성령의 인도하심을 받아야 한다(행 8:26-31). 빌립은 성령이 지시를 받고 에디오피아 여왕 간다게의 국고를 맡은 내시를 만났다. "성령의 약속"(14절) 예수 부활이후 성취되었다(요14:16-18). 예수님을 통해 성령을 받게 되는 것이 하나님의 약속이다(눅 24:49). "여호와는 자기에게 향하는 자에게 능력을 베푸시나니"(대하 16:9). 여기 "능력"은 두나이스인데 이것은 폭발력이 있다는 뜻이다. 성령의 능력은 강하다(롬 8:9).

갈라디아서 3장 1~11절

누가 너희를 꾀더냐

사도 바울은 갈라디아 교인들을 향하여 "…누가 너희를 꾀더냐?" 책망했다(1절).

I. 어리석음을 책망한 바울

갈라디아 교인들은 유대에서 온 거짓 교사들의 가르침에 너무 쉽게 미혹되었다. 그들은 바울의 가르침을 받아 믿음으로 성령을 받았다. 바울의 전도로 그들은 복음을 받아 들였고 믿음으로 의롭다 하심을 입었었다. 그런데 거짓 교사들의 미혹에 넘어갔다. 바울은 이들을 향하여 "너희가 이같이 어리석으냐?" 라고 책망했다. 오늘 우리 성도들은 얼마든지 유혹에 넘어갈 수 있다. 그러므로 항상 깨어 있어야 한다(벧전 5:8).

"성령으로 시작하였다가 육체로 마치겠느냐"(3절). 그리스도로 말미암아 새생명을 얻은 성도는 성숙한 신앙의 열매(갈 5:22-23)를 맺어야 한다. 갈라디아 교인들은 바울의 가르침에 등을 돌렸다. 거짓 교사들은 예수 그리스도의 십자가의 죽으심과 부활사건을 중요하게 생각하지 않았다. 기독교는 그리스도의 십자가와 부활의 터 위에 세워졌다. 사도 바울은 갈라디아 교회를 향하여 "누가 너희를 꾀더냐"고 책망하였다.

II. 회개를 촉구한 바울

사도 바울은 갈라디아 교인들을 향하여 "누가 너희를 꾀더냐" 성도는 예수 그리스도의 십자가 죽으심과 부활에 대한 분명한 확신이 있어야 올바른 회개를 할 수 있다. 예수만이 생명이요, 예수만이 능력이요, 예수만이 구원이기 때문이다. 갈라디아 교인들은 거짓교사들의 유혹을 따라 율법의 행위로 의롭게 되려던 사상을 버리고 오직 예수를 믿음으로써 주어지는 성령을 약속받기 위해 회개해야 한다.

오늘 우리들도 어리석음으로 인해 예수를 배신하는 자리에 서 있을 때 "누가 너희를 꾀더냐"란 주님의 음성을 듣고 회개하여 그 자리에서 돌이켜야 한다. "너희가 성령을 받은 것은 율법의 행위로냐, 듣고 믿음으로냐?"(2절) 여기서 바울은 갈라디아 교인들이 모두 성령을 받았다고 단정했다. 그리고 3절에서 "너희가 이같이 어리석으냐? 성령으로 시작했다가 이제는 육체로 마치겠느냐"고 책망했다. "누가 너희를 꾀더냐?" 주님의 음성을 듣고 돌이키시길 바란다.

갈라디아서 3장 25~29절

믿음이 온 후로는

"믿음이 온 후로는"(25절) 믿음이 오기 전까지(23절) 율법은 자기의 임무를 수행할 뿐이다. 그리스도께서 이 땅에 오시는 역사적인 성육신 사건에 의하여 율법의 임무는 끝났다. "믿음이 온 후로는"라는 제목으로 은혜를 받고자 한다.

I. 몽학선생아래 있지 아니한다(갈 3:24).

"그리스도에게로 인도하는 몽학선생" 여기 "몽학선생"이란 말은 ① 아이를 돌보는 자 ② 어린아이에게 시중드는 자란 뜻이다. 몽학선생은 가정교사로서 가정의 예법을 가르치기도 하며 아이가 학교에 오고 갈 때에 길을 인도하는 노예로 이해되기도 하였다. 사도 바울이 율법의 기능을 몽학선생에 비유한 것은 율법이 사람을 그리스도에게로 인도하면 그 기능을 다한다는 점에서 몽학선생의 기능과 비슷하기 때문이다. 이스라엘 백성들은 율법을 행함으로써 의롭다함을 얻으려고 했다. 그들은 율법을 통해 그리스도에게 인도함을 받아 율법아래에서의 삶을 벗어버려야 했다. 그러나 그들은 율법만이 구원의 방편으로 생각했던 것이다. 율법의 기능은 그리스도에게까지 이르면 끝이 나기 때문에 더 이상 율법은 성도를 종노릇하게 할 수 없다. 갈라디아 교인들이 그리스도를 만났음에도 불구하고 몽학선생에 불과한 율법으로 돌아가려 했으니 "그것은 어리석은 짓이요 자유를 주신 예수를 무시한 행위였다(갈 3:3-4). 우리는 그리스도 안에서 하나님의 아들이 되었다(26절). "아브라함이 가졌던 믿음으로 아브라함의 자손이 된 사람들이 예수 그리스도 안에서 하나님의 자녀가 되었다는 것은 곧 양자가 되었다는 것을 의미한다. 죄 아래 있던 자들이 믿음으로 하나님과 회복되었음을 의미한다. 하나님의 아들로서 아버지라 부를 수 있는 것은 성령에 대한 약속이 성취되었음을 보여준다(14절, 롬 8:14-16).

II. 우리는 그리스도 안에서 하나가 되었다(28절).

믿음으로 말미암아 그리스도와 연합하여 하나님의 자녀가 된 성도들은 그리스도의 몸을 이루는 지체로서 하나가 된다. 예수님도 "제자들이 서로 하나가 되게 해 달라"고 기도했었다(요 17:11). 그리고 오순절 성령강림 이후 성령의 능력을 받은 성도들이 한 마음과 한 뜻이 되었다(행 4:32). 하나님은 교회가 하나가 되기를 원하신다. 주 안에서 하나 되어 교회를 잘 섬기자.

갈라디아서 4장 12~18절

갈라디아 교회에 대한 바울의 사랑

오늘 본문의 말씀은 사도 바울에 대한 깊은 사랑과 그에 대한 사명감을 느끼게 한다. 여기서 바울은 깊은 정열과 애정으로 갈라디아 사람들에게 간절하게 호소하고 있다. 갈라디아서 내용은 사도로서의 바울, 신학자로서의 바울, 목회자로서의 바울, 영적으로서의 바울, 영혼을 사랑하는 사람으로서의 바울의 모습을 보게 된다.

Ⅰ. 나와 같이 되기를 원했다(12절).

사도 바울은 과거 복음을 전할 때 회상하면서 사랑으로 격려하였다(13절). 그때 갈라디아 교인들은 바울을 하나님의 천사와 같이 그리스도 예수와 같이 사랑하여 자기들의 눈이라도 빼어주려고 애썼다(12-16절). 본절의 배경이 되는 사도행전 13:13,14절에 의하면 바울은 2차 전도여행 중 바보와 버가를 지나 속히 갈라디아 지방으로 올라갔다. 당시 버가는 저지대로서 해안의 습지로 인한 유행병들이 많이 돌았는데 특히 말라리아가 심했다. 바울은 여기서 얻은 유행병으로 인하여 버가를 떠난 것 같다. 바울은 질병으로(고전 2:3) 약한 몸으로 갈라디아에서 목회했다. 그러면서 바울은 갈라디아 사람들이 그리스도인로서의 신앙을 굳게 하고 바울 자신과 같이 되기를 원했다(행 26:29).

Ⅱ. 갈라디아 교인들을 자랑한 바울(12-16절)

"너희가 내게 해롭게 하지 아니 하였느니라"(12절) 갈라디아 교인들은 바울에게 존경과 사랑을 했다. 과거에 바울은 신과 같이(행 14:12,13) 환영받았지만 자신이 신처럼 존경받는 것을 기뻐하지 않았다. 그러나 오늘 본 절에서는 갈라디아 교인들에게 환영받고 사랑받은 사실을 칭찬하면서 자랑하고 있다(14절). 교역자를 대접하는 가정은 축복을 받는다. 교역자를 천사처럼 대접하는 개인도 축복을 받았다. 교역자를 사랑하는 교회는 부흥된다(15절).

Ⅲ. 바울은 해산의 수고를 각오했다(19절).

사도 바울은 갈라디아 교인을 위해 자기의 눈과 손, 발을 아끼지 않고 봉사했고 믿음과 사랑과 해산의 수고로 그들을 길렀다. "해산의 수고를 하노니"(19절) 바울은 갈라디아 교인들을 양육하는 것을 어머니가 아기를 출산하는 고통에 비유하고 있다. 교역자는 성도를 생명 바쳐 사랑해야 한다.

갈라디아서 4장 21~31절

약속하신 자녀에게 축복

이삭은 하나님의 언약에 따라 태어났다. 그러나 그의 이복형인 이스마엘은 하나님의 언약과 상관없이 태어났다. 그래서 이스마엘은 이삭과 같이 아브라함의 유산을 받지 못했다. 이런 점에서 약속의 자녀는 유산이 약속된 자녀를 가리킨다. 이스라엘 백성은 애굽 땅에서 가나안 땅을 약속받았다. 그리고 성도들도 하나님의 나라를 기업으로 약속받았다. 그렇기 때문에 이스라엘 백성과 성도는 약속의 자녀이다. 오늘 본문을 통해 약속의 자녀는 어떻게 유업을 받게 되는지 생각해 보고자 한다.

Ⅰ. 역사적인 사실(22-23절)

이스라엘 백성은 하나님과 언약을 맺은 증거로 양피를 베는 의식 곧 할례를 행했다. 이 할례는 하나님의 명령에 따라 행한 것이다. 할례를 행하지 않는 사람은 하나님의 백성이 될 자격이 없었다(창 17:11-14). 갈라디아 교회에 들어온 유대 교사들은 예수를 믿어도 할례를 받아야 된다고 했다. 그러나 성령으로 인침을 약속의 자녀로 인정된 성도는 할례를 받을 필요가 없다(롬 2:28,29). "구원"은 믿음으로 말미암은 것이요 율법에 있지 않다. 모든 율법은 예수의 그림자다. 그림자는 실존 때문에 있는 것이다.

Ⅱ. 성령을 따라 났다(29절).

이삭이 젖을 뗄 때 그는 세 살이었고 이스마엘은 17세였다. 여기 "육체를 따라 났다"는 말은 언약과는 상관없이 태어났음을 의미한다. 오늘 우리도 성령을 따라 난 자들이다. 어느날 하나님께서 아브라함에게 자식을 주겠다고 약속했다(창 16:). 아브라함은 그것을 믿었다. 그 결과 의롭다함을 받게 되었다. 그러나 아브라함과 사라가 나이가 많이 들도록 자식이 없자 사라는 그녀의 몸종인 젊은 애굽인 하갈을 아브라함에게 소실로 주었다. 그렇게 해서 얻은 아들이 이스마엘이다. 하나님의 약속이 있은 후 13년이 지났다. 아브라함 나이 99세, 사라 나이 90세때 아들 이삭을 얻었다. 하나님은 약속을 지키셨고 이삭은 약속의 자녀이다. 하나님은 약속의 자녀를 통해서 축복하신다. 22절에 "두 아들이 있으니" 실제로 아브라함에게는 이스마엘과 이삭 외에도 후처 그두라를 통한 여섯 명의 아들들이 있었다(창 25:1,2). 약속된 자녀는 유업을 얻는다(요 1:12-13).

갈라디아서 5장 13절

사랑으로 서로 종노릇하라

갈라디아서는 '기독교 자유의 대헌장'이라고 하는 서신이다. 그것은 인간은 예수 그리스도 안에 있는 하나님의 은혜를 통해서만 죄와 율법에서 벗어나 어느 것에도 예속되지 않고 참다운 자유를 누릴 수 있기 때문이다. 이 시간 본문 말씀을 통하여 "사랑으로 서로 종노릇하라" 란 제목으로 은혜를 나누고자 한다.

I. 자유를 위하여 부르심을 입었다(13절).

본문에 "형제들아 너희가 자유를 위하여 부르심을 입었으나…"라고 했다. "그리스도께서 우리를 자유케하려고 자유를 주셨다"(1절). 자유는 귀한 것이다. 예수를 믿기 전에는 우리는 "죄악의 종" "마귀의 종" 이었으나 그리스도께서 자유케 하셨으니(갈 5:1) 더욱 귀하다. 이런 자유를 악용하지 말라고 했다. 주님이 피흘려 찾아준 고귀한 자유를 육체의 기회로 삼지 말라"고 했다.

II. 사랑으로 종노릇해야 한다(13절).

"종"이란 천한 신분이요, 자유가 없는 사람이다. 누가 종노릇하는 것을 좋아하겠는가? 그러나 예수께서 종의 본을 보이셨기에 우리도 종노릇하는 것이 마땅하다. "예수님은 종과 같이 제자들의 발을 씻기시며 봉사했고 사랑의 종노릇을 하셨다"(요 13:1-17). 교회는 주님의 피값으로 사신 기관이요(행 20:28), 우리 성도는 주님의 말씀(교훈)으로 자라나는 사람들이다. 예수님께서 사랑의 본(종)을 보이시면서 "너희들도 서로 발을 씻기는 것이 옳으니라"(요 13:14)

오늘의 교회의 분열과 단점이 무엇인가? ① 서로 높아지고자 하기 때문이요, ② 남을 지배하고자 하기 때문이요, ③ 교만하고 질투와 시기 때문이다. 교회는 성도들이 서로 사랑하고 사랑으로 종노릇하면 그 교회는 부흥된다. 하나님이 원하시는 교회는 ① 사랑이 충만한 교회요, ②서로 사랑으로 섬기는 교회요, ③ 은혜가 넘치는 교회요, ④말씀과 기도가 살아 있는 교회요, ⑤ 능력 충만 성령 충만한 교회이다.

갈라디아서 5장 16~24절

성령을 좇아 행하라

사도 바울은 갈라디아 교회를 향하여 "성도의 자유"를 누리려면 "성령을 좇아 행하라"고 하였다. 오직 성령 안에서 자유로운 삶을 누릴 수 있다. 그래서 갈라디아서 5:16-25절까지 성령이란 말이 일곱 번이나 나온다. 성령은 우리를 거룩하게 하시고 육체의 정욕을 이기게 하신다. 그러면 성령을 좇아 사는 사람은 어떤 변화가 일어나는가? 본문 말씀을 통해서 은혜받기를 원한다.

I. 육체의 욕심을 이루지 아니한다(16절).

본문 16절에 "육체의 욕심을 이루지 아니 하나라"라고 했다. 육신의 욕심은 육신의 일을 좇는 사람에게서 발생한다. 육신을 좇는 사람은 영의 일을 잘 모른다. 이러한 사실에 대해서 바울은 "육신을 좇는 자는 육신의 일을 영을 좇는 자는 영의 일을 생각하나니"(롬 8:5)라고 했다. 바울은 우리에게 "너희는 성령을 좇아 행하라 그리하면 육체의 욕심을 이루지 아니하리라"고 했다(16절).

II. 율법아래 있지 아니한다(17-18절).

본문에 "성령의 인도하시는 바가 되면 율법아래 있지 아니하리라"(18절). 여기 "율법아래"는 앞 절의 "육체의 소욕" 대신 사용되었다(갈 2-4장). 율법아래 있는 삶은 하나님의 구원에서 제외된 삶을 가리킨다. 성령을 좇는 사람은 자유를 누리며 생명의 풍성함을 체험한다. 사도 바울은 율법으로 되돌아가려는 갈라디아 교인들을 향해 책망했다. 예수를 믿으면서도 영혼의 자유와 성령의 능력을 체험하지 못한 성도는 성령의 충만을 간구해야 한다.

III. 성령의 열매를 맺는다(21-22절).

본문에 "오직 성령의 열매는…"라고 했다. 예수님은 "성령의 열매"를 맺는 방법을 설명하시기 위해 포도나무 비유를 말씀하셨다(요 15:4,5). 예수님께서 주시는 영양분을 공급받지 않으면 열매를 맺을 수 없다. 성령의 열매를 맺으려면 ① 예수 안에 있어야 한다(요 15:1-), ② 성령의 능력을 받아야 한다, ③ 많은 기도가 있어야 한다. 성령을 좇아 행하여 많은 열매를 맺으시길 바란다(갈 5:22-23).

년 월 일   갈라디아서 5장 22~26절

성령을 좇아 사는 삶

"누구든지 그리스도의 영이 없으면 그리스도의 사람이 아니니라"(롬 8:9). 그리스도의 영은 곧 성령이시다. 그러므로 성도는 그 속에 성령을 모시고 성령을 좇아 살아야 한다. 그래서 사도 바울은 "너희는 성령을 좇아 행하라"라고 했다(갈 5:16). 성령은 히브리어 루아흐 코디스라고 한다. 여기 '루아흐'는 바람, 호흡, 생명이란 뜻이고, '코디스'는 성결, 광명, 분리란 뜻이다. 그러므로 '루아흐, 코디스'는 성령하고도 광명한 성령이란 뜻이다. 또 '성령'은 헬라어 '퓨뉴마, 하기온'이라고 한다. 퓨뉴마($\pi\nu\epsilon\hat{u}\mu\alpha$)는 호흡, 성령, 정신이란 뜻이고 '하기온'은 거룩하다, 신성하다란 뜻이다. 이런 성령을 좇아 사는 삶이란 어떤 삶인가? 본문 말씀을 통해서 은혜를 받기 원한다.

I. 성령을 좇아 사는 삶

1. 열매를 맺는다(22-26절).
① 사랑의 열매를 맺는다. "믿음, 소망, 사랑 그중에 제일은 사랑이라"(고전 13:13). "새계명을 너희에게 주노니 서로 사랑하라"(요 13:34-35). 교회는 사랑이 넘쳐야 한다. 하나님이 원하시는 교회는 사랑이 있는 교회이다.
② 희락의 열매를 맺는다(22-26절). 사랑의 열매가 있는 곳에 희락이 있다.
③ 화평의 열매이다(요 14:27). 십자가 위에서 중보자가 이루신 화해로 말미암아 얻게 된 평화를 말한다(롬 5:1).
④ 오래 참은 열매를 맺는다(22절). "오래참음"이란 말은 "긴 마음"이란 뜻이다(잠 12:16, 16:32). 에베소서 4:25에 "분을 내어도 죄를 짓지 말며…"
⑤ 자비의 열매이다(22절). 이는 도덕적인 선, 관용, 너그러움, 친절함 등을 의미한다.
⑥ 양선의 열매이다(22절). 이는 다른 사람에게 기꺼이 봉사하고자 하는 마음이다.
⑦ 충성의 열매이다(22절). 다른 사람들이 자신을 믿고 의지할 수 있도록 하는 자질을 의미한다.
⑧ 온유의 열매이다(23절)(민 12:3). 이웃을 향한 윤리적인 관용을 의미한다.
⑨ 절제의 열매를 맺는다(23절). "절제"는 크라토스($\epsilon\gamma\kappa\rho\acute{a}\tau\epsilon\iota\alpha$)로 자기 파악, 자기 조절을 가리킨다. 모든 삶에 절제하며 삽시다.

갈라디아서 6장 1~5절

성도의 생활

오늘 본문에서 사도 바울은 "그리스도의 법을 성취하라"고 했다. 그리스도의 법이란 무엇인가? 그리스도의 법은 사랑이다. "새계명을 너희에게 주노니 서로 사랑하라" 하나님이 원하시는 성도는 사랑이 있는 성도이다. "성도의 생활"을 다하려면

I. 짐을 서로 져야 한다(1-2절).

본문 2절에 "너희가 짐을 서로 지라 그리하면 그리스도의 법을 성취하라"고 했다. 여기 "지라"는 말은 일시적인 도움이 아니라 계속적으로 돕는 것을 의미한다. 여기 '짐'은 바로스($βάρος$)로 가혹하여서 감당하기 힘든 일이나 무거운 짐을 의미한다. 때로는 영광과 충만을 의미하기도 한다(고후 4:17). 본 절에서는 '짐'을 세 가지로 구분한다면 ① 죄로 말미암아 스스로 감당해야 할 책임을 뜻하며 ② 성도들이 삶의 현장에서 겪는 시험이나 인생의 좌절을 뜻하며 ③ 죄를 짓도록 유혹하거나 영적으로 억압하려는 세력을 뜻한다. 성도는 이러한 짐을 서로 나누어져야 한다. 예수님은 "수고하고 무거운 짐진 자들아 다 내게로 오라 내가 너희를 쉬게 하리라"(마 11:28). 벧전 5:7 "너희 염려를 다 주께 맡겨 버리라"고 했다. "백지장도 맞들면 낫다"는 말이 있다.

II. 각각 자기의 짐을 져야 한다(3-5절).

본문 5절에 "각각 자기의 짐을 질 것이니라" 2절에 "남의 짐을 나눠지라"고 했고, 5절에서는 "…제 짐을 자기가 지라"고 했다. 바울은 본 절에서 그리스도인들이 마땅히 가져야 할 의무를 가르친다. 그것은 곧 자신의 짐을 스스로 지는 것이다. 여기 "짐"에 대해서 본절에서는 하나님이 성도 각자에게 맡기신 직무를 가리킨다(고전 12:5). 모든 성도는 각자 자기가 해야 할 일을 감당해야 하며 그 일에 대한 책임을 져야한다. 하나님의 심판 날에 각 사람의 모든 행위가 드러나므로(벧전 1:17). 모든 그리스도인은 하나님으로부터 받은 의무를 성실히 이행해야 한다. 성도의 생활은 ① 날마다 육체와 함께 정과 육심을 십자가에 못박는 생활이요, ② 성령을 좇아 행하는 생활이요(갈 5:16), ③ 서로 사랑하며 서로 섬기는 생활이 되어야 한다.

갈라디아서 6장 6~10절

신령한 교회

갈라디아서는 기독교 자유의 대헌장(Magna Carta of Christian Libety)이다. 복음은 능력이요, 구원이기 때문이다. 인간은 예수 그리스도 안에 있는 하나님의 은혜를 통해서만 죄와 율법의 멍에에서 벗어나 어느 것에도 속되지 않고 참다운 자유를 누릴 수 있기 때문이다. 오늘 이 시간 본문 말씀을 통하여 "신령한 교회"란 제목으로 은혜를 받고자한다. 신령한 교회는,

I. 가르침을 잘 받는 교회이다(6절).

본문에 "가르침을 받는 자"라고 했다. 여기 "가르침을 받는 자"란 말은 ① 이해하게 하다, ② 귓가에 울리게 하다, ③ 좋지 않은 소리를 귀에 따갑도록 반복해서 알리는 것을 의미한다(행 21:21,24). 즉 그리스도의 교훈아래 있는 자들을 의미한다. 여기 "말씀을 가르치는 자"는 교사라고 했다(고전 12:28, 엡 4:11). 그러나 본 절에서 가르치는 자들은 초기의 직분자들로서 바울을 포함한 사도들과 바나바와 디도같은 사역자들과 교회가 임명한 장로들을 가리킨다(행 14:23). 신령한 교회는 성도 간에 서로 사랑하며 서로 섬기며 은혜가 충만한 교회이다. 신령하지 못한 교회는 교인끼리 서로 다투고 시기하고 파벌을 조성하고 원망불평이 있는 교회이다(갈 5:26). 사도 바울은 "선줄로 생각하는 자는 넘어질까 조심하라"고 했고(고전 10:12), "아무것도 되지 못하고 된줄로 생각지 말라"고 했고(갈 6:3), "네 자신을 돌아보아 시험을 받을까 두려워하라"(갈 6:1)고 했다.

II. 신령한 교회는 말씀에 순종하는 교회이다.

사도 바울이 설립한 교회 가운데 부흥되는 교회가 많았다. 그러나 말씀에 순종하지 않은 교회는 책망과 함께 경고를 받았다. 그 예로 고린도교회(고전 1:), 라오디게아 교회(계 3:14-16), 사데교회(계 3:1-3), 신령한 교회는 말씀에 순종하는 교회요, 목회자를 잘 모시는 교회이다(6절). "모든 좋은 것을 함께 하라"(6절).

III. 신령한 교회는 성령 충만한 교회이다.

성령 강림의 결과 초대교회는 탄생되었고 성령의 역사가 일어났다(행 2:1-42). 초대교회는 ① 사도의 가르침을 받은 교회요, ② 서로 교제하는 교회요, ③ 기도에 힘쓰는 교회요, ④ 마음을 같이하는 교회요, ⑤ 서로 통용하는 교회였다(행 2:42-47).

갈라디아서 6장 7~9절

심은대로 거두리라

"…사람이 무엇으로 심든지 그대로 거두리라"(7절). 사도 바울은 인간의 행위를 자연법칙에 비유했다(마 7:16, 막 4:26, 눅 19:21). 고린도후서 9:6절에 "적게 심는 것과 많이 심는 것의 차이에 대하여 설명했으나 본 절에서는 심는 것과 거두는 것의 '질' 에 대하여 설명했다.

우리 속담에 "콩 심은 데 콩나고 팥심은 데 팥 난다."는 말이 있다. 하나님은 심은 대로 거두게 하신다. "콩을 심으면 콩을 거두고 팥을 심으면 팥을 거둔다." 우리 인간의 생활은 매일 심는 것이요, 씨를 뿌리는 것이다. 우리가 생각하는 것, 우리가 입술로 말하는 것, 우리가 행하는 것, 다 심는 것이다. 씨를 뿌리는 것이다. 심은 대로 거두는 것이다. 개인생활도 심는대로 거두고 가정도 교회도 국가도 심는 대로 거두는 것이다.

갈라디아서 5:8절에 "육체를 위하여 심는 자는 썩어질 것을 거두고 성령을 위하여 심는 자는 성령으로부터 영생을 거둔다"고 했다. 성령으로 심으면 영생을 거두고, 사랑으로 심으면 사랑을 거둔다. 친절을 심으면 친절을 거둔다.

1. 심은 대로 거두게 하시는 하나님(7절)

본문에 "…사람이 무엇으로 심든지 그대로 거두리라"고 했다. 고린도후서 9:6절에 "적게 심는 자는 적게 거두고 많이 심는 자는 많이 거둔다."라고 했다. 심은대로 거두게 하시는 하나님이다. 낙심하지 말고 심어야 하고, 착한 일 하다가 낙심할 때가 있다. 축복이 더디다고 낙심할 때가 있다. 그래서 사도 바울은 갈라디아서 6:9절에 "우리가 선을 행하되 낙심하지 말찌니 피곤하지 아니하면 때가 이르매 거두리라"고 하였고, 시편 126:5-6절에 "눈물을 흘리며 씨를 뿌리는 자는 기쁨으로 거두리라"고 했다. 그러므로 "견고하여 흔들리지 말며 항상 주의 일에 더욱 힘쓰는 자들이 되라 이는 너희 수고가 주 안에서 헛되지 않은줄 앎이니라"(고전 15:58). "우리는 그리스도 예수 안에서 선한 일을 위하여 지으심을 받은 자(엡 2:10)"라고 했다.